北京市哲学社会科学规划办公室
北京市教育委员会 资助出版

北京旅游发展研究报告 2017

北京旅游发展研究基地 编

北京·旅游教育出版社

《北京旅游发展研究报告2017》编委会

主　任　计金标

主　编　邹统钎

副主编　王　欣

编　委（按姓氏音序排列）

安金明　谷慧敏　韩玉灵　计金标

李　宏　厉新建　刘大可　秦　宇

王成慧　王　欣　魏　翔　许忠伟

尹美群　邹统钎

总 序

北京旅游发展研究基地是北京市首批省部级哲学社会科学研究基地，成立于2004年。北京第二外国语学院作为主要建设单位，通过四方共建协议与北京市哲学社会科学规划办公室、北京市教育委员会、北京市旅游发展委员会共同建设基地。基地的建设宗旨：是以北京第二外国语学院北京市重点学科——旅游管理为基础，依托本校旅游管理学院、酒店管理学院、会展与经贸学、国际商学院、中国旅游人才发展研究院、旅游教育出版社，联合校外北京市旅游发展委员会、首都旅游集团、北京高校旅游研究机构等单位，整合旅游及相关研究优势资源，紧紧围绕首都及全国旅游业发展过程中有待研究解决的重大理论和现实问题展开研究工作，推动我国及北京旅游研究领域的拓展、研究方法的创新和研究水平的提高，有效拉升北京旅游教学、研究和旅游业发展在国际上的层次和地位。

在前四个三年建设周期中，基地在北京市哲学社会科学规划办公室等各级领导、部门的关心和指导下，在北京第二外国语学院校领导的大力支持下，通过与北京市旅游发展委员会及各区县旅游局、各旅游企业、高等院校和科研院所的合作，取得了一批高质量的成果，同时举办了具有社会影响并逐步形成品牌的重要学术会议，为北京市及全国旅游研究和旅游行业发展做出了应有的贡献，实现了基地的建设目标，取得了优异的成绩。

从前四个建设周期的经验来看，"狠抓标志性成果建设，打造权威报告，提供观点和理论研究成果"是实现基地建设目标的重要途径。新一轮建设周期（2017—2019），基地将继续秉承"前瞻视野、开放平台、权威报告、理论高地"的建设理念，努力实现"在充分满足北京市各类决策支持需求的前提下，抓住中国和国际旅游发展前沿的重大问题进行研究，做到'北京旅游发展智库'和'中国一流旅游学术研究机构'的统一"的建设目标。为此，基地学术委员会经讨论决定，为更好地发挥"智库"服务北京乃至中国旅游业发展，第五个建设周期重新整合确立了三个研究方向：由首席专家邹统钎教授领衔的研究方向"旅游发展战略与政策研究"，重点研究国家、首都与地方旅游发展战略与产业政策规制、旅游服务国家"一带一路"、"京津冀协同发展"、北京首都"四个中心"建设等重大战略，结合重大事件、重大项目研究，密切配合政府和有关机构，建设首都旅游专业智库，系统产出重要咨政成果；由基地学术委员厉新建教授领衔的研究方向"现代技术、大数据与旅游改革创新研究"，将基于人工智能、大数据等现代技术，一方面重点关注人工智能对旅游业发展的影响机制，另一方面重点关注旅游大数据与旅游者行为规律与机制研究、目的地营销创新研究、旅游产品及业态创新研究、旅游产业空间优化、旅游企业管理与服务优化、目的地在线声誉管理、旅游市场监管新模式；由学术委员谷慧敏教授牵头的研究方向"旅游企业发展与创新"，以旅游产业运行规律及企业管理为研究特色，重点关注酒店、旅行社、会展、健康服务、旅游分享经济、主题公园、民宿、餐饮等产业演化及标准，相关旅游类企业的投融资、财务会计、市场营销、服务运营、组织行为、人力资源、国际化经营、企业社会责任的前沿理论及实践。

今年乃至今后几年，基地陆续出版的标志性成果主要体现在两个方面：面向北京市政府及其旅游管理部门和企事业单位的《北京旅游发展研究报告》；面向旅游学术研究领域、致力于旅游学科建设和人才队伍培养的《中国旅游企业发展年度报告》《中国旅游目的地发展年度报告》《中国在线旅游年度报告》《中国旅游法评论》等。

《北京旅游发展研究报告》作为北京市哲学社会科学重点规划项目，其目的在于对北京市旅游经济与旅游市场的整体发展、北京旅游各行业运行状况、旅游供需市场、旅游行政管理及年度热点与创新等问题进行充分研究和集中展示，以期对实践具有一定的指导作用。在历年报告的基本框架基础上，新的《北京旅游发展年度报告》包括旅游行业发展趋势运行总报告、旅游业中各细分行业发展报告以及旅游热点。基地专家将尽最大努力，对每年北京旅游产业运行状况以及旅游研究热点和创新点进行全面阐述。

前期建设中，我们出版了《中国旅游法评论》《中国景区发展年度报告》《中国在线旅游研究报告》《中国上市旅游企业社会责任披露与分析研究报告》以及《中国休闲与旅游研究峰会论文集》等，基地依托我校外语、旅游优势，从产业、行业、企业三个方面对我国旅游业进行了充分的研究，展示了基地专家原创和多元视角的研究成果。

新一期建设中，基地继续加强《北京旅游发展研究报告》的研究和出版工作，使其成为反映我国旅游业发展现状、发展趋势、行业热点以及最新学术理论的标志性成果。基地同时计划推出新一期《中国在线旅游研究报告》，结合大数据、电商、线上平台等新兴热点、趋势，为我国旅游业发展提供建议。

作为中国旅游教育和研究的中心和基地之一，北京第二外国语学院始终将旅游学科的发展作为学校的重要战略。北京旅游发展研究基地依托于二外，除了完成作为一个北京市市级研究基地本身应完成的任务外，也直接服务于国家整体发展战略。我们期待通过基地全体研究人员的不懈努力，推动我国旅游教育和旅游学科发展，促进旅游学术界与行业主管部门、旅游业界的密切合作，为国家建设旅游强国、为北京市旅游产业发展提供更优质的研究成果和最直接的智力服务，以承担起时代赋予我们的责任，完成学者的历史使命和责任。

在此，我也代表基地衷心期盼业界同仁对我们的工作提出意见和建议，并且参与到基地及相关工作中来，共同努力，合作发展，为首都和中国旅游事业的发展做出新的贡献。

北京旅游发展研究基地负责人、学术委员会主任
北京第二外国语学院校长、教授、博士生导师

前　言

时间如白驹过隙，转眼间，北京旅游发展基地（以下简称"基地"）已经走过了13个年头。自基地成立以来，每年编辑一本能从各个视角反映北京市旅游各行业发展状况及趋势的文集已成为了一项长期计划。"基地年度"报告作为北京市哲学社会科学重点规划项目，其目的在于，对北京市旅游经济与旅游市场的整体发展、北京旅游各行业运行状况、旅游供需市场、旅游行政管理及年度热点与创新等问题进行深入研究和集中展示，以期对产业实践提供一定程度的指导。

《北京旅游发展研究报告2017》主要由总报告、行业发展报告和热点与趋势专题三个篇章组成。

第一篇　总报告：北京旅游发展外部环境及发展概况分析。

本篇通过回顾北京旅游2016年来的整体发展，从旅游供需关系入手，探究北京现行旅游发展状况及未来发展趋势。从供给侧分析：产业规模及市场需求不断增加；产业地位及带动效益愈发明显；产业融合及区域协同发展渐成主流。从需求侧分析：北京游客群体呈现中年化、女性为主的客群特点，来京游客对酒店类产品具有较高品质需求；与此同时，来京游客旅游消费方面呈现显著增长趋势，特别是商务旅游、旅游购物等呈现地理区域方面的高度集中，东北部商圈成为北京旅游新热点；北京旅游行业口碑水平不断提高，服务意识不断增强，但强制购物、酒店小卡片、农家乐配套设施、景区黑导游等顽疾仍有反映。最后得出结论：在国内外宏观发展环境较为平稳的前提下，北京旅游在过去的一年积极适应需求侧新特点，总体呈现积极向好的发展趋势。

第二篇　行业发展报告主要由旅游景区篇、酒店篇、旅行社与旅游电商篇、会议与展览业篇和专项篇五个板块构成。每个板块对各自主题相关的北京市场总体发展情况及基本特征进行深入探究，分别从消费结构、服务质量、运营现状、业态结构、投资渠道、发展模式等角度甄别各主题发展中存在的问题，最后指明未来创新转型发展的新路径。

第三篇　热点与趋势专题主要由城市空间与功能调整影响、冬奥会感知与意向研究、导游管理体制改革、旅游企业并购重组和旅游购物退税实施效果分析五个专题构成。

在城市空间与功能调整影响专题，主要探究京津冀地区可达性与旅游经济联系空间。通过选取京津冀地区为研究区域，综合考虑不同交通方式测度可达性，结合交通可达性和经济联系的分析，厘清京津冀地区城市间的可达性和旅游经济联系格局，为各城市实现京津冀区域一体化的发展提供策略参考。

在冬奥会感知与意向研究专题，主要以北京居民和张家口居民为研究对象，运用问卷调查法和结构方程分析法进行数据采集与分析，调查居民对2022年冬奥会的感知差异及参与意向，结果得出：在北京市居民感知中，积极影响感知因子有5个、消极影响感知因子1个；张家口居民感知中，积极影响感知因子有2个、消极影响感知因子1个。北京市居民对冬奥会的支持度与5个影响因素呈显著正相关关系，张家口居民对冬奥会的支持度与2个影响因素呈显著正相关关系；居民对大型活动支持度更多地依靠感知收益，而不是感知成本。

在导游管理体制改革专题，主要探究促进我国导游管理体制改革的对策。通过分析导游管理体制改革与导游自由执业的关系，并对试点地区的旅游主管部门、导游自由执业平台等跟踪调查，了解导游自由执业的发展现状，挖掘自由执业出现的问题：试点改革缺乏法律依据、相关主体法律关系尚未明确、执业平台资源有待规范整合、地方保护壁垒亟待消除、导游行业组织尚未健全、作用未充分发挥、相关保险缺失、执业风险难以转移，最后针对各个问题提出相应的体制改革措施。

在旅游企业并购重组专题，主要分析旅游企业并购的制度与经济背景，了解2016年中国旅游业并购重组现状，最后以案例分析形式，了解首旅酒店并购如家的整个过程并对并购前后的财务报表进行系统分析。

在旅游购物退税实施效果分析，主要是对我国旅游购物退税政策的简要评述和进一步改革的讨论。在分析我国旅游购物退税政策的基本标准、相关规定、各省市退税政策差异后，以海南省旅游购物退税政策为聚焦点，对其实施效果进行评价，最后总结出我国旅游购物退税政策存在的问题，并针对问题提出旅游购物退税政策改革方向的建议。

本书系北京旅游发展研究基地研究成果，由邹统钎担当主编，王欣担任副主编，计金标、邹统钎、韩玉灵、李宏、李彬、雷鸣、邓宁、吕宁、秦宇、尹美群、刘林艳、刘畅、许忠伟等参与了全书主体内容的编写工作。彭诗茗、陈微参与了全书的整理与统稿工作。

已成为过去的 2016 年，多姿多彩，亦多风多浪。现在呈现在您面前的《北京旅游发展研究报告 2017》是基地的专家们在过去的一年时间里，在对旅游业整体发展趋势和北京市旅游发展运行状况进行分析和研究的基础上，所得出的研究成果。基地尽了最大的努力，涵盖 2016 年的旅游研究热点和创新点，从热门的医疗旅游到首旅与如家的轰动并购、从北京举办冬奥会的居民感受到旅游购物退税政策实施效果评价，热点话题涵盖的范围广而深，细而全。基地的这本论文集难免有欠缺之处，希望读者不吝赐教，多加指正。

邹统钎

北京旅游发展研究基地首席专家、教授

2017 年 10 月 27 日

目 录

第一篇 　**总报告**
　　北京旅游产业宏观形势分析……………………………… 2

第二篇 　**行业发展报告**
　　第一板块——旅游景区篇………………………………… 34
　　　　2016年北京市旅游景区发展报告……………………… 34
　　第二板块——酒店篇……………………………………… 56
　　　　2016年北京市星级饭店业发展年度报告……………… 56
　　第三板块——旅行社与旅游电商篇……………………… 83
　　　　2016年北京市旅行社行业发展情况报告……………… 83
　　　　2016年北京市旅游电商发展情况报告………………… 93
　　第四板块——会议与展览业篇…………………………… 98
　　　　2016年北京会议业发展报告…………………………… 98
　　　　2016年北京展览业发展报告…………………………… 117
　　第五板块——专项篇……………………………………… 134
　　　　我国医疗旅游行业发展报告…………………………… 134

第三篇 　**热点与趋势专题**
　　第一专题——城市空间与功能调整影响………………… 164
　　　　京津冀地区可达性与旅游经济联系空间分析………… 164

第二专题——冬奥会感知与意向研究 ………… 176
　居民对 2022 年冬奥会的感知差异及参与意向研究
　　——以北京居民与张家口居民为例 …………… 176

第三专题——导游管理体制改革 ………………… 188
　促进我国导游管理体制改革的对策研究………… 188

第四专题——旅游企业并购重组 ………………… 201
　2016 年中国旅游业并购重组报告 ………………… 201

第五专题——旅游购物退税实施效果分析………… 211
　对我国旅游购物退税政策的简要评述和进一步
　　改革的讨论……………………………………… 211

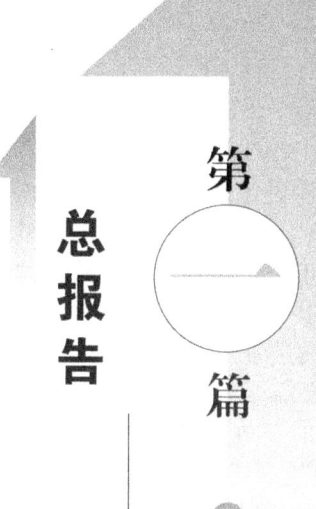

第一篇 总报告

北京旅游产业宏观形势分析

邓　宁，邹统钎，刘柳杉，赖梦丽

第一章　2016—2017年世界与中国旅游发展大趋势

前　言

　　旅游业已经成为世界第一大产业，而新兴经济体国家成为驱动全球旅游增长的主要动力。2016年，UNWTO最新发布的报告显示，国际游客量首次突破12亿人次，其中发展中国家特别是亚太地区旅游人次增长最为迅速。随着国民经济的平稳增长，国内居民出行意愿稳步提升，出境游经历了连续几年爆发式增长，2016年开始回归理性。随着国家大力发展全域旅游，特色小镇及旅游综合体逐步引领旅游发展新方向。而国内旅游成为投资新热点，旅游企业的合纵连横及资本推动也使旅游市场异彩纷呈，旅游资源趋于集中，并形成对行业具有垄断性的巨头企业。健康养生旅游、定制旅游、"一带一路"旅游成为时下热点，而信息技术及互联网科技则将旅游的便捷性提升至前所未有的高度。

　　回顾北京旅游一年来的发展，从供给侧分析总体而言呈现几个趋势：产业规模及市场需求不断增加；产业地位及带动效益愈发明显；产业融合及区域协同发展渐成主流。从行业角度分析，旅行社接待规模持续增加，

[作者简介] 邓宁（1983—），男，北京第二外国语学院旅游管理学院电子商务系主任、北京第二外国语学院旅游大数据研究中心执行主任；研究领域包括：基于UGC大数据的旅游营销、旅游信息化、旅游电子商务等。邹统钎（1964—），男，博士、博士生导师，北京第二外国语学院教授；研究领域为旅游目的地开发管理、旅游景区管理、遗产旅游等。刘柳杉（1995—），女，北京第二外国语学院旅游管理学院2017级硕士研究生，研究方向：旅游目的地管理与旅游规划。赖梦丽（1994—），女，北京第二外国语学院旅游管理学院2017级硕士研究生，研究方向：旅游目的地管理与旅游规划。

而游客对产品、服务的要求不断提升;星级酒店数量有所减少,但非标短租、民宿热潮不减;乡村旅游市场巨大,但产品类型、品位仍不足以满足需求,同质化现象明显;景区运营能力和盈利水平有所提高,但如何面对全域休闲空间的二次开发成为挑战。而在北京旅游的需求侧,变化趋势也十分明显:北京游客群体呈现中年化、女性为主的客群特点,来京游客对酒店类产品具有较高品质需求;与此同时,来京游客旅游消费方面呈现显著增长趋势,特别是商务旅游、旅游购物等呈现地理区域方面的高度集中,东北部商圈成为北京旅游新热点;北京旅游行业口碑水平不断提高,服务意识不断增强,但强制购物、酒店小卡片、农家乐配套设施、景区黑导等顽疾仍有反映。总体而言,在国内外宏观发展环境较为平稳的前提下,北京旅游在过去的一年积极适应需求侧新特点,总体呈现积极向好的发展态势。

一、世界旅游业发展现状与未来趋势

(一)发展现状

1. 旅游业成全球第一大产业

(1)国际游客突破12亿人次,安全问题成旅游发展最大阻力。

UNWTO(联合国世界旅游组织)最新发布的世界旅游晴雨表显示[1],2016年全球旅游市场依旧表现出健康的大环境,国际旅游需求稳步增长。2016年国际游客(过夜游客)量的增长率为3.9%,达12.35亿人次,对GDP的贡献率约10%。这是继2009年后国际游客出行人数连续七年保持持续增长,如图1-1所示。

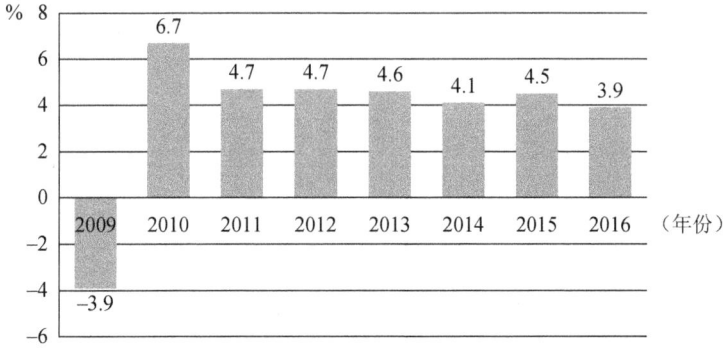

图1-1 2009—2016国际游客增长率柱状图

值得注意的是，在全球大部分地区旅游经济稳步增长的情况下，仍有不少地区因为受恐怖主义袭击的影响，旅游需求有所下降，例如2016年埃及因受恐怖袭击的困扰，旅游需求降幅高达42%，欧洲南部地中海地区的土耳其2016年旅游需求的降幅则为29%。国际安全问题制约着全球不少国家和地区的旅游发展。

（2）发展中国家与新兴经济体旅游业崛起。

根据WEF（世界经济论坛）发布的2017年《旅游业竞争力报告》数据显示[2]，如表1-1所示，虽然欧洲地区恐怖主义活动频繁，但传统旅游强国仍有明显的优势，西班牙、法国、德国仍占据前三甲的地位。不可忽略的是，发展中国家及新兴经济体的旅游业正在飞速发展，在2017年的排行榜上，中国比上年上升了2名，位居第15名。亚太地区有6个国家及地区名列前20名，分别是日本、澳大利亚、中国香港、新加坡、中国、韩国，其中韩国上升速度最快，比上年上升了10名。

表1-1　2017年旅游竞争力指数排名

国家/经济体	排名	得分	排名变动
西班牙	1	5.43	0
法国	2	5.32	0
德国	3	5.28	0
日本	4	5.26	5
英国	5	5.2	0
美国	6	5.12	-2
澳大利亚	7	5.1	0
意大利	8	4.99	0
加拿大	9	4.97	1
瑞士	10	4.94	-4
中国香港	11	4.86	2
奥地利	12	4.86	0
新加坡	13	4.85	-2
葡萄牙	14	4.74	1
中国	15	4.72	2

续表

国家/经济体	排名	得分	排名变动
新西兰	16	4.68	0
荷兰	17	4.64	-3
挪威	18	4.64	2
韩国	19	4.57	10
瑞典	20	4.55	3

注：数据来源于 WEF。

2. 旅游业在各区域间发展不均

（1）亚太地区旅游人次增长迅速，欧洲地区仍是第一市场。

从 UNWTO 给出的各地区国际游客出行人次的数值（如图 1-2 所示）和增长率（如图 1-3 所示）来看，国际游客的最大增量来自于亚太地区，以 8.6% 的增长率领跑全球，达到 3.09 亿，占全球国际游客数量的 25%。

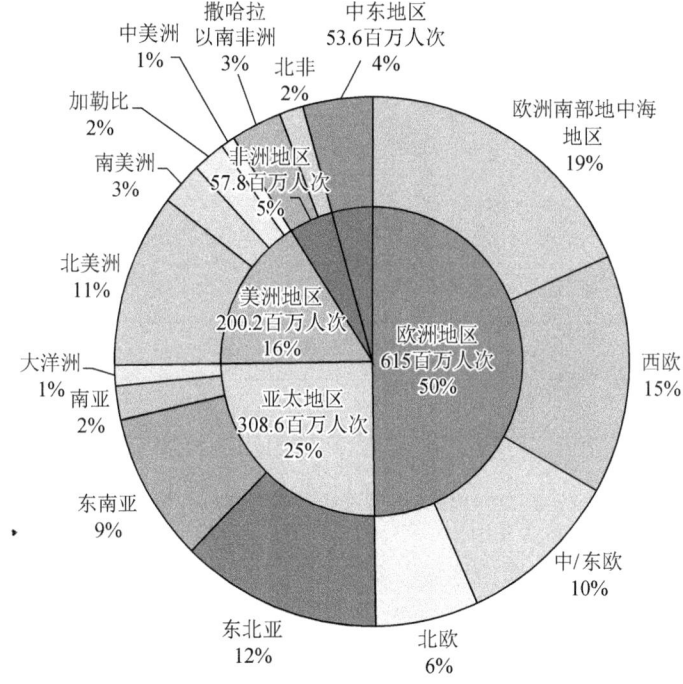

图1-2　2016年各区域国际旅游人次占比示意图

非洲地区在两年低谷期后触底反弹，2016到访量达5800万人次，增长8.2%，占全球国际游客数量的5%。

美洲部分地区虽然受到寨卡病毒的影响，但从总体上看需求依然稳固，2016年增长3.9%，到访量超过2亿人次，占全球国际游客数量的16%。其中，中美洲和南美洲增长较快，但从国际游客数量上来看，北美洲依旧是美洲地区中最热门的旅游目的地，以1.3亿人次国际游客占据了整个美洲地区超过半数的到访量，相比亚太地区和非洲地区国际游客数量飞速增长，欧洲地区的增长仅为2.1%，但这并未影响欧洲地区2016年继续成为世界第一大市场，占据全球国际游客数量的50%。

不同于其他区域的稳步增长，中东地区的旅游需求在2016年出现了明显的下降，降幅为4%。且中东地区旅游目的地之间的差距较大，黎巴嫩和阿曼均实现了两位数的增长，而埃及则深受恐怖袭击的困扰，降幅高达42%。

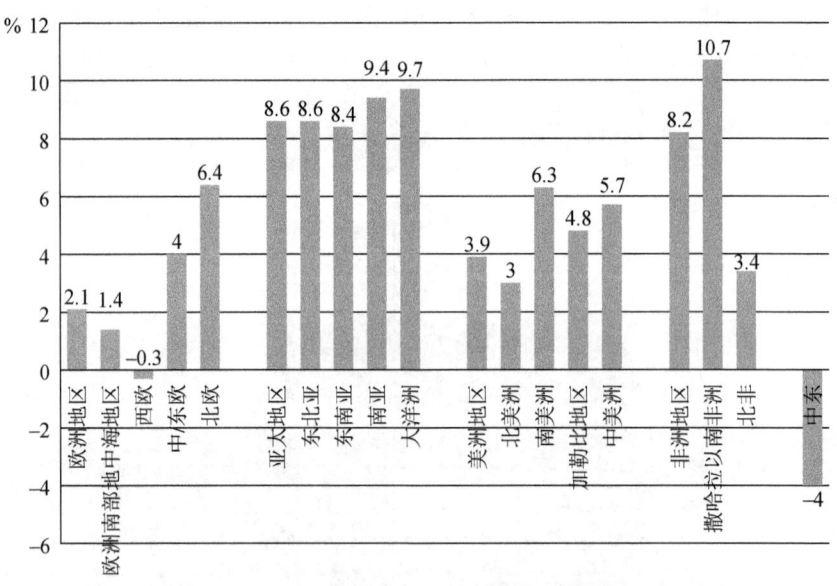

图1-3　2016年各区域国际游客数量增长示意图

（2）全球前十大出境市场旅游开支超过总体的50%。

2016年的国际旅游开支增速为4%，其中全球前十大出境市场的旅游开支占总体的56.9%，如图1-4所示。而在这十大出境市场中，亚太地区占了四席，分别是中国大陆、韩国、澳大利亚和中国香港。

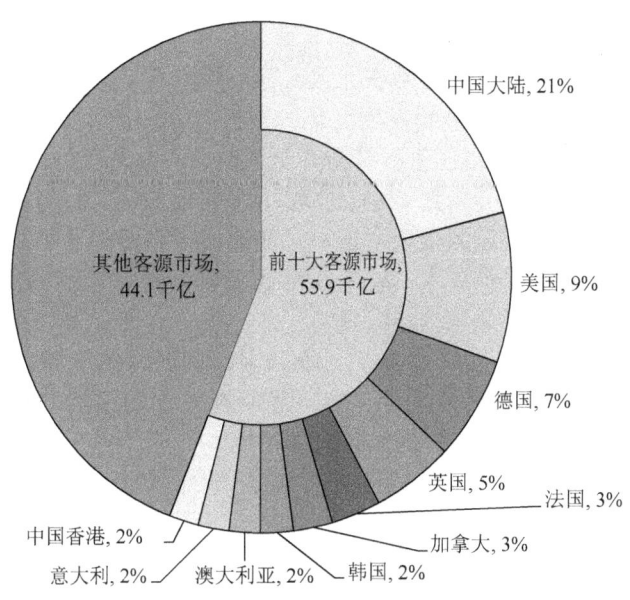

图1-4 2016年各大出境市场国际旅游开支

(二) 国际旅游发展热点

1. 旅游业收购活动频繁

根据已经公布的数据显示,2016年旅游业收购活动的交易总额为272亿美元,而2015年旅游业收购活动的交易总额仅为69亿美元。但是,2016年大型OTA的收购活动有所放缓,酒店及酒店业科技公司的收购活动最多。2016年9月,万豪以130亿美元收购喜达屋,成为旅游业最大的一笔收购活动。

2. 主题公园、游轮等新兴旅游方式崛起

2016年全球邮轮业飞速发展。据CLIA(国际邮轮协会)数据显示,2016年全球共2470万人选择邮轮作为旅游出行方式,同比增长约6.5%。相比之下,2016年全球主题公园旅游平稳增长,全球前十的主题公园游客平均增长率约为3.9%。

(三) 国际旅游发展趋势

1. 国际旅游市场稳步增长

尽管近一年来国际形势复杂,全球的经济发展放缓,但国际旅游市场却在严峻的国际环境下得以稳步增长。2016年全球旅游的总人次首次冲破百亿,全球旅游总收入超过5万亿美元,全球的旅游经济增速明显高于全球经济[3]。

2.新兴经济体国家将成驱动全球旅游增长的主要动力

国际旅游市场格局将继续发生变化，根据联合国世界旅游组织的预测，到2030年，亚太地区的市场份额将会升至30%，美洲地区的份额降到14%，而欧洲的市场份额则将会降到41%。在接下来的很长一段时间里，亚洲、非洲和中东将会是国际旅游的主要增长地，亚太地区和新兴发展中国家的旅游竞争力不断提高，新兴经济体国家将成为驱动全球旅游增长的主要动力。

3.全球旅游的便利化程度持续提高

为了更大力度地发展好旅游业，争夺国际旅游客源市场，世界各国将扩大在签证上的开放程度，实行免签、落地签等政策，各国围绕着签证政策展开激烈的旅游竞争。越来越多的国家主动采取放松对新兴市场的签证政策，就连一向颇为"保守"的欧美国家也开始调整长期以来的严格政策，开始简化旅行手续。

4.新兴人群将影响世界旅游发展

在接下来的时间里，新兴人群的旅游需求将带动世界旅游的发展，银发族、00后与90后是当今世界新兴人群，他们各自有着独特的旅游消费需求。银发族在参加旅游的过程中，对旅游的服务质量、安全性以及个性化的旅游体验有更高的要求；而掌握着熟练科技的00后与90后则是另一股新势力，他们有着独特的旅游消费方式和对旅游体验的需求。

5.未来旅游发展更注重可持续

尽管人们对环境重要性的认识不断提高，但旅游业所面临的难题是可持续发展，因为自然退化出现在很多方面。这也是为什么联合国确定2017年为世界可持续旅游发展年的原因。

二、中国旅游业发展现状与未来趋势

（一）中国旅游业发展概况

2016年我国旅游业稳步增长。国家旅游局统计数据显示，国内旅游达44.4亿人次，增长11.0%；全年实现旅游总收入4.69万亿元，增长13.6%，其中国内旅游收入3.94万亿元，增长15.19%，占全部收入的84%。

1.城镇居民是国内旅游的主力军

国家旅游局的数据显示[4]，2016年农村居民出行12.4亿人次，花费0.71万亿元；城镇居民出行31.95亿人次，花费3.22万亿元。从出行人次和支出来看,如图1-5所示,城镇居民无论是出行人数还是旅游支出方面,都占据了绝大部分份额,是国内旅游消费的主力军。

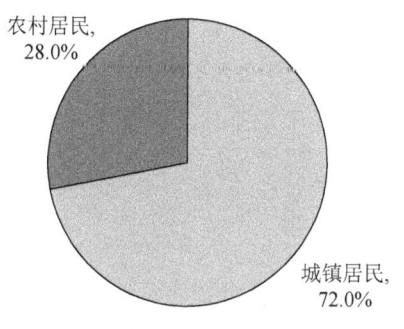 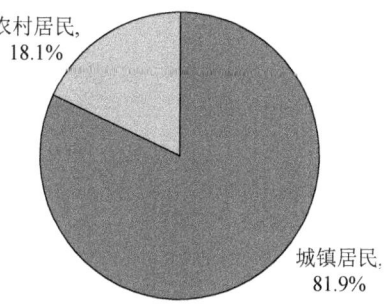

(a) 2016年国内旅游人数城镇居民和农村居民占比　　(b) 2016年国内旅游支出城镇居民和农村居民占比

图1-5　2016年国内旅游城镇居民和农村居民占比

2. 外国游客入境增长,中国游客出境回归理性

2016年,入境旅游1.38亿人次,出境旅游1.22亿人次。外国游客入境游市场火热,入境人数增长至2815万人次,同比增长8.3%。相比之下,出境游同比增长4.3%,增长速度放缓。

3. 国内旅游成投资热点,大型综合类项目投资最多

国家旅游局发布的《2016中国旅游投资报告》显示[5],2015年全国旅游业实际完成投资12 997亿元。

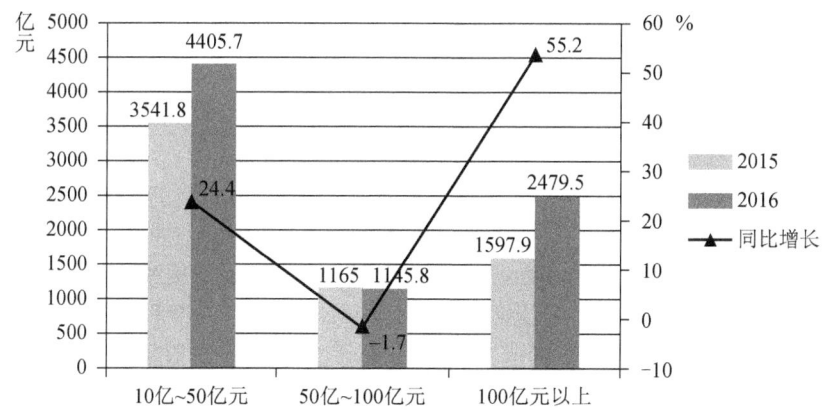

图1-6　2016年全国旅游投资统计

在总投资10亿元以上的项目中，10亿~50亿元的项目投入金额最多，而增速最快的则是100亿元以上的旅游投资项目。随着旅游消费的升级和旅游供给侧结构改革，大型综合类项目所占投资比重最大，如图1-7所示。

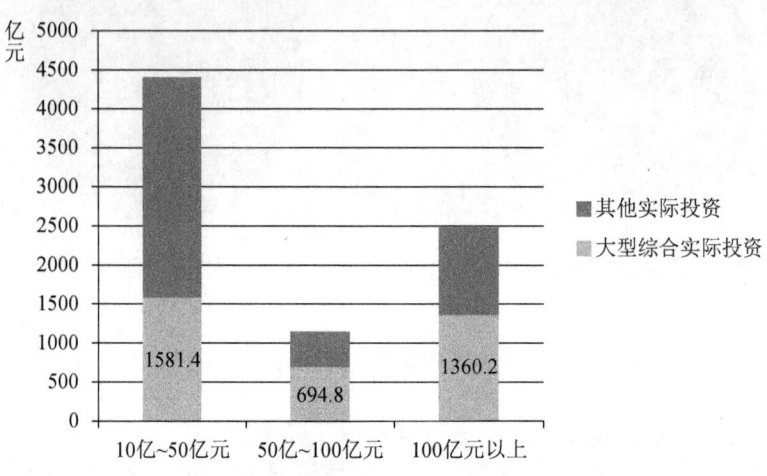

图1-7　2016年大型综合类项目实际投资金额

（二）国内旅游发展热点

1. 大力发展全域旅游

2016年1月19日，国家旅游局局长李金早提出国内的旅游发展要从景点旅游模式向全域旅游模式进行转变，到同年的2月5日第一批262家"国家全域旅游示范区"创建名单公布，再到2017年3月5日，大力发展全域旅游第一次由李克强总理在政府工作报告中提出，在这一年的时间里，发展全域旅游俨然成了各地区发展旅游业的重点，同时也将成为2017年政府的重点工作任务之一。

2. 共享经济助推非标准住宿发展

在过去的一年里，共享经济悄然闯入人们的生活，共享住宿也开始出现在大众的视野。2016年我国共享住宿市场的交易规模在243亿元左右，途家2016年6月后相继收购蚂蚁短租、去哪儿、携程的公寓民宿业务，而"小猪短租"也不甘落后，推出无忧入住、管家服务、房东结算统计等功能，以特色民宿为代表的非标准化住宿在共享经济的助推下快速崛起。

3. 旅游小镇与田园综合体成旅游发展领域新宠

2016年12月国务院发布《"十三五"旅游业发展规划》，提出建设旅游特色小镇，至此旅游小镇在全国各地发展得如火如荼。2017年中央一号文件聚焦于三农改革，提出盘活集体用地，打造田园综合体，建设集农业、休闲旅游为一体的特色小镇，田园综合体成为带动新农村发展的新方式。

4. 严重不达标5A景区被直接摘牌

2016年以来，国家旅游局加大了对5A级景区的管理力度，建立动态的退出机制，对严重不达标的5A级景区进行了严肃的处理。2016年8月，长沙的橘子洲景区和重庆神龙峡景区被直接摘掉5A级的标牌。

5. 国内掀起海外并购热潮

2016年至今，国内的旅游企业掀起一股海外并购的热潮，旅游并购成为国内产业并购的一大热点，改变了国际的旅游产业链。例如，海航旅游集团继2016年4月28日宣布收购美国卡尔森酒店集团100%的股权之后，又于10月24日宣布收购美国希尔顿集团25%的股权[6]。

6. 旅游PPP模式获政府支持

运用PPP模式发展旅游业，有助于突破旅游融资的瓶颈和促进旅游业转型升级，旅游业自身的商业性与公益性，决定了其运用PPP模式进行发展的天然条件，因而获得国家政策的支持，2016年旅游PPP项目成为旅游业发展的热点。

（三）国内旅游发展趋势

1. 健康养生旅游成趋势

根据全球健康养生协会（Global Wellness Institute）最新发布的数据显示，我国成为健康养生旅游增长速度最快的国家，收入增长超过300%。这一情况与我国的国情息息相关，一方面由于人口老龄化加速、慢性病人群的增加、生活环境的恶化、生活水平的提高，人们对健康养生有了更大的需求；另一方面缘于国家政策的支持和健康养生旅游领域的投资加大，例如，国务院发布的《"健康中国2030"规划纲要》就提出积极促进健康与养老、旅游、健身休闲的融合[7]。

2. 90后成为旅游主力军

携程网的机票数据显示，2017年2月14日当天，乘客中为90后的占到27.4%，首次超过80后。作为新兴人群，90后正在创造新的旅游模式，他们有着更加个性化、潮流化的旅游需求，多样化的旅游方式、交流方式，自由行是其最大的特点，通过互联网、在线平台预订门票、机票、酒店的人群中90后占到了多数。

3. 旅游产品趋向大众定制化

随着生活条件的改善，人们对旅游产品有了更高的要求，跟团游不再能够满足游客的个性化需求，定制化旅游就成了游客的新宠，能够最大程度满足游客需求的定制旅游越来越趋向大众化。从2016年开始，百程旅行、众信、中旅总社等大型旅游企业争相推出定制旅游产品，备受游客青睐。

4. 旅游服务与管理智能化

自国家旅游局提出"智慧旅游"以来的两年时间里，信息化与旅游业不断融合，物联网、云计算、大数据及移动互联等先进技术的运用，使得旅游的服务与管理越来越智能化。移动支付成为游客出门旅游的主流支付方式，支持支付宝、微信、Apple Pay等移动支付的商家也与日俱增，机器人服务也登上旅游业的舞台，例如，近日，海航酒店集团就开始在其旗下的酒店运营中使用智能机器人为客户提供智能化的服务。

5. "一带一路"旅游成国内旅游热点

"一带一路"战略的提出至今取得的成果非常丰硕，目前，"一带一路"沿线的56个国家和地区，成为中国游客出境旅游的热点目的地，占到我国出境旅游目的地总数的37%。根据携程发布的《2016"一带一路"出境旅行年度报告》显示，2016年全年，携程累计向"一带一路"沿线国家及地区输送游客超过1000万人次，同比增长72.5%，预计2017年，"一带一路"沿线国家和地区将迎来最少2500万人次中国游客[8]。同时，因蕴含着巨大的商机，"一带一路"沿线的国家和地区也将成为国内旅游投资的热点目的地。

第二章　2016—2017年北京旅游发展大趋势

一、北京旅游供给侧总体情况分析

（一）北京旅游供给侧情况概述

2016年，伴随着北京市居民可支配收入的提高，带薪休假制度的持续推进等旅游需求端的推动；区域总产值的增加，信息、交通和通信技术的发展等旅游产业发展支持要素的改善；以及在"十三五"等一系列政策方针的正确引导下，旅游基础和配套设施不断完善，旅游产业投资潜力进一步释放。在旅游发展利好的产业环境下，北京旅游产业基础不断夯实、发展不断提质增效。2016年，北京旅游产业总体发展稳中有进，旅游供给侧产业发展呈现出一些新变化。

1. 旅游产业平稳发展，产业规模不断扩大

旅游业作为幸福的产业，在扩内需、稳增长、调结构、惠民生等方面起到了积极作用，满足了人民群众日益增长的旅游休闲需求，旅游日益成为人们消费的刚需。北京市统计局发布的《北京市2016年国民经济和社会发展统计公报》显示：全年全市居民人均可支配收入达到52 530元，比上年增长8.4%；按常住地分，城镇居民人均可支配收入57 275元，增长8.4%；农村居民人均可支配收入22 310元，增长8.5%。并且2016年北京带薪休假制度进一步落实，在可自由支配收入和闲暇时间的推动下，居民出游欲望旺盛。在宏观政策方面，2016年北京市旅游委发布北京市"十三五"旅游规划，旅游政策红利持续释放。北京市旅游业在宏观和微观形式利好的背景下，收入持续增长，产业规模扩大。北京市旅游委发布的数据表明，北京2016年实现旅游总收入5021亿元，2016年北京全市旅游产业规模继续壮大，目前有星级饭店504家、旅行社2117家、持证导游员超过41 000人。其国内市场旅游接待情况如图2-1所示。

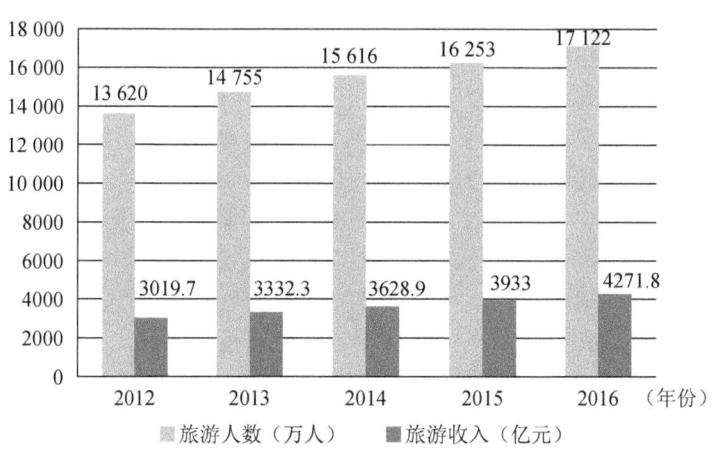

图2-1　2012—2016年北京市国内旅游人数及收入统计图

2. 旅游产业地位持续提高，带动效果更加明显

2016年，北京旅游收入增长8%，旅游餐饮和购物总额2659亿元，增

长 14.7%，占全市社会消费品零售总额的 24.2%，提高 1.7 个百分点。旅游相关产业完成固定资产投资 795.5 亿元，增长 11.7%；占全社会固定资产投资的比重为 9.4%，提高 0.5 个百分点。继北京市"十二五"之后，旅游产业持续领跑全市产业经济贡献，对北京经济发展、投资和消费拉动作用明显，支持产业地位日益巩固。2016 年，随着北京郊区旅游的大力发展，农家乐等乡村旅游兴起，旅游在解决扶贫方面优势突出。在科学技术方面，在"互联网+"战略和智慧旅游的推动下，全市旅游业网络技术应用得到发展。随着旅游产业链的扩大，旅游在科技、民生、娱乐等方面的带动效果将更加明显。

3. 旅游产业基础不断夯实，发展环境持续优化

北京市"十三五"期间大力倡导"五十百千万亿"京郊旅游休闲体系建设，五即在传统村落实施一本开发建议书、一本地图折页、一个移动式咨询站、一个生态厕所、一个免费 Wi-Fi 站的"五个一"工程；十即整体提升国际驿站、休闲农庄、采摘篱园、民族风苑、乡村酒店、养生山吧、生态渔家、山水人家、葡萄酒庄、汽车营地"10 种新业态"；百即创建 100 个特色旅游休闲村镇；千即推进 3000 公里休闲步道建设；万即组织 1 万名京郊民俗户培训；亿即利用京郊旅游融资担保服务体系提供 30 亿元的资金支持，打造特色旅游镇村和乡村旅游品牌，全力提升京郊旅游的发展质量和品质。2016 年北京市交通、铁路、航运等基础设施不断完善，签证、免税、Wi-Fi 覆盖等公共服务手段和设施不断提升，共享经济、创业、创新等产业现象活跃，产业环境日益优化。

4. 旅游产业融合不断推进，区域协同发展成为主流

2016 年北京旅游联盟正式成立，中国和平国旅、北京青年旅行社、海洋国旅、中旅体育、北京国旅、中商国旅、中国康辉集团（北京公司）、首都国旅、万延旅游等多家旅行社加入北京旅游联盟。可见，在巨大的竞争压力下，传统旅行社抱团取暖，共同融合发展成为趋势。此外，2016 年旅游产业融合形式多样，住宿业与文化产业融合，打造特色主题民宿；会展业与旅游业形象共融发展；旅游产业融入，"旅游+"为主题的多产业融合发展成为主旋律。北京"十三五"规划中强调，大力拓展区域旅游空间，包含五条旅游拓展带，即京承旅游拓展带、京津旅游拓展带、京秦旅游拓展带、京张旅游拓展带、京冀晋旅游拓展带。2016 年北京市强化京津冀区域旅游协同引领，北京与天津、河北共建经济一体化空间平台，北京周边旅游价值的"洼地"通过旅游资源、要素的延伸整合及旅游线路的整体打造而得到带动提升，"洼地"效应显现，京津冀区域的旅游空间结构不断优化。

5.旅游产业投资增加，发展空间进一步优化

国务院颁布的《关于促进旅游业改革发展的若干意见》《关于进一步促进旅游投资和消费的若干意见》《关于北京市服务业扩大开放综合试点总体方案的批复》等重大政策的颁布，以及国家"创新、协调、绿色、开放、共享"发展理念的要求，为北京旅游业的转型升级、旅游投资和消费的促进指明了方向。国家相继出台政策助力旅游企业"走出去"，推进旅游企业在"一带一路"沿线国家投资，旅游开发、饭店建设等领域显示中国力量。鼓励在线旅游企业、品牌连锁酒店、集团化旅游企业加快"走出去"步伐，实行模式输出、品牌输出和资本输出。利用亚投行、丝路基金等平台，强化旅游企业国际旅游竞争力。北京作为"一带一路"沿线地区，更加鼓励外商投资旅游业，加大支持投资旅游商品和基础设施建设，鼓励引进民间资本投资旅游业，鼓励创新旅游投资模式、推广旅游投资PPP模式。2016年旅游产业政策红利进一步释放，旅游产业投资增加，2015年北京旅游投资712.3亿元，2016年增长83.2亿元，增长11.7%，旅游产业投融资又创新高。伴随着北京市确立"政治中心、文化中心、科技创新中心、国际交往中心"和"国际一流的和谐宜居之都"新战略定位，作为与文化、交往等功能有紧密联系的旅游业，俨然成为新时期北京的核心功能产业之一。北京非首都功能的有序疏解将缓解北京的大城市病，改善交通状况，优化城市环境，为旅游空间的拓展提供难得的机遇。随着北京非首都功能的有序疏解，以一般性制造业为代表的四大非首都功能将被疏解，腾退出来的空间为旅游业的发展及二次利用奠定了基础。

（二）北京旅游行业情况分析

1.旅行社规模持续增加，游客对产品品质和服务的要求提高

2016年旅行社规模上升，经营状况总体平稳发展，国内市场份额减少，入境市场竞争力增强，出境市场增速放缓。2015年底全市共有旅行社1847家，比"十一五"期末增加1028家，2016年旅行社继续增长，旅行社达2117家。在经营状况和盈利能力方面，旅行社业务接待能力总体平稳上升，营业收入增长。具体到各个细分市场，北京市国内旅游总收入4683亿元，增长8.4%；国内旅游总人数2.81亿人次，增长4.7%。但旅行社接待国内旅游总人数3 355 801人次，同比减少2.4%，所占国内市场份额减少。在入境市场方面，2016年北京接待入境游客416.5万人次，减少0.8%。而旅行社接待入境旅游总人数1 311 802人次，同比增长5.8%；香港同胞69 345人次，同比减少9.6%；澳门同胞10 057人次，同比减少4%；台湾同胞34 404人次，同比减少9.5%；外国人1 197 996人次，同比增长7.5%。在出境旅游

市场方面,出境旅游人数持续增加,但是增速放缓。2016年,北京拥有出境经营许可权的旅行社组织公民出境游571.3万人次,增长7.2%,与上年33%的增速相比明显减缓。其中北京市旅行社接待游客数和增速见图2-2。

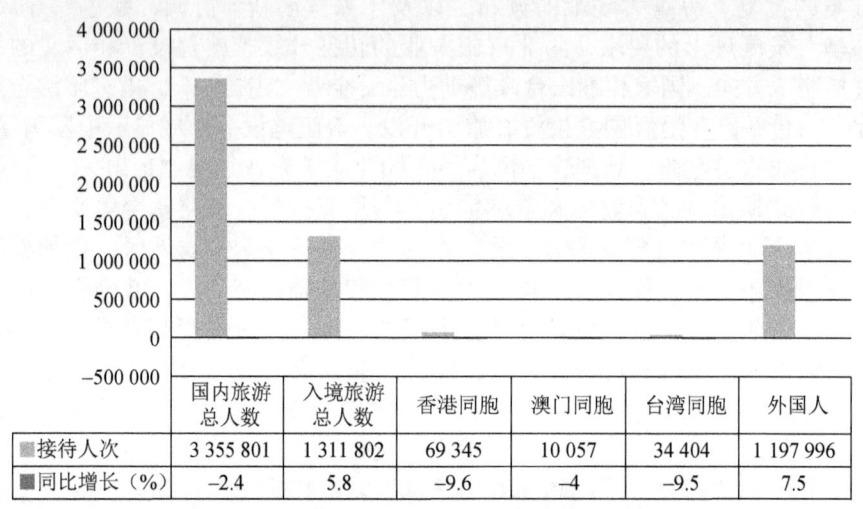

图2-2 2016年北京市旅行社接待游客数和增速图

从全年来看,旅行社逐步提档升级,虽受到在线旅游企业挤压,但情景看好。北京市政府加大对旅行社行业执法监管力度,市旅游委联合多部门突击检查,剑指旅游违法违规行为,打击了黑车、黑导游、非法揽客等侵害游客权益的行为,规范了旅游市场秩序。但是伴随着"互联网+"对旅游业发展带来全新变革,以互联网为代表的全球新一轮科技革命正在深刻改变着世界经济发展和人们的生产生活,旅游与互联网的深度融合发展已经成为不可阻挡的时代潮流,以至于大部分旅游服务可脱离旅行社,由互联网来支持实现,在这种情况下,旅行社改革升级相对滞后的特性,使得所占旅游市场份额在减少。同时,旅游者旅游需求呈现出新的时代特点,以休闲、自驾游为主要特征的旅游兴起,旅游者对价格的敏感程度在降低,对服务的要求在提高。90后成为消费主力,"银发旅游"呈现热态,家庭游得到广泛关注,微信传播、定制旅行、社交旅游等新形态不断涌现,在更加多元、时尚、潮流的旅游消费需求推动下,旅行社面临打破以往的盈利模式和发展战略的挑战,需紧跟消费者需求做出相应变革和调整,现旅行社传统经营体制一定程度上阻碍了其发展。但是在多重压力和问题下,旅行社的收入仍实现提升,有力说明了作为老牌旅游服务企业,其前景乐观。

2. 星级酒店数量持续减少，非标短租民宿方兴未艾

酒店住宿行业，星级酒店数量持续减少，酒店收入少量增加，星级酒店状况总体不太客观。一、二、三星级酒店经营状况恶化，2016年中高档酒店成为投资新宠，在环球主题公园、京津冀一体化建设等大背景下，酒店业发展动力十足。2015年北京地区星级饭店共有528家，与2014年相比下降9.12%。其中四五星级酒店合计减少8家，一、二、三星级酒店合计减少45家。2016年北京酒店数量继续减少，据报告大厅《2016—2021年中国星级酒店行业市场需求与投资咨询报告》显示，2016年12月北京市共有60家五星级酒店、123家四星级酒店、187家三星级酒店、132家二星级酒店、10家一星级酒店，总共512家星级酒店。在星级饭店接待住宿人数方面，2016年全年星级酒店总接待人数为20 171 127人，同比增长0.4%，但其中一、二、三星级酒店接待人数呈现负增长；在收入方面，星级酒店全年收入2 614 497万元，同比增长0.8%，其中餐饮收入较去年有所下降；在平均出租率方面，一、二、三星级酒店较去年有所下降。低星级酒店经营状况的下降，与北京短租、民宿和农家乐等非标特色业态的冲击直接相关，并与旅游者需求多元化和个性化有密切联系。其中近三年北京星级酒店数量变化状况如图2-3所示。

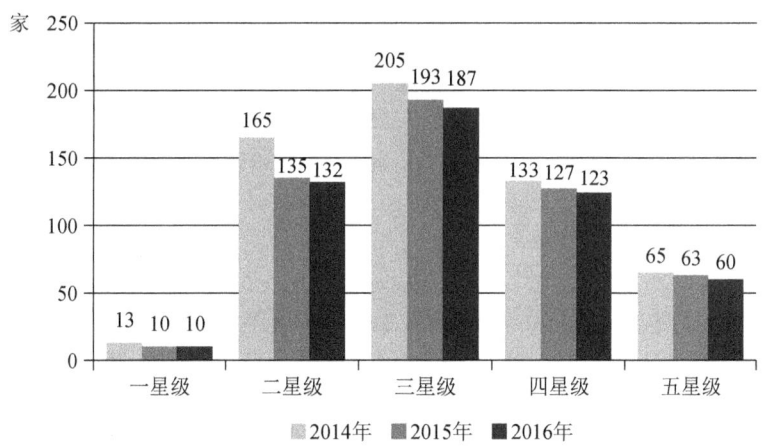

图2-3　2014—2016年北京星级酒店数量示意图

在酒店投资方面，北京地区酒店投资更趋理性，中档酒店板块受关注度随新兴品牌的持续出现也不断提升，成为投资新宠。2015年酒店行业整体投资收缩，以开业酒店为例，2015年全年北京地区开业的酒店数量超过

500家，而中高档品牌酒店数量仅有3家。与2015年形成巨大对比，2016年上半年，北京地区开业的中高档品牌酒店多达8家。

在一系列酒店数据背后，一方面反映出在传统的星级酒店划分标准下，行业向更规范的方向发展；另一方面也反映出行业内酒店不再一味追求星级，而是根据自身实际水平进行定位，这也为酒店带来了更多发展空间。总的来说，酒店业在经历了一段时间冷静思考后，评星热持续降温，新型划分标准更受追捧。加速了旅游住宿向精品化、主题化、设计化方向发展，加强了其与文化创意产业融合塑造创意特色，强化住宿业与互联网和分享经济结合形成度假租赁新模式。对北京酒店业分析后可以发现，未来一段时间内，环球主题公园、京津冀一体化建设及北京冬奥会和北京世界园艺博览会的推进等将是酒店业发展的新动力。随着北京市成为全国首个服务业扩大开放综合试点城市、北京环球主题公园启动、中国北京世界园艺博览会2019年在延庆举行、2022年北京冬奥会的举办，将为旅游住宿业带来新的机遇。自2009年起北京承接会议数量持续上升，将给酒店业带来发展新动力。

3. 北京乡村旅游市场巨大，服务品位亟待提升，同质化问题亟待破解

北京乡村旅游总体发展态势良好，发展形式多样，全国竞争优势明显。北京乡村旅游全国竞争优势明显，已成为北京山区农民增收的重要抓手，但如何避免产品雷同，进一步挖掘京味、乡愁成为亟待解决的问题。2016年经北京市乡村旅游特色业态评定委员会评定，114家单位为北京市乡村旅游特色业态；其中19家民俗户为五星级民俗户，28家民俗村为四星级民俗旅游村，8家民俗村为五星级民俗旅游村。2016年，全市观光园接待游客2250.5万人次，比上年增长18.2%，实现收入28亿元，增长6.3%，其中出售农产品收入5.9亿元，同比增长18.5%，占总收入的21%。全市民俗游接待游客2297.4万人次，比上年增长7.4%，实现收入14.4亿元，增长11.7%。观光园和民俗接待比例见图2-4。在旅游宣传方面，北京加大了宣传方式创新，开通微博，在新浪、腾讯等设置"寻找北京最美乡村"等话题；在乡村旅游建设方面，政府充分发挥其作用，积极引导丰富乡村旅游业态，引导开发休闲农庄、乡村酒店、特色民宿、自驾露营、户外运动等乡村休闲度假产品，使农民"学有目标"，企业"赶有方向"，市民"游有参考"。2016年，北京有17家园区跻身全国星级行列，与此同时，报告大厅《2016—2021年中国旅游市场行业市场需求与投资咨询报告》显示，在国庆小长假期间，乡村游十大客源地中，重庆、北京、广州、成都四大城市出行规模占据半壁江山，北京乡村旅游的竞争力居全国前列。

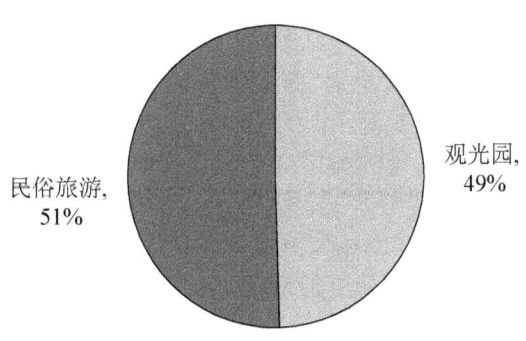

图2-4 2016年北京乡村旅游接待情况示意图

休闲农业和乡村旅游已经成为北京各区，特别是北京山区农民增收的重要抓手，且会展农业和农业节庆活动是北京乡村旅游吸引游客的重要载体。继大兴、怀柔、密云、延庆、平谷之后，2016年昌平区、房山区又被国家有关部门认定为全国休闲农业和乡村旅游示范区，房山区水峪村等4个村被推介为2016年中国美丽休闲乡村（累计达到14个村），中粮智慧农场等8家农业园区被认定为全国休闲农业和乡村旅游五星级园区（累计达到24家）。2016年第四届北京农业嘉年华在接待数量和收入方面创历届新高。大兴举办的2016世界月季洲际大会，顺义举办的第七届北京郁金香文化节，怀柔举办的首届金莲花文化节，平谷举办的第18届桃花音乐节等会展节庆活动都取得较好的效果和带动效益。2016年全市农业会展及农事节庆活动共接待游客447.2万人次，同比增长35.5%，实现收入2.4亿元，增长42%[①]。

从宏观上来说，北京乡村旅游发展现状较好，拥有较大且消费能力高的客源市场这一优势，在出游需求持续旺盛的背景下，北京近郊旅游火热有一定的必然性。但北京乡村旅游仍存在发展模式、规范化管理等问题，内容雷同现象仍存在，长远来看，乡村旅游仍需挖掘京味、乡愁等元素，提升文化内涵。

4. 北京景区总体营运和盈利能力有所提升，供给端不断优化，非首都功能疏解的空间二次利用将助力景区发展

从数据可以看出，2016年全年北京景区总体营运和盈利能力有所提升，博物馆游和自驾游备受青睐。2016年，北京旅游A级及以上景区全年接待30 350.5万人次，同比增长3.2%，但是接待境外人数为790.5万人次，

---

① 北京市农业工作委员会。

同比下降 6.4%。全年收入 771 492.8 万元，同比增长 5.9%。其中门票收入 475 262.1 万元，同比增长 2.8%；商品销售收入 26 456.2 万元，同比增长 37.1%；其他收入 269 774.5 万元，同比增长 9.2%，其总体收入构成比例见图 2-5。在具体类型方面，博物馆游和自驾游受到越来越多游客的青睐[10]。36 家博物馆型景区共接待游客 2128.1 万人，实现收入 3.4 亿元，分别增长 13.5% 和 21.5%。83 家自然山水型景区共接待游客 2750.4 万人次，实现收入 15.0 亿元，分别增长 17.0% 和 27.0%。

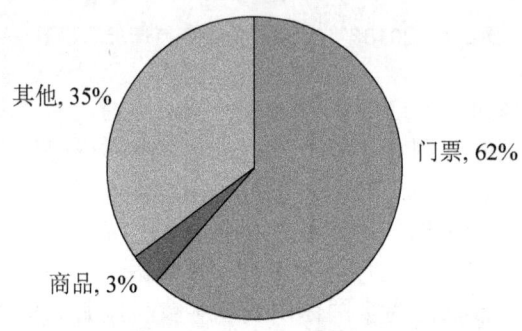

图2-5　2016年北京市景区收入结构示意图

2016 年北京景区供给端不断优化提升，虽存在一些问题，但是潜力较大。随着 A 级景区评审制度的改变，景区联合抱团发展，Wi-Fi 全覆盖、实时定位等现代化智慧景区建设，A 级景区实现五种文字引导牌建设的有力推进，厕所革命的持续进行，使得北京旅游景区基础和辅助设施质量得到逐步得到逐步提升。但北京旅游景区发展显现出一些亟待解决的问题，如市旅游委对北京 8 家问题景区进行通报，旅游景区拥挤现象仍然严重，旺季超载问题仍存在。伴随着京津冀区域旅游协同发展的推进，带动了景区间联合发展，彼此将互利共赢整合打造高等级旅游景区。针对北京旅游旺季游客超载的问题，北京继续加强节假日对景区的管控，严格限制游客数量，充分利用网络实现视频监控、人流监控、位置监控、环境监测等管控功能的实现，使旅游服务、客流疏导、安全监管纳入互联网范畴，从而有效控制了景区承载量，推动了景区智慧化建设，同时增强了游客体验。非首都功能有序疏解等都给旅游景区发展提供了巨大空间，旅游景区发展前景看好。

二、北京旅游需求侧总体情况分析

（一）北京旅游需求侧情况概述

北京市作为我国的首都，拥有丰富的自然景观和悠久的历史资源，是国内旅游者心中极佳的旅游目的地，因此北京的国内旅游需求很大。此外，北京也是广大外国旅游者的首选目的地，吸引着无数外国朋友前来观赏、考察和学习，近些年北京的入境旅游者人数一直保持着快速增长，这种增长趋势会一直延续下去，因此北京的国外旅游需求也相当大。

通过百度指数对北京旅游总体需求情况进行监测的结果表明，2016年"北京旅游"平均搜索指数①是1837，其中通过PC端进行搜索的有774次，通过移动端进行搜索的有1063次，可见越来越多的游客倾向于通过移动端来解决自己旅游出行的相关问题。

从2016年各月北京旅游平均被搜索的次数来看（如图2-6所示），在7~10月北京旅游被搜索的次数较多，此阶段是北京旅游的旺季，并且在10月2日当天搜索量超过3000次，为3188次，可见在十一黄金周期间北京旅游需求最旺盛。利用相关性分析得到搜索北京旅游的具体内容（如图2-7所示），其中排名前五的是景点、攻略、地图、天气和地铁，其中景点的搜索量最高，每天平均被搜索1023次，可见游客对北京的景点非常关注，除此之外由于自由行比例逐渐升高，散客已经以压倒性的优势超过团队游客，因此旅游攻略也获得了游客的足够关注。

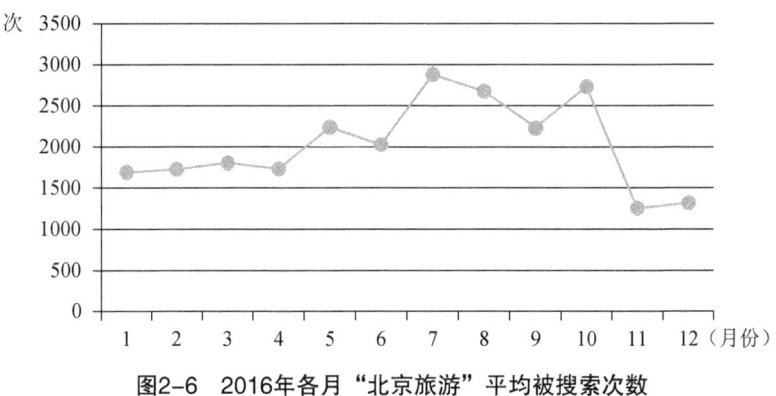

图2-6　2016年各月"北京旅游"平均被搜索次数

---

① 平均搜索指数是指某一关键词一年中平均每天被搜索的次数。

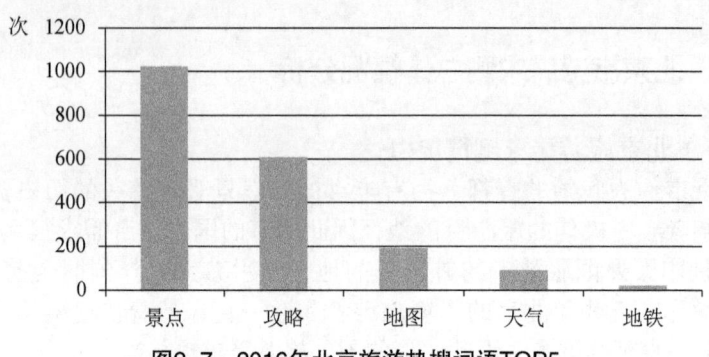

图2-7　2016年北京旅游热搜词语TOP5

（二）北京游客画像大数据分析

游客画像能够提供一个地区、景点或一种类型的旅游者的选择偏好，可以将大数据应用到一个地区的旅游统计之中，对该地区游客的特点进行整合和分析，提炼出他们的需求所在，从而更好地提供相应的产品来满足他们的需求。根据《2016年北京旅游大数据报告》，来京游客主要呈现以下几个特点[10]。

1. 青年来京旅游消费群体需求旺盛

从游客年龄角度来看，大多数游客集中在26~35岁，占游客总数的53%，可见来北京旅游的主要是青年群体，他们有自己独立的工作和固定的经济来源，但同时又承受着巨大的工作和生活压力，有钱又有出行的需求。除此之外，19~25岁的大学生群体和46~55岁的中老年群体也是北京游客的重要构成部分，分别占总数的19%和18%，大学生群体渴望获得知识，北京优秀的历史文化能给他们提供良好的学习机会，中老年群体对北京有着与生俱来的崇拜和敬意，因此到访北京的人数也相对较多。

2. 发达地区来京游客购买力强劲

通过对OTA预订来源的分析发现，购买北京旅游产品前十名的省份分别是广东、江苏、山东、浙江、上海、四川、陕西、河北、辽宁和河南，其中广东省位列第一，购买数量占全国总数的8.5%，由此可见，北京的主要客源市场是河北等近程省份、江浙沪地区、珠三角地区和川陕地区[13]。

3. 来京游客对酒店相关产品较为青睐

来京游客主要购买OTA的酒店、酒店套餐、门票和线路游产品，其中酒店产品的购买占据绝对地位，其次是酒店套餐类产品，与酒店相关的产品占总购买数量的85.4%。

酒店产品是以酒店单项元素为体验的旅游产品。来京游客购买酒店产品主要通过"去哪儿"进行，去哪儿是一个以酒店垂直搜索为特色的OTA，其酒店种类丰富、数量众多，其次是"同程"和"携程"，除此之外也有部分游客通过"美团"和"驴妈妈"等新兴OTA购买酒店单项产品。酒店套餐产品是以酒店单品为基础，组合门票、餐饮、娱乐等元素的旅游产品。通过"携程"购买酒店套餐产品的游客最多，但利用"去哪儿"和"途牛"购买的人数也相对较多，通常，没有来京旅游者选择利用"美团"购买酒店套餐产品。门票产品是以景区体验为主的旅游产品。多数游客都是通过"美团"和"去哪儿"购买北京的门票产品，其他三个OTA的购买比例较小。因此北京市主要景区在进行营销的时候，应首先考虑在"美团"和"去哪儿"上进行，以收到更好的营销效果。线路游产品是基于旅游交通、门票、导游服务、酒店住宿及旅游餐饮等旅游元素进行的多种组合形式的旅游产品。携程作为OTA中的第一人，拥有强大的资源整合能力，因此通过其购买线路游产品的人数也最多，其次是"去哪儿"和"途牛"两大资历深厚的OTA，新兴电商企业由于发展历程短，尚无法提供完整的线路游产品。

（三）北京游客网络口碑总体分析

1. 旅行社服务总体较好，个别企业仍需改进

利用众誉大数据平台监控游客对北京旅行社的评价发现，多数游客认为北京的旅行社比较热情（见图2-8），能够以真诚热心的态度给他们提供服务，很好地解决他们在旅行中所存在的问题，其次是服务非常周到、服务过程非常顺利、服务具有较强的专业性，基本上能够达到游客的要求和期望[11]。与此同时也有部分游客认为北京的旅行社在提供良好服务的同时，还能够针对顾客群的个性化差异，给予不同程度的服务和帮助，满足了他们各种不同的需求，同时服务的效率也较高，除此之外，贴心、实在、耐心等也成为北京旅行社的标签。由此可见，游客对北京旅行社的总体评价相对较好，在我国旅游市场乱象较多，低价团、强迫购物等事件层出不穷的情况下，游客还能够给予北京旅行社如此高度的评价，说明其本身确实能够提供很好的服务，切实为游客着想，严格遵守相关管理制度，在以后的过程中需要继续保持这种姿态，并成为全国旅行社行业的标杆和典范，充分展现出首都旅游企业应有的魅力和风采，促进我国旅游业更好更快发展。

图2-8　2016年北京旅行社正面评价

虽然游客对北京的旅行社总体评价较好，但也有部分游客对其给予了负面的评价（见图2-9），主要词语有：不行、恶劣等，但没有直接表示旅行社差在什么地方，这也从侧面说明北京旅行社总体上能够让游客满意[12]。同时，有游客认为北京旅行社存在推销和黄牛倒票的情况，自己有过被推销其他产品和服务的经历，同时还遇到过涨价等现象，也有部分旅行社存在服务态度不端正、不耐心的情况，招致游客的不满和抗议。针对以上负面评价，北京需要采取以下几方面措施：第一，加大执法力度，坚决打击黄牛倒票和违法乱涨价的情况，将所有旅游产品的价格控制在合理的范围之内，避免游客在旅行途中被欺客宰客；第二，制定相应的旅行社服务标准，要求其对客服务时必须做到热情、耐心，能够很好地回答游客提出的问题，将服务规范细化到具体细节，从而保障服务的质量；第三，及时处理投诉案件，一旦游客对旅行社进行投诉，北京市相关部门需要在第一时间给予处理，并将处理的结果及时反馈给游客，保证游客的投诉及时得到回应、得到处理、得到反馈。

图2-9　2016年北京旅行社负面评价

2. 酒店服务热情周到，推销等依旧存在

与对旅行社的评价相一致，游客对北京酒店赞扬最多的也是热情和周到（见图2-10），大多数旅游者都认为北京的酒店服务非常热心，能够充分为客人考虑，在满足基本需求的同时，还能针对个人的不同特点满足其个性化的需要，给游客形成了良好的印象。游客同时还赞扬北京酒店的快捷和便利，认为多数酒店在入住和离店过程中手续简易迅速，避免了长时间等待，同时还能够在顾客最需要酒店帮助的时候挺身而出，为顾客解决切实问题，游客对此表示非常感动。因此，游客对北京酒店的总体评价是比较好的，没有出现设施差、卫生脏乱等严重的问题，并且还能在满足基本需求的前提下提供更加个性化的服务，游客对此给予充分的肯定。

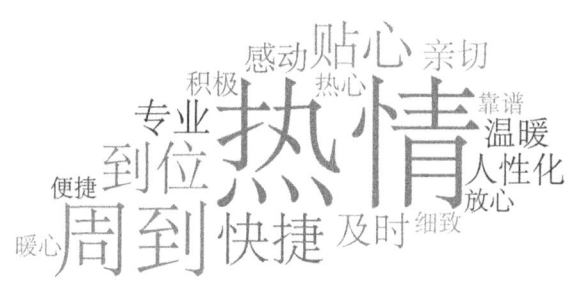

图2-10　2016年北京酒店正面评价

多数游客认为北京的酒店都是非常好的，但也有少数游客认为酒店存在推销其他附加产品的情况，有诱导顾客消费的倾向，同时服务中也存在不耐心、需要等待等情况，总体来看都是较为中性的词语（见图2-11），只有极少客人认为酒店的态度恶劣，给予强烈的贬义词，对此北京需要采取以下几方面措施：第一，加强监督，杜绝部分酒店诱导游客消费的情况发生，要求各酒店按照相关规定依法办理入住手续，进行系统登记；第二，充分发挥酒店行业协会的作用，实行协会自治制度，以协会的名义要求各酒店提高自己的服务质量，转变不好的服务态度，从而更好地为游客提供住宿服务。

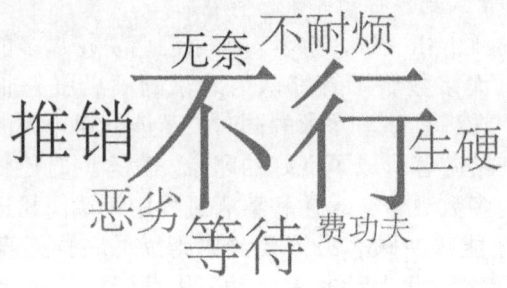

图2-11 2016年北京酒店负面评价

3. 乡村旅游服务专业到位，服务硬件有待完善

热情周到同样是游客对北京农家乐的评价（见图2-12），多数游客认为北京农家乐的服务态度较好，速度较快，能从顾客的切身实际出发去考虑，为顾客提供非常到位的服务，同时接待者能够以真诚的微笑迎接到来的客人，彰显了北京热情好客的传统习俗，古朴民风得到了充分的体现。部分游客认为北京农家乐能够给其提供贴心放心的服务，入住农家乐以后感到非常舒适，不用担心自己被欺骗等情况的出现，更有顾客被北京农家乐的服务所感动，并对此给予了很高的评价。总体来看，游客对北京农家乐评价较高，乡村旅游作为一种新的旅游方式，吸引着越来越多的游客，对此北京市旅游发展委员会专门设立相应的部门对乡村旅游进行管理，对各个农家乐进行监督检查，从顾客的评价来看，这一切都取得了较好的成果，游客对此表示很满意[14]。

图2-12 2016年北京农家乐正面评价

对农家乐的负面评价主要集中在基础设施较差、服务效率低等方面，游客认为部分农家乐的服务设施没有达到相应的标准，导致其正常的住宿

餐饮服务无法得到满足，同时由于服务经验的不足导致服务者的效率低下，顾客等待时间较长。除此之外，有部分农家乐存在推销和欺客宰客的行为，让游客的经济蒙受损失，产生了不好的印象。针对以上问题，北京需要采取以下几方面措施：第一，加强农家乐基础设施建设，按照相应的标准建立农家乐，对住宿、餐饮等各方面提出规定和要求，同时借鉴浙江地区农家乐的发展经验，让农家乐更加特色化，相互之间存在差异，形成不同等级、不同风格、不同类型的良好分布格局；第二，加强农家乐从业人员的教育，提高他们的服务水平和服务效率，政府应主动为其提供系列培训，同时要求其必须学习相应的服务礼仪和服务常识，从而能够更好地为游客提供更具特色化的服务。

图2-13　2016年北京农家乐负面评价

4.景区服务热情贴心，导游服务仍需提高

在对北京景区进行评价的时候，多数游客认为北京景区能够提供热情且专业的服务（见图2-14），景区中的工作人员态度都比较好，并且服务具有较强的专业性，能够利用专业化的技术和手段来解决游客遇到的问题，这也使得游客在解决困难的过程中感到更加顺利便捷。与此同时，部分游客认为景区能够提供个性化的服务，服务周到，游客对此感到非常温暖。总体来看，北京景区在游客心中具有较高的地位，对其评价多为正面性的，并且给予了高度的赞扬，这得益于北京多年来景区管理和对客服务方面的不断探索，积累了成功的经验，同时又对各景区提出较高的要求，使得游客在游览过程中得到比较满意的服务。

黄牛和票贩是游客对北京景区不满意的地方（见图2-15），尤其是在节假日期间，会有部分黄牛高价出售景区门票，诱导游客购买，同时也有部分景区存在黑导游的现象，未经许可就私自挂证上岗，欺骗游客报名参加旅游团。鉴于此，北京需要采取以下几方面措施：第一，加大打击力度，在景区周边安排相关人员巡查，发现黄牛倒票或黑导游诱导游客参团的情况，坚决进行打击，同时以广播语音、电子屏等形式告知游客不要从私人手里购买门票，更不要随意参加旅游团，提高游客自身的警觉性；第二，大力发展全域旅游，使游客在京城处处都能游览，分散景区客流量，从根本上改变景区人满为患、一票难求的状态。

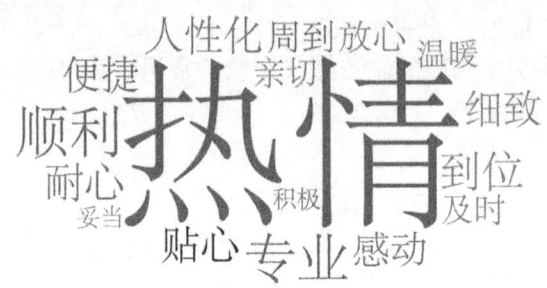

图2-14　2016年北京景区正面评价

图2-15　2016年北京景区负面评价

对海外游客口碑进行监测发现，高等级的人文历史和风景名胜类景区口碑更好。北京市共有东城区、西城区等16个市辖区，在监测周期内，监测到近半的文章（48.35%）与东城区旅游相关，共675篇，朝阳区以343篇排名第二，占比24.57%，第三名是海淀区，相关文章195篇，占比13.97%；此外通过对北京各区县的热词词云分析发现，海外网民对中国区县概念较为模糊，对长城、故宫、颐和园等标志性景点却印象深刻。

从景区等级来看，北京共有5A级景区7家，4A级景区73家。在用户喜爱度排名中，北京市7家5A级景区全部进入前20，共获得82 714次点赞，超过其他4A级景区点赞数之和,说明品质更高的5A级景区更容易受到国外网民的喜爱。在转发传播能力的排名中,北京市7家5A级景区中仅有"明十三陵"一家没有进入内容传播能力榜单的前20位,而另外6家5A级景区的相关文章转发量已达到9123次,超过总转发量的50%。在用户互动能力的排名中,北京市7家5A级景区均进入前20位,共获得5303次评论,超过4A级景区的评论之和,占总评论数的56.28%。从景区等级来看,5A级景区在用户喜爱度、内容传播能力和内容互动能力上均优于4A级景区。

(四)旅游消费行为

旅游消费行为是指人们支付货币购买旅游产品和服务以满足自身旅游需求的行为。不同的旅游者具有不同的消费特征和消费喜好,研究他们的消费行为有助于针对性地提供旅游者需要的旅游产品,精准地开展旅游营销活动,提高旅游经济收入,促进社会的进步和发展。对北京市旅游者的消费行为进行研究,找出他们的消费特点,可以为北京市旅游业的发展提供有力保障。根据《2016年北京旅游大数据报告》显示,来京游客消费呈现出以下几个特点。

1. 中年女性成为来京游客主要消费群体

从消费群体性别特征来看,女性消费群体占68.1%,明显高于男性,虽然北京市游客整体性别比例相差无几,但女性游客是主要的消费群体,部分来京男性游客没有发生或很少发生实际消费,因此应多考虑以女性游客为促销对象。从消费者年龄特征来看,36~50岁是主要的消费群体,占总数的53.9%(如图2-16所示),这一部分人多数具有自己独立的工作和固定的经济来源,且日常生活和工作的压力促使他们产生旅游需求,因此其出游的可能性较大。51岁以上的消费者也相对较多,占总数的28.7%,他们是典型的60后,现阶段也有足够的可自由支配收入,为旅游消费提供了支撑。

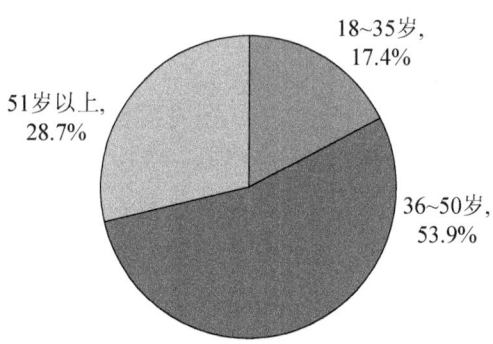

图2-16　2016年消费群体年龄占比

2. 近程境外市场和国内发达地区消费能力较强

对入境旅游者的来源进行研究发现，消费用户来源前十的国家和地区依次是：中国香港、日本、韩国、中国澳门、中国台湾、泰国、美国、新加坡、法国和澳大利亚（如图2-17所示），其中中国香港旅游者在京消费水平最高，总体消费接近45亿元，日韩两国离北京距离较近，入境人数较多，因此总体消费也较高，澳门和台湾作为我国除香港之外两个重要地区，与首都往来密切，总体消费也相对较高。东南亚地区的泰国和新加坡以及欧美地区部分国家经常有游客因政治需要入境北京，也会产生比较可观的消费。

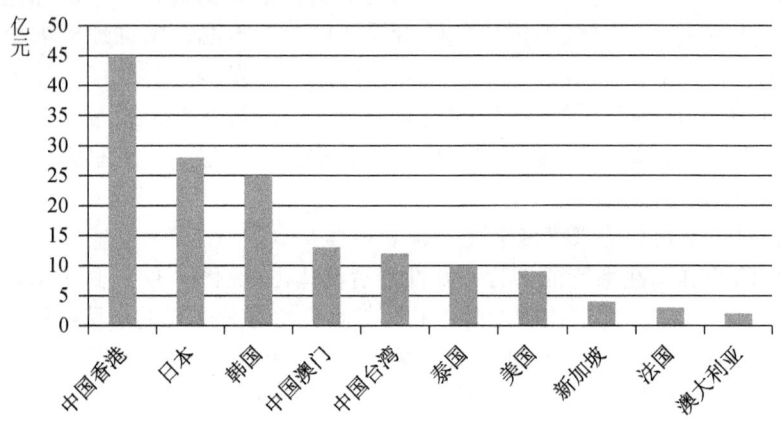

图2-17 2016年消费用户来源国家及地区TOP10

对国内旅游者来源进行研究发现，2016年国内游客消费排名前十的城市依次是：上海、广州、深圳、厦门、郑州、天津、成都、重庆、济南、廊坊（如图2-18所示），其中上海以612亿元的消费高居第一位，比第二名广州多260亿元。北上广深作为我国的四个一线城市，经济比较发达，彼此合作密切，交流频繁。天津、济南、郑州和廊坊身处北京周边，距离较近，高速铁路将四地连接成一小时经济圈，吸引了四地游客前往北京。新兴的成渝经济圈经济高速发展，与北京通航航班数量逐渐增加，为川渝地区游客来京旅游提供了便利。总体来看，北京市的主要客源是长三角、珠三角、成渝和周边地区。

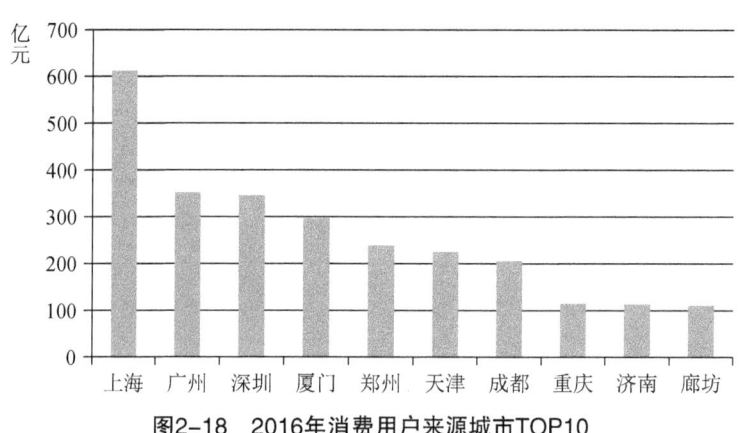

图2-18 2016年消费用户来源城市TOP10

3. 来京游客消费中心向北部商圈转移

2016年北京市商圈消费前五名依次是：亚奥商圈、国贸泛CBD商圈、西单商圈、中关村商圈和崇文商圈。亚奥商圈受奥运资源带动，已经逐渐成为新兴的消费热点，旅游者在游览奥运体育景点的同时就近到亚奥商圈进行消费。北京游客以前主要在国贸泛CBD和西单商圈进行消费，但2016年已经逐渐转向北部的亚奥商圈，其作为新的消费热点，以独特的奥运资源吸引着广大游客，也将成为未来的主要消费地点。

4. 来京商务度假消费潜力巨大

将在OTA上搜索北京旅游产品却没有发生购买行为的游客进行统计，作为北京的潜在客源，其中前五名依次是：河北、天津、山东、广东和浙江，可以看出周围近程省份依旧是北京旅游客源的所在地，珠三角和长三角地区也存在相当大的潜在游客。

对潜在游客的旅行方式进行分析发现，度假游和商务游是潜在游客来京旅游的主要目的，观光游和修学游的比例相对较低（如图2-19所示），从而可以看出北京未来的旅游市场将会呈现出以度假和商务为主，观光和休学为辅的趋势，北京要着重增加度假和商务旅游供给，从而满足潜在游客的需求，将其变成现实游客。

在潜在游客旅游花费方面，10 000元以下的消费水平占据绝对比例，同时以3000元和6000元为中间值，游客人数与花费呈阶梯式下降的态势，3000元以下的预计会占40%左右，总体来看北京未来旅游消费水平虽然较全国平均水平偏高，但细分来看仍然以3000元以下为主力。

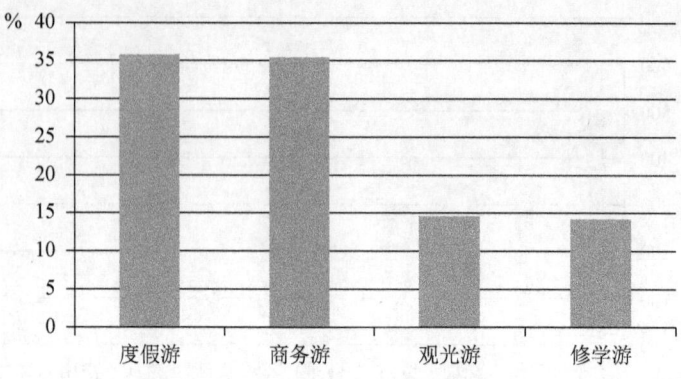

图2-19 2016年潜在游客旅行方式占比

参考文献

[1] World Tourism Organization. World Tourism Barometer. 2017.

[2] World economic forum. The Travel & Tourism Competitiveness Report 2017. 2017.

[3] 中国社会科学院旅游研究中心.世界旅游经济趋势报告（2017）.2017-01.

[4] 中国旅游研究院.2016年全年旅游统计数据报告及2017年旅游经济形势预测.2017-02.

[5] 国家旅游局.2016中国旅游投资报告.2017-05.

[6] 宋瑞.2016—2017年中国旅游发展分析与预测.北京：社会科学文献出版社，2017.

[7] 中共中央，国务院."健康中国2030"规划纲要.2016.

[8] 携程旅行网.2016"一带一路"出境旅行年度报告.2017.

[9] 北京市旅游发展委员会.北京旅游统计年鉴2017.2017.

[10] 品橙旅游.2016年北京旅游大数据报告.2016.

[11] 星云纵横.2016北京旅游目的地国际大数据分析报告.2016.

[12] 刘军胜，马耀峰.入境游客对北京市旅游供给的感知维度及其行为态度差异.干旱区资源与环境，2017（2）：197-202.

[13] 李玲.旅游商品产业成为拉动北京旅游消费的重要引擎.中国旅游报，2016-10-25（A01）.

[14] 王欣.基于游客感知价值的北京乡村旅游优化提升策略研究.中国林业科学研究院硕士论文，2016.

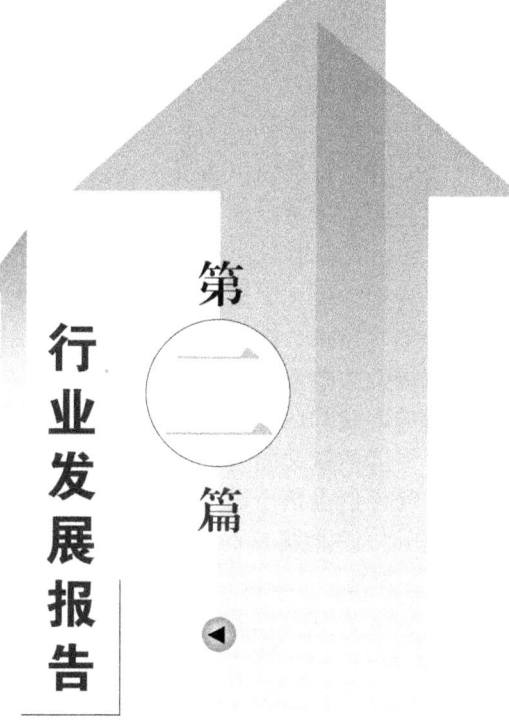

第一篇 行业发展报告

第一板块——旅游景区篇

2016年北京市旅游景区发展报告

吕宁，吴新芳，韩禹文

前 言

随着社会经济的发展，我国居民收入大幅度提高，居民消费步入快速转型升级的重要阶段，而工作节奏的加快显著增强了居民的旅游意愿，旅游作为重要的休闲方式走入寻常百姓家，旅游业迎来了黄金发展期，然而，旅游业也处于矛盾凸显期，由于大众旅游的规模不断扩大，旅游产品供给满足不了日益升级的消费需求，政府管理和服务水平跟不上旅游业快速发展的形势，因此全面提升旅游业发展质量的任务正提上日程。旅游业已经成为目的地发展质量的客观和综合反映，所以全面提高旅游业发展质量既能提升目的地的综合发展质量又能为目的地发展质量提升提供新的管理视角。此外，游客满意度评价也是全面提升旅游业发展质量的必由之路，其不但能够反映全面提升旅游业发展质量所要求的综合性，还能够确保旅游业发展质量所要求的客观性。

在上述背景下，全域旅游概念的出现引起了社会的强烈共鸣，逐渐成为一种旅游发展理念，正在对我国旅游业发展产生重大而深远的影响，而在"十三五"期间，着力推进供给侧结构性改革，促进旅游产业结构转型，提高旅游供给体系的质量和效率，也成为我国旅游发展的主要课题。在《国务院关于促进旅游业改革发展的若干意见》对未来旅游业发展方式转变

[作者简介] 吕宁（1980—），陕西宝鸡人，博士，副教授，硕士生导师，主攻领域为旅游经济与休闲经济，旅游政策与战略研究，主持多项省部级课题，并参与多项休闲、旅游相关国家标准和行业标准的制定。吴新芳（1993—），江西赣州人，北京第二外国语学院旅游管理学院研究生，专业方向：旅游经济与休闲经济。韩禹文（1994—），四川成都人，北京第二外国语学院旅游管理学院研究生，专业方向：旅游经济与休闲经济。

所给出的具体规划中,专门指出"以转型升级、提质增效为主线,推动旅游产品向观光、休闲、度假并重转变;推动旅游开发向集约型转变,更加注重资源能源节约和生态环境保护,更加注重文化传承创新;推动旅游服务向优质服务转变,实现标准化和个性化服务的有机统一。"全域旅游、供给侧改革、增效提质、结构调整、需求转换等理念正对国内旅游市场发展环境的进一步优化以及加速转型升级产生积极的作用,还对进一步激发市场从而提升旅游业发展的活力和潜力具有重要的现实意义,同时也对景区发展与创新提出了新要求。

一、全国旅游景区发展概况与特征

(一)发展概况

截止到2017年上半年,国家5A级旅游景区新增20家,共计227家,4A级景区1086家。以故宫、黄山为代表的经典景区依然有强大的旅游吸引力,但更多新类别景区的出现代表了产业新的发展趋势,华侨城、海昌、长隆等具有中国特色的主题公园越来越受到年轻游客的欢迎。根据2016全球十大主题公园排名,我国主题公园大致占据1/3席位,其中方特、长隆、华侨城集团的增长速度较快,变化比率分别为37%、16%及11.9%,见表1。

表1 2016年全球主题公园集团游客数量排行榜

排名	集团名称	2016年游客量(万人)	变化(%)
1	迪士尼集团	14 040.3	1.8
2	默林娱乐集团	6120.0	1.2
3	环球影城娱乐集团	4735.6	5.5
4	中国华侨城集团	3227.0	11.9
5	华强方特	3163.9	37.0
6	六旗集团	3010.8	5.4
7	长隆集团	2736.2	16.0
8	雪松会娱乐公司	2510.4	2.7
9	海洋世界娱乐公司	2200.0	-2.1
10	团聚公园集团	2082.5	-6.0

资料来源:2016年全球主题公园集团游客数量排行榜TOP10. https://baijiahao.baidu.com/po/feed/share?wfr=spider&for=pc&context=%7B%22sourceFrom%22%3A%22bjh%22%2C%22nid%22%3A%22news_3597690971478455059%22%7D.

据北京市旅游委发布的《2016年北京旅游业概况》,2016年北京市旅游业继续保持平稳发展,实现旅游总收入5021亿元,增长9%;接待游客总人数2.85亿人次,增长4.6%,外省来京旅游和市民在京游两个市场均保持了稳定增长态势,其中,外省市来京旅游人数1.71亿人次,增长5.3%,旅游消费4272亿元,增长8.6%;北京市民在京游人数1.1亿人次,增长3.7%,旅游消费412亿元,增长6.3%。此外,北京市接待入境游客416.5万人次,减少0.8%,实现旅游外汇收入50.7亿美元,增长10.1%(折合人民币337亿元,增长17.5%)。关于旅游景区的情况,根据北京市统计局2016年1—12月的数据,可以看出旅游景区无论是收入还是接待人数上总体都呈增长趋势(见表2);进入2017年,旅游景区收入和接待人数在上半年继续保持增长,商品销售收入在景区收入合计中仍占据较大比重(见表3)。

表2 2016年北京市旅游区(点)游客接待数及细分收入、增速

项目	2016年	同比增长(%)
收入合计(万元)	771 492.8	5.9
门票收入	475 262.1	2.8
商品销售收入	26 456.2	37.1
其他收入	269 774.5	9.2
接待人数(万人次)	30 350.5	3.2
其他:境外人数	790.5	−6.4

资料来源:根据北京市统计局、北京旅游发展委员会相关数据整理。

表3 2017年1—5月北京市旅游区(点)活动情况

项目	2017年1—5月	同比增长(%)
收入合计(万元)	298 303.9	10.7
门票收入	176 462.8	7.3
商品销售收入	13 983.7	30.0
其他收入	107 857.4	14.2
接待人数(万人次)	12 749.2	7.7
其他:境外人数	280.1	−3.9

资料来源:北京市统计局。

（二）发展特征

1. 景区高级化趋势

高级化趋势主要体现在目前很多景区"扎堆"申报5A级，确切来说是指景区联合申报5A的案例逐渐增多，甚至形成一种流行，原因之一是随着审批评定逐年加难，具备单独申报5A级能力的景区越来越少，比如5A标准中有一个硬性规定即景区面积必须达到3平方公里以上，这让一些"小而美"的景区望而却步，而采取多景区联合申报的办法能够提升景区的整体竞争力，从而满足考核标准，实现顺利申报；还有一个深层原因是，随着全域旅游时代的到来，游客们已不满足于游览某个单独的景区或景点，而文化内涵、自然资源相似或互补的景点通过联合创建5A的形式组成大旅游区，这不仅能让景区间不同类型的旅游资源得到互补，还能让景区的资源评价更具独特性和差异性，更容易形成品牌影响力和市场竞争力。

目前，联合申报5A景区的有多种类型和模式：在联合创建的数量上，有2个景区联创，例如宁波奉化溪口·滕头景区；3个景区联创，如山西省晋中乔家大院文化园区；4个景区联创，如湖北黄陂木兰文化生态旅游等多种类型。在景区资源上，有同类型景区联手，如福建土楼景区、济南"天下第一泉"景区等，也有互补型景区抱团，如鲁迅故里——沈园景区等。

2. 类型多元化趋势

2014年末，中央经济工作会议首次明确了"经济发展新常态"的九大趋势性变化，其中对于"消费需求"趋势的描述是"个性化、多样化消费渐成主流"，而近三年来的中国旅游消费恰恰顺应了这一趋势，并集中表现为体验式旅游，且体验式旅游在经济新常态环境下朝常态化方向发展，比如为休闲而兴起的度假式旅游。从旅游业发展的历程来看，由观光为主导的浅层次旅游形式逐渐转向以休闲度假为主导包含多种类型娱乐方式的体验式旅游，这种发展过程与我国社会经济大发展有着密切关联，是中国旅游发展阶段的必然产物。

体验式旅游的打造需要一个综合开发的平台，旅游景区即是这个主要平台，而无论是观光也好，休闲度假也好，单一性质的旅游项目难以满足市场需求，唯有通过合理打造集观光、休闲、度假及深度体验为一体的复合型景区才能顺应类型多元化趋势，推动传统景区从观光主导的"观光时代"走向休闲主导的"体验时代"、从"圈地收票"时代走向综合引导的旅游目的地时代，并最终推动区域社会经济综合发展。

3. 游览特色化趋势

游览特色化体现在景区游线设计和游憩方式的提升两个方面。对于景区游线设计，不同游线的设计，会带给游客不同的游赏感受与游憩体验，因此一个成功的景区一定程度上是出彩的旅游项目与合理的游线相互交织的有机体。张家界天门山有碧野瑶台、觅仙奇境、天界佛国、天门洞开四大景区，除天门洞开外其他景区均位于天门山山顶，贯穿山顶三大景区的有东、西、中三条游线，其中，东线沿途以原始森林风光为主；西线沿途可观览奇绝高山风光，感受鬼谷子千古传说的神奇；中线主要功能为交通线，方便游客快捷往返于樱桃湾和索道上站之间。

对于景区游憩方式，是景区收入模式、管理模式、营销模式的基础，对景区的发展起着至关重要的作用，其要求充分利用各项手段塑造立体化的游憩氛围，让游客可以实现720°全方位的体验，同时其实现手段本身也是一种游憩吸引物，如六觉体验、N式游道等。

4. 传播新媒体趋势

越来越多的用户通过移动互联网来查询旅游景区，了解旅游攻略，订购景区门票和相关旅游服务，用户的出游习惯正逐渐被移动互联网的应用碎片化。旅游企业是最容易接受新事物的传统企业之一，而旅游景区又是最先尝试新事物的旅游企业之一，因此在新媒体大潮扑面而来的背景下，旅游景区更多地在与新媒体融合，提升自己的营销战术。峨眉山景区的旅游微电影《峨眉来电》在登陆各大视频网站后，电影点击量短短一个月就突破300万人次，以此为契机，峨眉山携手微博，把景区内30多个经营实体集合成微博矩阵，打造了全国首个景区微博发布厅样板，通过多管齐下、不断创新的网络营销方式，取得了不俗的市场效益，这就是移动互联网时代一个典型的新媒体营销案例。湖北武汉的灵泉寺是一个不太知名的景区，其微信公众号自2016年1月开办，仅半年时间就吸引到近四万的用户阅读数。景区公众号几乎每天都会以文章和视频的方式向世人普及佛法佛理，还定期推送活动公告，这种线上线下的结合增强了平台的互动性，在引起人们关注景区的同时，也带来了游客。

5. 投资多渠道趋势

旅游业融资发展备受国家政策支持，旅游景区就是旅游业发展的重点，其开发建设离不开充足的资金，而旅游景区具有投资大、回收期长、风险大等特点，选择恰当的融资模式对于旅游景区的开发显得尤为重要，因此"融到资、融好资、将融资风险降到最低"是景区需要重点解决的问题。在此情况下，旅游景区项目融资，可以很好地化解投资风险，利用项目的未来收益来偿还建设景区的借款，充分利用和优化现有发展环境。

PPP公私合营模式就是一种新型融资模式，主要类型分为三种：一是旅游交通设施，如索道、区间车等，企业从中分红；二是旅游基础设施，如旅游集散中心、旅游中转枢纽；三是旅游公共服务体系，如智慧旅游建设，而企业参与的热情往往在于其中的商业价值，如地价升值、附加的商业设施等。值得注意的是，目前国内PPP很火但却有成为当地政府炫耀资本的倾向。的确，PPP为政府起到了增信作用，使得企业多数配套开发银行都参加到PPP项目中来，PPP逐渐成为引资的重要来源，这对于不是很富裕的地方而言PPP就是资金的主要来源。以株洲攸县某4A景区举例，由于其整体基础设施和服务质量较差曾遭摘牌，之后直接越过4A做5A，其中引进的一家民营企业投资了50亿元，政府占股24%，开发银行占股25%，企业占股51%。

6. 建设智慧化趋势

建设"智慧景区"已经成为我国旅游业发展的一个新趋势。2015年9月，国家旅游局发布了《"旅游＋互联网"行动计划》，明确到2018年将推动全国所有5A级景区建设成为"智慧旅游景区"；到2020年推动全国所有4A级景区实现免费Wi-Fi、智能导游、电子讲解、在线预订、信息推送等功能全覆盖。景区智慧化建设的最终目的是实现智慧旅游，建立以现代通信和信息技术为基础，以游客体验为中心，以一体化的行业管理为保障，以激励旅游产业创新、促进产业升级为特色的最新旅游目的地。其核心是游客为本、网络支撑、感知互动和高效服务，旨在通过信息技术与旅游服务、旅游管理、旅游营销的融合，使旅游资源和社会资源得到系统化整合和深度开发应用，服务于政府、企业、游客等的旅游发展形态，并结合社会公共服务和现代企业管理理念，注重游客体验、提升企业经营能力和政府公共服务能力，促使生态、文化、社会和经济的综合价值最大化，实现旅游产业的可持续发展。

三亚蜈支洲岛旅游区在时代变革、科技创新的大形势下，通过打造智慧景区走在了自我革新、升级转型的前列，为现代景区快速转型做出表率作用。在促进智慧景区进一步发展过程中，蜈支洲岛旅游区紧随科技脚步，注重品牌升级，与百度全方位合作，实现了"线上—线下"和"线下—线上"的成功转型，从而为更好更全面地进入创意性模式时代——"4.0时代"做好准备，并为全力推进景区旅游产品的升级和扩大品牌形象，推进"5A"级旅游景区的建设不懈努力。

7. 治理综合化趋势

景区综合化治理主要包括景区自身所进行的管理体制改革、环境整治、投融资方式拓展等,此外还包括地方政府部门对其景区的游览人数及舒适度指数和最大承载量进行实时发布,以及国家旅游局所掀起的景区"摘牌风暴"。截止到2017年上半年,国家旅游局对全国400余家景区进行摘牌或降级或警告等处理,并摘牌3家5A级景区。"摘牌风暴"标志着国家对A级景区实行"有进有出"的动态管理,这种管理模式能促进景区改进服务、提升品质,也对各级旅游部门和各A级旅游景区业主产生很大触动,当前已有多省明确提出要严格按照国家A级旅游景区标准,以查促改、以查促建、以查促管,切实提高A级景区管理水平与服务质量,提升游客对A级景区的满意度,维护A级旅游景区品牌。以北京为例,2016年8—11月对全市81家5A、4A级旅游景区进行了质量等级复核工作,复核达标景区共有73家,其中5A级景区有8家,4A级景区64家;复核不达标景区共8家,均为4A级旅游景区,其中有2家取消4A级旅游景区资质,6家得到警告并被责令限期半年整改。

二、2016年北京旅游景区发展结构

2016年,北京市共有A级景区(点)244家,其中5A级8家,4A级72家,3A级111家,2A级48家,1A级5家。从景区数量上看,北京旅游景区有所增长,增长动力主要来源于3A级景区的增长,高A级景区数量趋于稳定。从景区等级结构来看,北京旅游景区仍存在中间大两头小的比例。景区类型以游憩娱乐类景区占比较大,传统的自然与人文类景区变化较小。在地区分布上,核心区与中心区景区数量总体有所增加,但郊区县景区增量显著,发展迅速。在接待人数上,景区接待总人数有所增加,但增速缓慢,国内游市场构成景区主要客源,入境游客量逐年走低。在景区收入结构中,门票收入依然占比较高,但非门票收入增量显著。从更为具体的月度数据来看,北京旅游景区仍存在明显的淡旺季。在投资结构上,北京旅游景区缺乏旅游PPP项目,投资主体单一。

(一)景区数量总体显著增长,高A级景区数量保持稳定

以北京市旅游发展委员会数据为依据,北京市A级景区总量有所增长。如表4所示,2016年,北京A级景区数量增量明显,由2015年的227家增加至2016年的244家,增加17家,增长7.5%。自2011—2016年,北京A级景区实现年均增长2.37%。

表4　2011—2016年北京A级景区数量情况

年份	2011	2012	2013	2014	2015	2016
数量（家）	211	206	213	227	227	244
增量（家）	10	-5	7	14	0	17
增长（%）	5.0	-2.4	3.4	6.6	0	7.5

资料来源：北京市旅游发展委员会。

如表5、图1所示，在等级数量上，5A级、4A级景区数量保持稳定，3A级景区增量较明显，由2015年95家增长至2016年111家，增长16.84%，自2011年实现年均增长6.77%。2A级景区由2015年的44家增至48家，变化较小。1A级景区整体逐年减少，2016年较2015年减少37.5%。

表5　2011—2016年北京A级景区等级数量情况

单位：家

年份	2011	2012	2013	2014	2015	2016
5A级景区	6	8	8	8	8	8
4A级景区	63	63	67	72	72	72
3A级景区	80	87	86	95	95	111
2A级景区	46	36	42	44	44	48
1A级景区	16	12	10	8	8	5

资料来源：北京市旅游发展委员会。

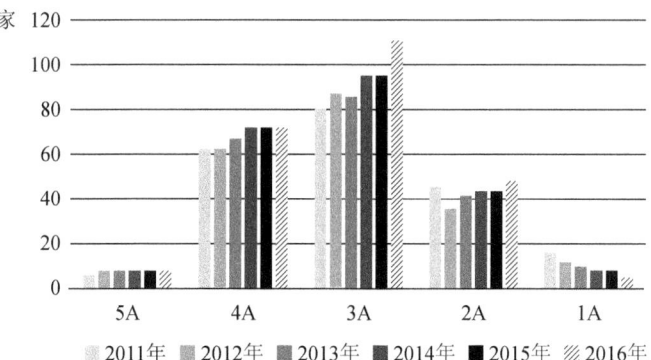

图1　2011—2016年北京市A级旅游景区数量

（二）景区等级呈中间大两头小结构比例

2016年，北京市A级景区中3A级景区数量最多，占北京市A级景区数量的45%，4A和2A级景区则分别占北京市A级景区数量的30%和20%。而比例相对较少的分别为5A和1A，分别为3%和2%，如图2所示。北京市A级景区等级分布呈明显的中间大两头小结构比例。

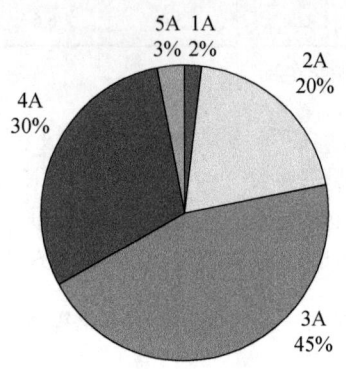

图2　2016年北京A级旅游景区等级结构

2011—2016年，北京A级景区始终具有"橄榄球"的结构特征，3A级景区一直占较大比重，其次为4A级与2A级景区，5A级、1A级景区占比较少，质量等级结构趋于稳定。

（三）游憩娱乐类景区占比较大，自然与人文类景区有所增加

参照《2012年北京市A级旅游景区接待和经营状况分析研究报告》对景区的分类，根据北京地区的特点，将A级景区主要划分为人文类景区（点）、自然类景区（点）和游憩娱乐类景区（点）三种类型，具体分类方案如表6所示。

表6　北京地区A级旅游景区（点）分类方案

分类	景区（点）类别
人文类景区（点）	遗址遗迹、皇家园林、博物（展览）馆、纪念碑（馆）、民俗文化、名人故居、历史街区、寺庙观堂等
自然类景区（点）	地质地貌、森林公园、地质公园、自然风景区、野生动（植）物园等
游憩娱乐类景区（点）	游乐园、城市公园、水族馆、动（植）物园、滑雪场、温泉、高尔夫球场、农业观光（采摘）园、戏楼影院等

资料来源：《2012年北京市A级旅游景区接待和经营状况分析研究报告》。

2016年，北京A级景区中，人文景区（点）占27.46%，自然景区类（点）占29.92%，游憩娱乐类景区（点）占42.62%（见图3），即A级景区中，游憩娱乐类景区（点）接近景区总数的一半。与2011年相比，北京各类型景区数量虽有所增减，但总体上呈现出游憩娱乐类景区占比较大、人文与自然类景区有所增加的特点（见图4）。

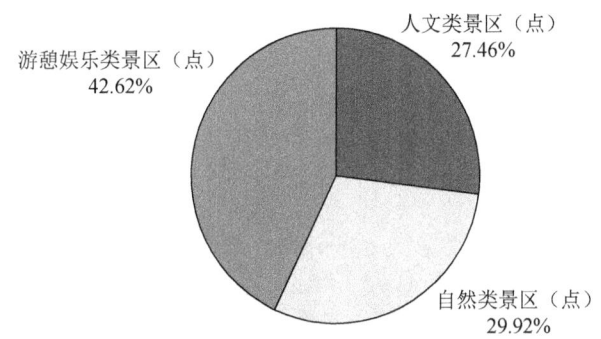

图3　2016年北京A级旅游景区类型结构

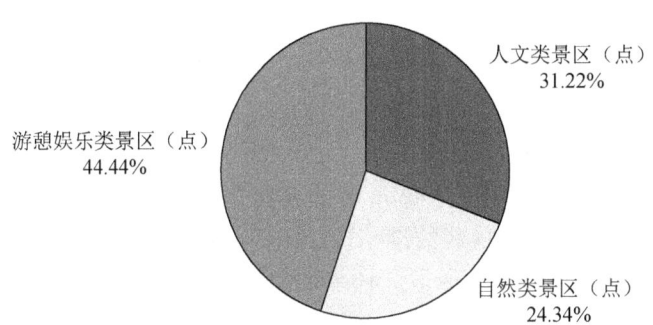

图4　2011年北京A级旅游景区类型结构

资料来源：《2012年北京市A级旅游景区接待和经营状况分析研究报告》、北京市旅游发展委员会官网。

（四）郊区景区增量显著，增速较快

市区景区数量稳中有升，郊区景区数量较快发展。北京市按地域空间划分可以分为核心区、中心区和远郊区，其中核心区是指东城区和西城区；中心区是指朝阳区、丰台区、石景山区和海淀区；远郊区则是围绕北京市区的10个区。如图5所示，2016年，核心区、中心区和远郊区景区数量分别达到34个、55个和155个。从增长的绝对量来看，与2012年相比，核心区景区数量减少了4个，中心区景区数量增加了10个。随着近几年北京市对京郊旅游业发展的重视，京郊景区在数量与品质上均有较大的提升。远郊区景区数量从2012年的119个增长到2016年的155个，占北京市数量的63.52%，增长速度达30.25%，形成北京市旅游产业发展的重要空间载体，反映了近年来京郊旅游强有力的发展后劲。

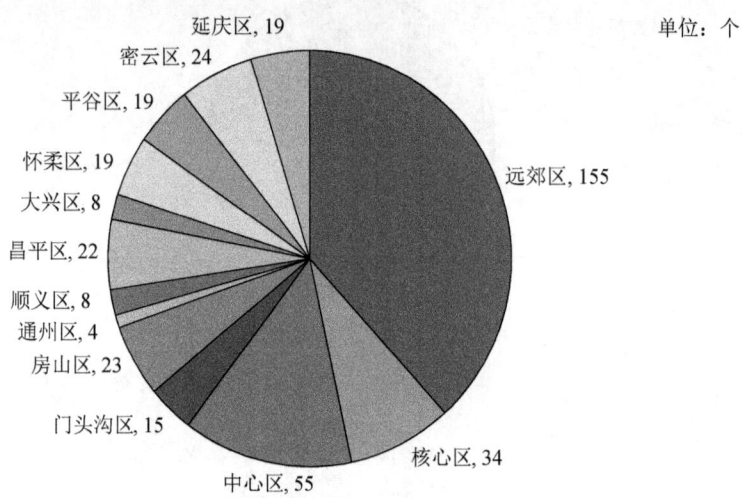

图5　2016年北京A级旅游景区（点）数量区域分布

通过对比2012年与2016年北京市A级景区数量分布，如表7所示，可以看出，2016年A级景区数量相比2012年增长18.45%，增长点主要集中于朝阳区、门头沟区、密云区、怀柔区与平谷区。

表7　2012年与2016年各区旅游景区数量分布

单位：个

年份	核心区		中心区			远郊区县								合计
	东城区	西城区	朝阳区	丰台区	石景山区	海淀区	门头沟区	房山区	通州区	顺义区	昌平区	大兴区	怀柔区	平谷区	密云区	延庆区	
2012	15	23	11	15	3	16	6	21	3	6	19	4	14	8	17	21	206
2016	12	22	20	12	3	20	15	23	4	8	22	8	19	13	24	19	244

（五）景区接待人数增长缓慢，入境游客量下降

如表8所示，2016年北京市旅游景区总体接待人数为3.03亿人次，较2015年增长3.2%，增长速度较2015年稍有提升，但相比2011年、2013年相对缓慢。自2011—2016年，北京市旅游景区接待人数年均增长4.59%。

2016年北京市旅游景区入境游客量为791万人次，较2015年下降6.4%，降幅有所拉大。2011年至2016年，北京市旅游景区入境游客量整体呈下降趋势。从图6可看出，2016年北京旅游景区客源结构体现出以国内游客为主，境外游客所占比重明显小于国内游客的特点。

表8　2011—2016年北京旅游景区接待人数情况

年份	2011	2012	2013	2014	2015	2016
接待人数（万人次）	24 255	24 276	26 726	28 685	29 405	30 351
增长速度（%）	14.2	0.1	10.1	7.3	2.5	3.2
入境人数（万人次）	1030	1055	947	897	844	791
增长速度（%）	9.4	2.5	−10.2	−5.3	−5.9	−6.4

资料来源：北京统计年鉴（2012—2016）、北京统计信息网。

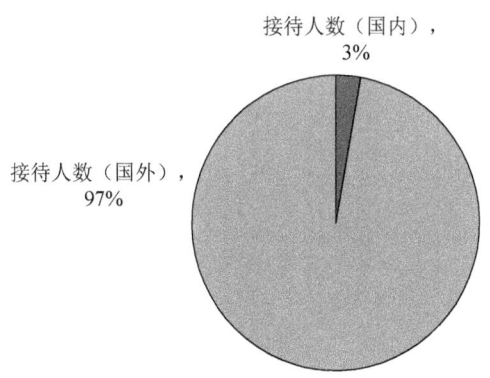

图6　2016年北京旅游景区国内、国外游客量结构

（六）景区门票收入占主导，非门票收入增量显著

如表9所示，2016年，北京旅游景区收入达77.1亿元，同比增长5.9%，增长速度较2015年有所放缓。其中，门票收入达47.5亿元，占62%，为景区最主要的收入来源，景区收入仍存在门票依赖；其次为其他收入，占景区收入1/3左右；商品销售收入为2.6亿元，仅占3%。与2015年相比，商品销售收入增长37.1%，比重有所提高；其他收入增长9.2%；门票收入虽有所增长，但增长幅度较小。2011年至2016年，景区总收入及各项收入整体均呈增长趋势，门票收入始终占据主导地位，非门票收入增量显著，占比有所提升。

表9 2011—2016年北京旅游景区收入情况

年份	2011	2012	2013	2014	2015	2016
收入（万元）	552 330	586 395	621 561	656 909	728 568	771493
增长速度（%）	15.4	6.2	6.0	5.7	10.9	5.9
门票收入（万元）	367 641	380 993	398 495	417 698	462 318	475 262
增长速度（%）	12.1	3.6	4.6	5.7	10.7	2.8
商品销售收入（万元）	14 136	15 454	13 445	16 750	19 299	26 456
增长速度（%）	18.4	9.3	−13.0	4.8	15.2	37.1
其他收入（万元）	170 553	189 948	209 621	22 462	246 951	269 775
增长速度（%）	22.9	11.4	10.4	6.1	11.0	9.2

资料来源：《北京统计年鉴》（2012—2016）。

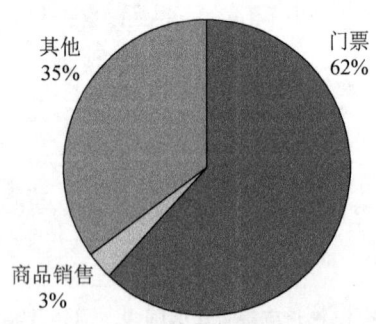

图7 2016年北京旅游景区收入结构

（七）景区淡旺季明显，8月、10月为高峰期

如表10与图8所示，2016年，北京旅游景区月度接待总人数在8月份出现高峰，4月、10月形成次高峰，1月、12月接待游客量较低，淡旺季较明显。与2015年同期相比，4月、11月、2月接待人数有较高的增长，而1月接待人数有所下降。此外，北京旅游景区接待境外人数月度变化相对较小，10月、7月、8月接待境外游客较多，1月、12月较少。与2015年同期相比，接待境外人数除11月、8月有所增长，其余月度均呈下降趋势，尤以7月、5月、4月下降较明显。

2016年，北京旅游景区月度收入变化与月度接待总人数变化相一致，8月、7月、10月及4月收入较高，1月至3月收入较低。与2015年同期相比，4月、11月、9月收入同比增长较快，而10月、7月有所下降。

总体来看，2016年北京旅游景区月度接待量具有较明显的淡旺季，8月、10月为高峰期，1月、12月为淡季。月度收入变化与接待量密切相关。

表10　2016年北京旅游景区月度接待人数情况

月份	1	2	3	4	5	6	7	8	9	10	11	12
接待人数（万人次）	1242.2	2072.2	2231.8	3339.9	2953.6	2709.3	3141.5	3542.3	2633.0	3268.5	1863.1	1351.9
同比增长（%）	-13.0	10.1	7.1	14.8	0.5	8.3	-3.5	-0.3	8.6	-4.3	10.6	4.7
境外人数（万人次）	35.2	47.3	56.9	76.1	76.0	66.7	80.9	80.8	71.1	101.5	58.2	39.8
同比增长（%）	-8.6	-10.8	-3.9	-12.0	-17.5	-8.8	-20.2	0.8	-0.8	-1.4	16.6	-6.4
收入（万元）	28 515.3	43 560.5	45 607.6	81 649.0	70 254.9	70 512.5	84 389.6	104 347.9	66 963.3	84 097.3	45 994.4	45 588.8
同比增长（%）	-2.6	10.3	15.2	21.7	-3.6	0.4	-4.1	13.8	15.6	-4.4	19.8	1.5

资料来源：北京市旅游发展委员会官网。

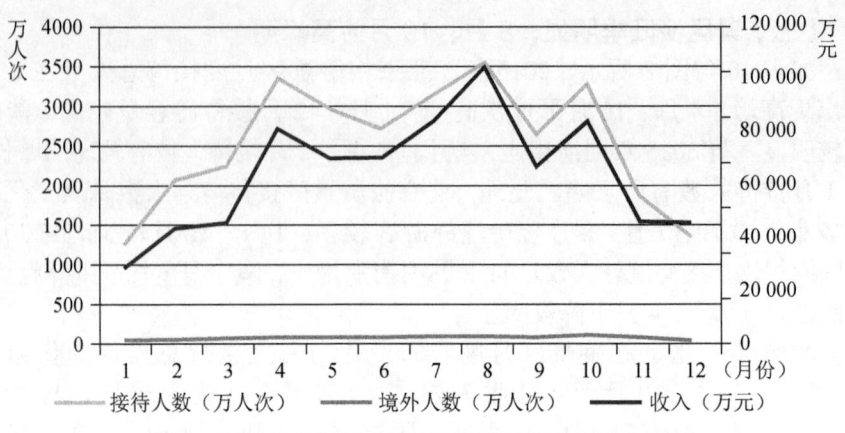

图8　2016年北京旅游景区月度接待人数与收入情况

（八）景区投资缺乏旅游 PPP 项目，仍以单体投资为主

2016 年北京旅游相关产业完成固定资产投资 795.5 亿元，增长 11.7%，发展速度强劲。在旅游项目的建设上，环球影城项目建设尤为突出。

在全国范围内，社会资本逐渐成为旅游投资最大的主体，对景区建设投资的参与度日益深入。旅游 PPP 项目的引入即为社会共建共享的有力表现。我国关于旅游景区的旅游 PPP 项目发展迅速，各类社会资本进入景区建设，在旅游投资中的比重不断增加。但从北京旅游景区的投资结构来看，北京旅游景区尚无旅游 PPP 项目，投资方式仍以独自投资、单体投资为主。

三、景区消费需求与服务质量评价

随着全域旅游、"旅游+"政策的推动，以及文创、旅游 IP 带动的新业态、新要素的发展，游客的景区消费需求也在不断升级，这要求景区进一步丰富旅游产品内容，拉动旅游核心产品和衍生性产品的消费，同时，文创、科技等要素在旅游业中的渗透，也在改变景区以门票为主要花费的旅游收入结构。此外，提升服务质量也日益成为景区吸引和打动游客的议题，在满足游客高层次精神需求的同时，进一步扩大着游客消费。

（一）景区游客的特征和消费偏好

2017 年 1 月，北京市发布了《2016 年北京旅游大数据报告》，报告显示全市等级景区共有 244 家，包括 5A 级景区 8 家、4A 级景区 72 家。在国内游客来源地（游客出游范围）方面，客源地主要集中在北方省份，河北占17.4%，其次是山东和河南，分别占8.4%和8.1%，体现了游客出游范围符合距离衰减规律的特征，但随着自驾车和高铁等交通工具的发展，游客的出游范围将不断扩大，客源省份也将更多元。在景区类型选择方面，可以从该报告的游客流量数据中得知，历史文化类型的景区最受游客欢迎（见表11）。

表11 游客接待量TOP10景区

排名	景区名称	接待人数（万人）
1	颐和园	1701
2	天坛公园	1631
3	故宫博物院	1604
4	奥林匹克森林公园	1304
5	北海公园	1049
6	朝阳公园	1001
7	紫竹院公园	935
8	玉渊潭公园	884
9	八达岭长城	870
10	北京动物园	826

资料来源：《2016年北京旅游大数据报告》。

根据《中国旅游景区发展报告2016》显示，在同行对象选择上，国内游客主要选择和家人一起出游或和好友结伴出游，占比分别为38.2%和38.6%，二者累计占比达76.8%，这说明现在的游客出游更加注重与亲朋好友的感情交流、共度欢乐时光；在游客的消费支出结构方面，国内游客花费项目主要集中在交通、餐饮和购物等，而入境游客主要集中在交通、住宿和购物等；在交通工具选择上，景区观光游客主要的交通工具为廉价且适宜长途旅行的火车和汽车，这两者分别占比48.8%和31.0%；在游客的旅游时间跨度上，接近9成的游客花费1周以内的时间；此外，在游览的景点数量上，参观3~5个景点的国内游客量最多，且入境游客与国内游客情况相似。

旅游技术的革新带来了更加便捷和丰富的用户体验，旅游行业的互联网化增加了用户获取信息的渠道，拓宽了用户可购买产品的选择范围，促进了旅游行业信息服务和产品预订的电子化。据劲旅网于2017年3月发布的《在线旅游目的地信息服务市场研究报告》显示，在游客选择的信息服务类型方面，2016年在线旅游用户出游时使用过的信息服务中景区占比69.3%，餐饮占比58.1%，表现突出，略微领先交通信息服务。

（二）游客对景区的服务质量评价

在游客对景区的口碑评价方面，《2016年北京旅游大数据报告》将网友对景区的"评论词云"进行整合分析，发现北京的历史人文景区最受关注，亲子游是热点，并且文化、天气和城市环境同样是游客的考虑重点，同时，舒服、爽、快乐、愉快、挺好玩等是网友描述内心感受的高频词汇，而气势恢宏、气派、人山人海、完美、壮观等是网友描述景区特征的高频词汇。

在游客对A级景区满意度方面，从携程旅游发布的《中国旅游者点评与幸福指数报告2017》中可知，我国旅游幸福指数持续上升。由于这一指数完全来自于用户的真实评价，说明中国旅游者从旅游中获得强烈的幸福感，尤其是熟练使用互联网和智能手机的旅游者，越愿意点评及分享，幸福程度往往越高。报告认为，旅游者的幸福程度不一定与花费的金钱多少有必然关系，决定旅游幸福指数的是三大因素：一是旅游者直接获得的旅游产品和服务的质量，不仅包括住宿、交通等硬件，还包括导游、司机、服务人员等人的服务；二是旅游环境，包括目的地安全性、天气气候、公共服务、当地友好程度等；三是幸福程度还与旅游者自身的成熟度和期望值有关，对自身的需求、目的地情况、旅游期望有合理的认知，往往幸福指数越高。在根据携程门票每年千万级预订客户的点评大数据整理出的游客评分最高的全国景区中，北京故宫、长隆国际马戏大剧院、泰山、黄山、冰雪大世界、杭州宋城、圆明园、灵山大佛、上海环球金融中心、丽江玉龙雪山等位居前十名。

四、2016年北京旅游景区发展问题

（一）多头管理，条块分割

北京旅游景区管理存在管理权限不明、条块分割、政出多门、多头管理的现象，该现象由来已久，并成为旅游景区管理的一大弊病。北京旅游景区管理体制落后主要体现在各个景区分属不同的职能管理部门，而各个景区在行政区划、区域位置上又相互重叠、交叉，造成景区管理混乱，互相制约，无法协调统一。以北京什刹海景区为例，2009年，什刹海被评为

4A级景区，什刹海风景区管理处成为景区管理主体，但景区内一些文物保护单位，如恭王府则属文化部管理，什刹海风景区管理处的管理力度有限。且景区管理涉及的部门较多，景区的管理工作已超出管理处和街道办事处的职能范围，需园林、工商、城管等部门加以配合，但目前缺乏部门联动的长效管理机制，出现管理职能范围不明确、管理效率低下等问题。长期以来什刹海形成了多部门共管、分割而治的多头管理格局，影响着景区内的统一规划管理。

（二）分布不均，冷热不均

从区域分布可以看出，北京旅游景区资源分布不均衡。核心区与中心区旅游景区分布密集，远郊区县虽景区数量较多，但分布较分散。市区旅游景区密集导致了游客过载、景区同质化等问题。核心区与中心区传统人文类景区较多，5A级、4A级景区密度相对较高，故宫、天坛、天安门、雍和宫、颐和园等著名历史人文景区均坐落于该区域，客流量巨大。2015年，北京市A级旅游景区公布最大承载量，以故宫为例，其极限日承载量为8万人，其官方也曾公布最佳、最大日接待量为3万人、6万人。数据显示，故宫2016年共接待1600万人次，再次刷新纪录，远超过最佳日接待量，占最大日接待量74.1%、极限日承载量55.6%，已影响景区文物古迹的保护。此外，景区内部同样存在局部过载的问题，游客大多集中在"热带"地区，而其他区域则资源开发利用不足。从时间分布来看，北京旅游景区也存在着较明显的淡旺季，8月、10月出现游客高峰，冬季12月、1月则游客较少。因此，北京旅游景区因区域分布、时间分布的不均衡存在"冷热不均"、游客过载、资源未充分利用等问题。

（三）门票依赖，产品不足

从景区收入结构来看，2016年北京旅游景区门票收入占总收入62%，自2011年以来该比例一直维持在62%~67%，而商品销售及其他收入占比较低。"门票经济"依然是北京旅游景区转型升级的一大阻碍，其路径依赖性导致景区关联带动效应不明显。北京旅游景区对门票的依赖性反映出景区旅游产品的不足，观光型旅游产品仍占主要地位，产品结构单一。以2015年数据为例，观光游览旅游占国内来京旅游的36.2%，位居第一，其次为探亲访友23.1%，而度假休闲旅游仅占6.8%。可见，北京旅游景区产品结构不均衡，过分集中于"游"，未形成"食、住、行、游、购、娱"完整的旅游产业链，休闲体验与参与性相对不足。

（四）入境低迷，拉力不强

从客源结构来看，北京旅游景区国内与入境游客接待呈现不均衡的特点。2016年北京景区入境游客仅占总接待人数的2.6%，自2011年该比例从4.2%逐年走低。并且，入境游客增长速度从2011年的9.4%下降至2016年的-6.4%，呈现负增长。与此同时，北京出境游客则呈增长趋势，2016年出境游达571.3万人次，增长7.2%。出入境旅游增长差距体现出北京旅游景区对入境游市场的"拉力"不强，受到多重因素的影响，国际经济低迷、人民币升值、雾霾天气等均为诱因，而北京旅游形象的营销、旅游产品与服务的推陈出新等也与提振入境游市场密切相关。

（五）配套设施不足，服务质量低

2016年8—11月北京对全市81家5A、4A级景区进行质量等级复核工作，8家4A级景区复核未达标而被取消4A级景区资质或受到警告并限期半年整改。这些景区未达标的原因可以归结为配套及服务设施不健全，服务管理水平低下。体现在配套及服务设施混乱，标识标牌不规范，游客中心功能缺失，设施设备损坏严重，存在安全隐患等；服务管理水平差，景区人车混流，环境卫生差，购物管理差，景区围追兜售、"黑导"和"一日游"从业者欺骗游客等现象突出，影响景区旅游环境与秩序。这些问题不仅在4A级景区出现，在其余景区仍或多或少地存在，所以，从硬件与软件整治与提升景区旅游环境与质量具有较强的迫切性。

（六）区域旅游合作不足

京津冀区域旅游合作发展较早，但合作进程缓慢。2016年，在旅游景区发展上，京津冀区域旅游合作仍显不足。京津冀三地虽旅游资源较丰富，但对旅游资源开发和旅游业发展缺乏统一规划，三地未形成良性的竞合关系。另外，由于缺乏资源的有效整合，旅游资源分散，缺少区域性的精品旅游线路，未形成统一品牌。同时，合作主体及范围有限。旅游合作以相关部门的自发合作为主，各地旅游景区企业、商会、行业协会等主体还未积极参与到景区的区域旅游合作中来。京津冀主要以旅游部门联合召开旅游促销会为主，未扩展到联合招商、开发产品、提供标准服务、共建旅游市场与区域品牌等方面。三地之间的旅游信息化共享程度不高也影响着旅游合作的发展。

区域旅游合作的不足也体现在北京区域内景区与景区之间的联动发展、旅游投资主体单一上。北京市旅游景区之间缺乏联动协调发展，如没有以"热"带"冷"，共同疏解游客量，整合形成旅游产品。在旅游投资上，未充分发挥社会资本效应。

五、北京旅游景区转型发展与创新探讨

(一)北京旅游景区转型与创新的内涵、任务

随着大众旅游时代的到来,旅游需求日益追求多元化、个性化、体验化,传统的观光旅游逐渐不能满足现代旅游业的进一步发展,因此,以旅游需求为导向进行景区转型升级,具有重要的意义。结合景区转型与创新的内涵,针对北京旅游景区发展所存在的问题,特提出北京旅游景区未来转型与创新的主要任务与方向。

如表12所示,从旅游景区的供给层面看,北京旅游景区转型升级的主要任务是收入来源多元化、功能复合化、营销推广多样化、经营精细化、资源利用集约化与生态化。从旅游市场的需求层面看,北京旅游景区应更加注重旅游者的满意度与重游率,延长逗留时间,形成多样化的衍生消费,减轻季节性差异,注重日益壮大的散客游市场。

表12 北京旅游景区转型与创新的主要任务与方向

任务方向	供给层面						需求层面					
	收入来源	功能结构	营销推广	发展理念	经营方式	资源环境	满意度	回头率	逗留时间	衍生消费	旅游时间	旅游方式
转型之前	门票经济	相对单一	被动单一	重视资源	数量经济	粗放无序	不重视	较低	较短	很少	淡旺季失衡	团队观光
转型之后	多元经济	复合多元	主动多维	重视人才	质量经济	低碳循环	很重视	较高	较长	很多	四季均衡	散客自助

(二)北京旅游景区转型与创新发展措施

1. 创新景区管理体制,营造良好的管理环境

北京旅游景区管理应建立强有力的统筹协调、部门联动的长效管理体制,成立以北京市旅游发展委员会牵头、相关管理部门参与的景区管理协调机构。首先,建立北京旅游景区的旅游发展规划,明确各管理部门的职能范围;其次,制定工作协调机制,统筹协调旅游资源的管理,检查监督管理工作进度及效果;最后,加强各管理部门之间的信息互通,建立信息交流平台,实现从多头管理、分割而治的割裂局面向统一、综合管理合力转变,共同解决北京旅游景区环境秩序、环境建设及管理等问题,提高旅

游管理效率。

2.加强配套设施建设,提高景区服务水平

一方面,加大投入提升旅游景区公共服务设施水平。在旅游景区公共厕所、卫生环境、导游讲解系统、标识系统、无障碍设施、游客服务中心、监控系统、医疗救助等8个方面完善旅游景区配套设施建设,完善旅游景区公共交通服务,建立以旅游景区为节点的旅游交通网络。并且,推进智慧景区建设,促进信息技术、物联网技术在景区管理与服务中的应用,在景区安全保障智能监控、电子门票、门户网站和电子商务、数字虚拟景区和虚拟旅游、自助导游及游客互动、智慧景区建设规划、旅游故事及游客软件等方面进行建设,提高旅游质量。

另一方面,加强旅游景区管理力度,提升服务水平。在景区管理上,加大对景区交通管理,提高内外可进入性,提高景区环境卫生清洁力度,加强对景区旅游市场环境的管理,规范商户经营行为,优化购物环境,建立严格投诉处理机制。在服务水平提升上,加强对从业人员的培训,以专题培训、技能竞赛等形式提高服务技能,建立技能考核和奖励机制,有效提升景区服务人员的整体素质,提高游客满意度。

3.创新景区旅游产品,发展旅游新业态

首先,应充分挖掘北京景区丰富的旅游资源,细分旅游市场,创新丰富旅游产品。如建立以文物古迹、剧院、博物馆、广场、自然风景、度假村、节日和庆祝活动、特色商业街等为载体的都市旅游体系,为游客提供多元化、个性化的旅游产品,实现北京景区从传统的观光游向现代都市游、休闲度假游、商务会展游等产品的升级。每个区县景区应根据自身旅游资源禀赋特征进行观光、休闲度假、乡村旅游等产品的差异化开发,避免同质化,鼓励不同景区之间整合旅游资源,开发不同主题的精品旅游线路。

其次,北京旅游景区产品的推陈出新应注重与不同产业的融合,推进旅游业与工业、农业、文化、会展、医疗、信息等产业的融合力度,发展独具特色的新型旅游景区与旅游产品。如充分利用北京丰富的文化资源,开发具有北京本土特色的文化旅游产品,包括以后海、三里屯为代表的都市休闲文化,以北京胡同和北京"老字号"为代表的老北京文化旅游产品,举行特色的旅游演出与节事等。在"游"的基础上,丰富"食、住、行、购、娱"等元素,围绕景区游览提供配套产品与服务,延长产业链,提高利润,优化收入结构,逐渐减轻门票依赖。同时,促进北京景区功能复合化,除观光游览外,具备休闲度假、休闲娱乐、科普教育等功能,使旅游景区成为产品与服务的综合性展示平台。

4. 加强景区市场营销，增强国际旅游吸引力

塑造良好的国际旅游形象、加强景区旅游产品的营销推广，是提升北京入境旅游竞争力的一大途径。首先，应打造优质的旅游产品与服务，营造良好的国际形象。值得注意的是，近年来，北京生态环境影响着入境游市场。因此，改善北京的大气状况，加大生态环境的保护，促进可持续发展，将有利于提升北京旅游形象。其次，在营销推广上，应建立以政府为主导、旅游行业组织与企业多方参与的市场营销模式，在海外积极开展推广活动，扩大北京景区旅游产品在国际市场的知名度与影响力。在稳固美国、韩国、日本等传统入境游市场外，还应积极开拓潜在市场，如东南亚、南亚等新兴市场。促进北京旅游景区服务水平与国际接轨，完善旅游对外政策的便利化，将有利于入境游市场的开拓。

5. 推进区域旅游合作，促进景区共同发展

加大京津冀区域旅游合作力度，有利于区域内省市旅游共赢。首先，促进旅游资源的共享，实行差异化和互补性开发，突出区域资源的特色。打造以北京为中心的京津冀国际旅游目的地，整合三地旅游景区资源，推出共有的旅游精品。河北可开发自然资源与度假旅游产品，天津可重点发展休闲游和港口旅游，以弥补北京旅游资源的不足，形成更具竞争力的旅游线路产品。其次，共同打造区域旅游品牌，对外联合宣传营销，降低成本，增强影响力；建立共同的旅游信息平台，促进信息共享；共同优化京津冀旅游环境和公共服务，建立综合交通体系，强化旅游市场的合作治理，制定统一旅游服务标准等，推动一体化发展。对北京旅游景区来说，与河北、天津的区域合作，将有利于旅游资源的互补、市场的互动，为优化旅游产业结构、提升竞争力与影响力提供了契机。

第二板块——酒店篇

2016年北京市星级饭店业发展年度报告

李 彬,刘玲燕,邓素葭

前 言

2016年是北京市旅游业发展的关键年份,2016年《北京市人民政府关于促进旅游业改革发展的实施意见》中明确提出了北京市旅游业发展的主要目标:通过深化改革发展,创新体制机制,扩大对外开放,提高服务品质,释放消费潜力,提升北京旅游的核心竞争力、独特吸引力、辐射带动力和国际影响力。在这一目标的推动下,2016年也同样成了北京市饭店产业转型升级、提质增效的关键一年,在经济增速放缓等原因影响下的星级饭店业经营现状连年持续下降的背景下,2016年北京市星级饭店总体发展状况出现较为良好的势头并呈现稳步上升的趋势。从客源方面来看,尽管入境市场旅游人数减少,但降幅收窄;国内旅游市场保持稳定增长。从经营状况来看,2016年北京市星级饭店销售量稳步回升,平均房价与平均出租率均实现了增长,经营收入整体提升,呈现出稳步向好的回暖态势。与此同时,大众旅游从初级阶段向中高级阶段演化的趋势开始出现,多样化、个性化的住宿需求推动住宿业不断细分,推动北京市旅游住宿业的业态朝向更加多元化、个性化的方向发展,如民宿客栈短租成为了新的发展亮点,智慧酒店、精品酒店、快闪酒店等酒店新业态不断出现,为北京市住宿业的大发展注入新鲜血液。

由此可见,在全域旅游发展思路的指引下,在充分结合北京市旅游业、

[作者简介] 李彬,北京第二外国语学院酒店管理学院副教授,管理学博士。研究方向为酒店管理。刘玲燕,北京第二外国语学院酒店管理学院硕士研究生。邓素葭,北京第二外国语学院酒店管理学院硕士研究生。

饭店业的特点与客源市场需求变化趋势的基础上，旅游政府部门应制订科学理性的饭店业发展规划，引导饭店业有序发展；加大对饭店业创新的扶持力度，出台行业创新评比与激励政策；优化政府部门的管理与服务方式；积极搭建各类平台，开展联合营销。饭店企业应利用创新思维转变经营管理模式，拓展饭店新型业态；开源节流，通过新市场新业务的拓展提高收入，控制饭店企业成本；注重饭店新生代员工综合素质和能力的提升，提高新生代员工的服务意识。

一、北京市星级饭店市场的总体情况

2016年，国内旅游市场稳定增长，北京市旅游市场继续保持平稳发展，入境旅游人数小幅减少，旅游外汇收入恢复增长。北京市接待游客总人数2.85亿人次，较上年同比增长4.6%。其中，国内旅游总人数2.81亿人次，较上年同比增长4.7%。入境游客416.5万人次，比上年同比减少0.8%。北京市全年旅游总收入5021亿元，同比增长9%；其中，国内旅游总收入4683亿元，与上年相比增长8.4%；旅游外汇收入50.7亿美元，增长10.1%（折合人民币337亿元，增长17.5%）。

2016年北京市住宿业呈现稳步回升的态势。根据北京市旅游发展委员会公布的统计数据，截至2016年底，全市共有星级饭店512家，其中五星级60家，四星级123家、三星级187家、二星级132家、一星级10家。同上年相比，各档次星级饭店数量变化不大。全市星级饭店平均出租率为62.6%，同比增长2%；平均房价532.8元/间天，同比增长2.4%。2016年，全市星级饭店接待住宿者2017.1万人次，同比增长0.4%；全年共实现营业收入261.45亿元，比上年增长0.8%。

二、北京市星级饭店业发展的基本特征

（一）销售量有所下降，国内市场仍是主要客源，入境市场降幅收窄

2016年北京市星级饭店共接待住宿人数2017.1万人次，较上年同比增长0.4%。其中，国内住宿者1780.3万人次，同比增长0.3%，占接待住宿总人次的88.3%；入境住宿者236.8万人次，较上年同比增长1.7%，占接待住宿总人次的11.7%。2016年北京市星级饭店共接待住宿天数3.7千万人天，比上年同比下降2.3%（见表1）。2016年，国内旅游市场稳定增长，国内

住宿者仍是北京市星级饭店的主要客源,相较于上年入境住宿者下降的情况,2016年北京市的入境住宿者有所增加。北京市接待入境住宿者人次达到236.8万,同比增长1.7%;接待住宿天数达到485.8万,同比下降1.3%,相比起2015年降幅缩减。

表1　2016年北京市星级饭店接待住宿者情况比较(按住宿者类别划分)

项目	接待量	同比增长(%)
接待住宿人数(人次)	20 171 127	0.4
国内住宿者	17 802 854	0.3
入境住宿者	2 368 273	1.7
台湾同胞	128 479	2.2
澳门同胞	8 211	−11.1
香港同胞	188 829	2.3
外国人	2 042 754	1.7
接待住宿人数(人天)	37 040 177	−2.3
国内住宿者	32 181 944	−2.4
入境住宿者	4 858 233	−1.3
台湾同胞	279 492	0.4
澳门同胞	18 826	−16.3
香港同胞	381 804	2.3
外国人	4 178 111	−1.7

资料来源:根据北京市旅游发展委员会网站(http://www.bjta.gov.cn)2016年统计信息整理。

逐月分析市场客源情况(不考虑1—2月累计统计量)(如图1和图2所示),从接待住宿人数来看,星级饭店的接待住宿者数量随月份变动特征显著。北京市星级饭店销售量年最低值出现在冬季12月,7月和8月仍为旺季,销售量处于较高值。2016年北京市星级饭店销售量较为稳定,全年中仅在1—2、10、11月出现显著负增长,减幅分别为2.8%、2.5%、2.7%;3、4、8、9、12月销售量有显著增长,涨幅分别为2.0%、3.2%、3.9%、1.9%、3.2%。2016年增幅最大的是8月,为3.9%,其次是4月和12月,同比增长率均为3.2%。从接待住宿天数来看,2016年北京全市星级饭店市场总体形势良好，其中6月出现了巨大幅度的增长，较2015年同比增长了102.4%，其总数量也远远多于其他月份，高达626.8万。2016年北京市星级饭店接待住宿天数最低值仍出现在淡季12月份，仅有291.4万。

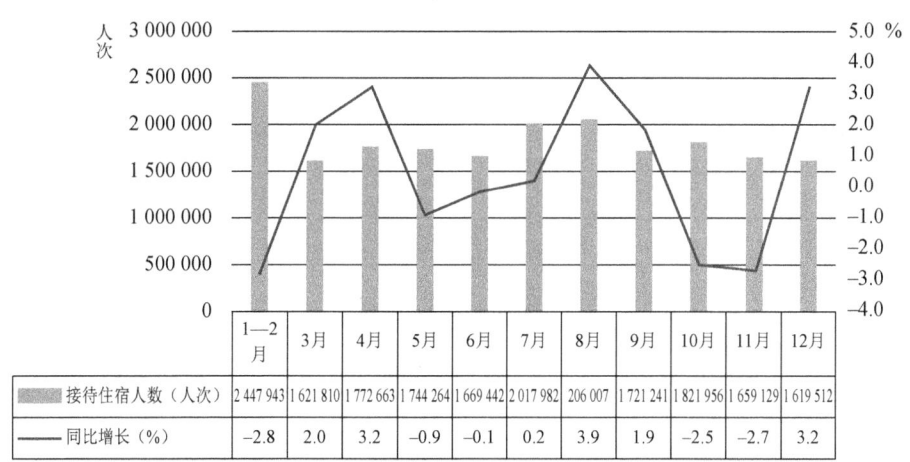

图1　2016年北京市星级饭店接待住宿人数及同比增长

资料来源：根据北京市旅游发展委员会网站（http://www.bjta.gov.cn）2016年统计信息整理。

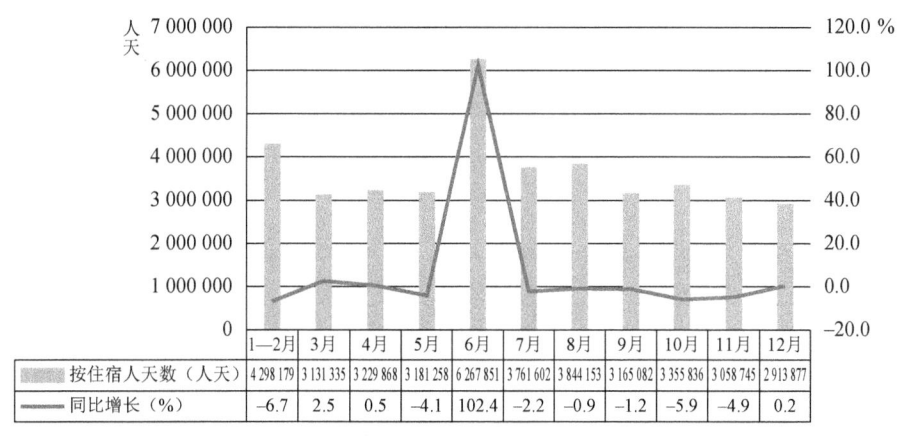

图2　2016年北京市星级饭店接待住宿人天数及同比增长

资料来源：根据北京市旅游发展委员会网站（http://www.bjta.gov.cn）2016年统计信息整理。

按照不同星级饭店接待住宿者的情况来比较，五星级饭店的全年接待量较2015年有明显增长，接待量排名第二，共639.7万人次，同比增长

16.1%，占总接待量的31.7%。四星级饭店的全年接待量最多，为674.3万人次，占到了总人数的33.4%，较2015年运营情况稳定，同比增长了0.6%。三星级饭店全年接待总量为503.8万人次，虽在接待数量上占到了总接待量的25.0%，但是与2015年相比下降了9.5%，降幅较大。由此可见，中高星级饭店在北京市饭店业占据主要市场，而低星级饭店的经营情况则不容乐观，其中一星级饭店接待住宿人数较2015年下降了54.4%，二星级饭店下降了12.7%。从接待入境旅游市场的情况来看，入境旅行者更愿意选择五星级和四星级饭店，其接待入境住宿人数分别占到了总市场的57.4%和35.6%。同时，由于全国入境旅游市场的回暖，五星级和四星级饭店接待入境旅行者的人数与2015年相比，分别增长了3.6%和1.2%（见表2）。

表2　2016年北京市星级饭店接待量及同比增长率（按星级划分）

项目	接待量	同比增长（%）
接待住宿人数（人次）	20 171 127	0.4
五星级	6 396 663	16.1
四星级	6 743 439	0.6
三星级	5 038 376	-9.5
二星级	1 971 629	-12.7
一星级	21 020	-54.4
接待入境住宿人数（人次）	2 368 273	1.7
五星级	1 358 345	3.6
四星级	842 251	1.2
三星级	134 268	-4.6
二星级	33 394	-24.5
一星级	15	-90.3

资料来源：根据北京市旅游发展委员会网站（http：//www.bjta.gov.cn）2016年统计信息整理。

比较各月份北京市星级饭店接待住宿者情况（不考虑1—2月累计统计量），纵观全年，北京市各星级饭店销售量仍有明显的淡旺季之分，呈倒U形趋势。五星级、四星级和三星级饭店占据主要市场，其中四星级饭店销售量最佳，其全年接待住宿人数的最高值仍出现在7月，接待量达到67.1万人次，与2015年同期数量持平。五星级饭店、三星级饭店与二星级饭店的全年最高值均出现在8月，一星级饭店销售量最高值则出现在3月。与2015年同期相比，五星级饭店销售量出现显著增长，说明五星级饭店经营情况有所提升。四星级饭店总体接待量与2015年相比较为稳定，各月份接待住宿者人数仅在小幅度内增减。比较而言，三星级饭店的接待住宿者情况较2015年有明显下滑，每个月份均呈现较大的负增长，其中3月份同比下降幅度最大，为11.7%。二星级饭店和一星级饭店接待人数走势则持续呈波浪式下滑（如图3所示）。

从接待入境住宿者的情况看，入境旅行者还是更青睐于高档酒店，五星级饭店的接待量更是遥遥领先，占据首位，四星级饭店又明显优于三星级及以下星级饭店。四星级和五星级饭店接待量较大的月份均为10月。同2015年同期相比，三星级及以下星级饭店接待入境住宿人数均呈现明显的下滑趋势（如图4所示）。

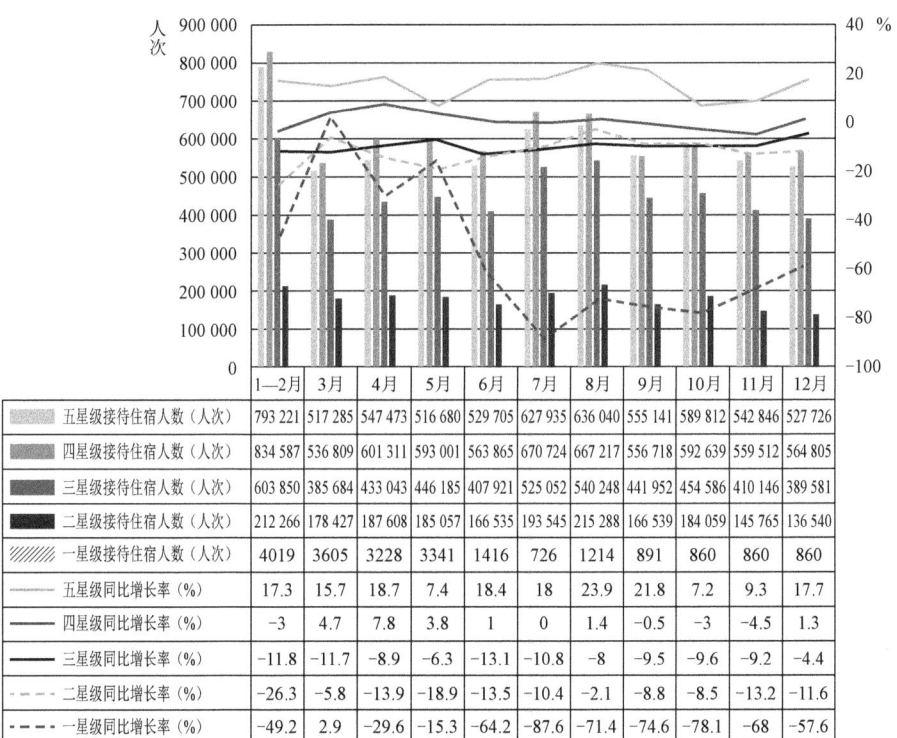

图3　2016年北京市星级饭店接待量及同比增长率（按星级划分）

资料来源：根据北京市旅游发展委员会网站（http://www.bjta.gov.cn）2016年统计信息整理。

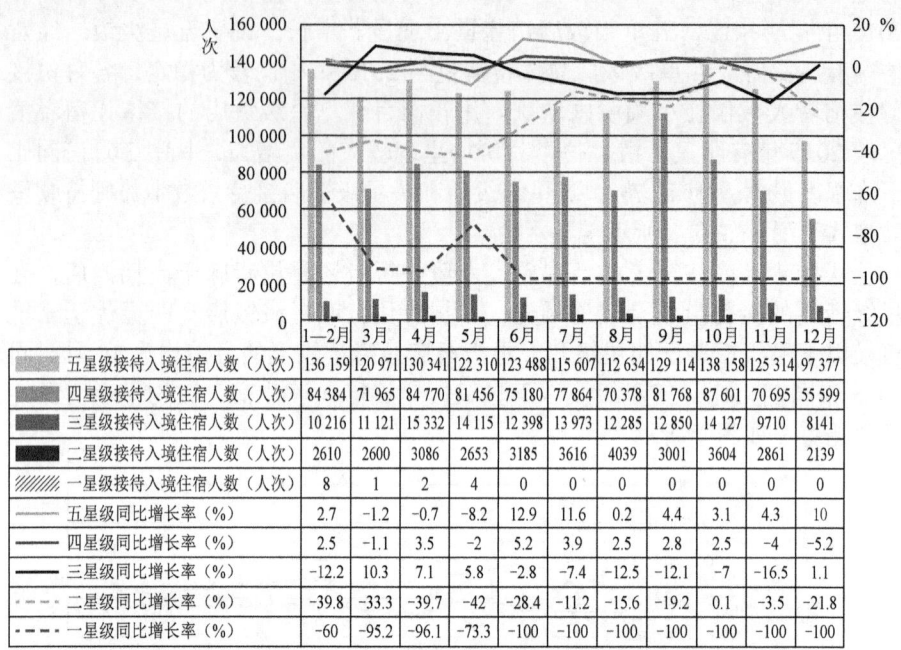

图4　2016年北京市星级饭店接待入境住宿接待量及同比增长率（按星级划分）

资料来源：根据北京市旅游发展委员会网站（http://www.bjta.gov.cn）2016年统计信息整理。

（二）平均房价平稳增长，出租率稳步提高

2016年北京市星级饭店的平均房价为532.8元/间，较2015年同比增长2.4%。其中一星级饭店平均房价增长29.1%，增幅最大；二星级、三星级饭店平均房价的增长率分别为4.1%和4.8%；而四星级和五星级饭店的平均房价均有小幅下滑，较2015年分别下降了0.4%和4.5%。

2016年北京市星级饭店出租率与2015年相比呈上升趋势，星级饭店的平均出租率为62.6%，同比增长2%。其中，仅四星级和五星级饭店的平均出租率实现增长，其增长率分别为3.2%和3.3%，这说明四星级和五星级饭店平均房价的下降带来了更高的出租率；而三星级、二星级和一星级饭店的平均出租率则出现负增长，其中降幅最大的是一星级饭店，较2015年同比下降了14.7%，这说明一星级饭店平均房价的增长直接影响了其平均出租率（见表3）。

第二篇　行业发展报告

表3　2016年北京市星级饭店平均房价及出租率

项目	数值	同比增长（%）
星级饭店平均房价（元/间）	532.8	2.4
一星级	262.9	29.1
二星级	263.5	4.1
三星级	378.2	4.8
四星级	488.4	-0.4
五星级	784.8	-4.5
星级饭店平均出租率（%）	62.6	2
一星级	28.2	-14.7
二星级	57.3	-1.5
三星级	57.5	-0.1
四星级	64.6	3.2
五星级	67.3	3.3

资料来源：根据北京市旅游发展委员会网站（http://www.bjta.gov.cn）2016年统计信息整理。

从每个月的情况来看，五星级饭店的平均房价明显高于其他星级饭店的平均房价。总体而言，2016年全年各星级饭店的平均房价走势相对平缓，然而一星级饭店的平均房价却呈现大幅波动，其4月、5月的平均房价甚至超越二星级饭店（如图5所示）。三星级饭店的平均房价在年初有较大幅度的增长，随后便趋于平稳，其3月份平均房价同比增长13.9%，4月同比增长14.7%。五星级饭店平均房价则呈现总体下降趋势，仅4月和7月出现小幅增长。

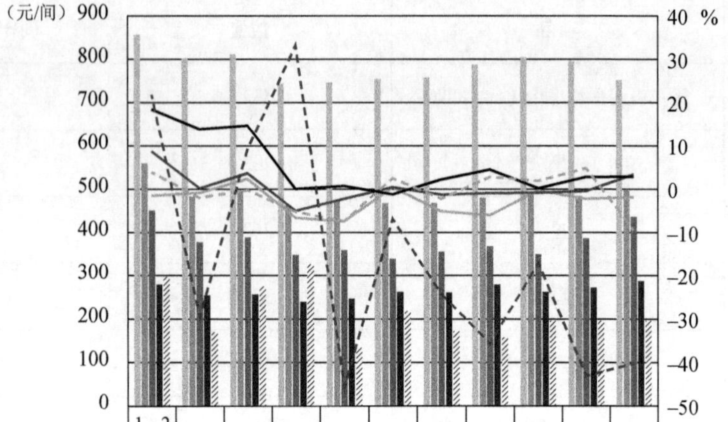

	1—2月	3月	4月	5月	6月	7月	8月	9月	10月	11月	12月
五星级饭店平均房价（元/间）	856.7	801.5	811.6	743.7	746.5	754.7	757.5	787.3	804.8	796	752.1
四星级饭店平均房价（元/间）	559.2	482.3	496.5	463.5	471.8	467.9	468	480	486.9	483.6	499
三星级饭店平均房价（元/间）	451.1	377.3	388.6	347.7	359.5	338.9	355.3	367.8	349.5	386.6	435.7
二星级饭店平均房价（元/间）	279.6	254.3	256.1	239.5	246.8	261.8	261	279.4	262.6	272	287.3
一星级饭店平均房价（元/间）	297.1	169.4	274.8	326.3	133.8	218.3	171.4	157.3	195.4	195.4	195.4
五星级同比增长率（%）	-1.5	-0.8	2.4	-6.6	-7.4	0.4	-5.1	-6	-0.3	-2.2	-1.9
四星级同比增长率（%）	8.7	0.2	3.7	-5	-2.2	0.4	-1.3	-0.9	-0.8	-0.5	3.4
三星级同比增长率（%）	18.5	13.9	14.7	0.1	0.7	-1.2	2.2	4.5	0.2	2.8	2.9
二星级同比增长率（%）	3.9	-2	-0.2	-5.2	-7.4	2.5	-2.2	2.8	1.9	4.8	-9.5
一星级同比增长率（%）	21.8	-29.5	9.2	33.2	-45.7	-6.8	-24.3	-35.7	-17.2	-43.1	-40.2

图5　2016年北京市星级饭店平均房价及同比增长率（按星级划分）

资料来源：根据北京市旅游发展委员会网站（http://www.bjta.gov.cn）2016年统计信息整理。

从各月份星级饭店的客房出租情况来看，二星级及以上星级饭店的平均出租率差异不大，且客房出租高峰集中在7月和8月，而一星级饭店平均出租率高峰则出现在3月和5月。五星级饭店平均出租率整体态势较为稳定，各月份均实现增长；四星级饭店仅在1—2月出现小幅下降，其他月份均有明显增长，同时实现了平均出租率全年增长。而三星级、二星级以及一星级饭店的全年平均出租率均出现负增长，其中以一星级饭店降幅最为显著（如图6所示）。

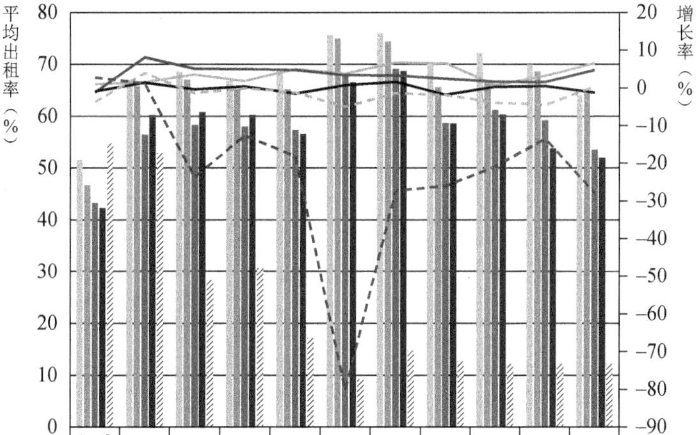

	1—2月	3月	4月	5月	6月	7月	8月	9月	10月	11月	12月
五星级饭店平均出租率（%）	51.5	66.9	68.6	66.8	69.2	75.6	75.9	70.4	72.2	70	64.1
四星级饭店平均出租率（%）	46.7	65.8	67	65.2	65.2	75	74.4	65.6	66.6	68.6	64.4
三星级饭店平均出租率（%）	43.2	56.4	58.3	58	57.3	68.3	69.1	58.7	61.2	59.2	53.5
二星级饭店平均出租率（%）	42.2	60.2	60.8	60.2	56.5	66.5	68.7	58.6	60.3	53.7	51.9
一星级饭店平均出租率（%）	54.7	52.8	28.3	30.6	17.1	9.2	14.7	12.6	12.2	12.2	12.2
五星级同比增长率（%）	1	1.6	3.5	1.8	5	3.8	6.7	6.5	0.7	3.2	6.5
四星级同比增长率（%）	−1.1	8.1	5.1	5	4.7	3.4	3.3	2.4	1.7	1.6	4.7
三星级同比增长率（%）	−0.9	1.4	−0.4	0.4	−1.5	0.7	1.6	−1.8	0.3	0.5	−1.2
二星级同比增长率（%）	−3.7	4	−1.4	−0.1	−1.2	−5	−1.4	−1.9	−3.9	−4.5	0.4
一星级同比增长率（%）	2.8	1.2	−23.7	−12.7	−18.2	−80.3	−27.3	−26.1	−20.9	−13.6	−27.9

图6　2016年各月份北京市星级饭店平均出租率情况比较

资料来源：根据北京市旅游发展委员会网站（http://www.bjta.gov.cn）2016年统计信息整理。

（三）经营情况良好，经营收入整体提升，但低星级酒店收入降幅明显

2016年，北京市星级饭店共实现了261.5亿元的收入，与2015年的259.3亿元相比，增长了0.8%。星级饭店收入的主要来源仍然是客房，占总收入的48.7%，较2015年同比增长1.1%。餐饮收入呈现负增长，降幅较2015年变大，下降了1.9%。商品销售市场回暖，增幅最大，达到8.4%。比较各档次星级饭店的收入，五星级饭店仍然占比最大，为46.5%。从表4中可以看到，与 2015 年相比，只有四星级与五星级饭店的收入出现增长，其增长率分别为 1% 和 4.6%。三星级饭店的收入明显下滑，较 2015 年下降了 15.1%，而一星级饭店收入降幅最大，为 78.7%。

表4 2016年北京市星级饭店经营情况比较

项目	收入（万元）	同比增长（%）
收入合计	2 614 497	0.8
客房收入	1 274 173	1.1
餐费收入	772 364	−1.9
商品销售收入	23 864	8.4
其他收入	544 096	3.8
五星级	1 214 492	4.6
四星级	817 101	1
三星级	101 614	−15.1
二星级	480 641	−4
一星级	649	−78.7

资料来源：根据北京市旅游发展委员会网站（http://www.bjta.gov.cn）2016 年统计信息整理。

从各月的情况来分析（不考虑 1—2 月累计统计量），全市各星级饭店收入低潮期普遍出现在 6 月，从 7 月开始呈现回升态势。五星级饭店情况较好的集中在 4 月、9 月和 10 月，且以 4 月份收入最佳，为 11 亿元。四星级饭店从 7 月开始，各月收入均超过 7 亿元。三星级饭店在 12 月出现明显增长，突破 5 亿元。一星级和二星级饭店全年情况趋于平稳。与 2015 年相比，一星级和二星级饭店收入情况略差，全年出现负增长，其中一星级饭店降幅最大为 90.5%，二星级饭店降幅最大为 19.2%；三星级饭店收入自 5 月开始出现连续下降，最大降幅达到了 10.3%，导致了全年同比下降 15.1%；四星级饭店收入也于 5 月呈现持续下滑趋势，但其下降幅度较小，最大降幅仅 2.9%，并于 12 月开始增长（如图 7 所示）。

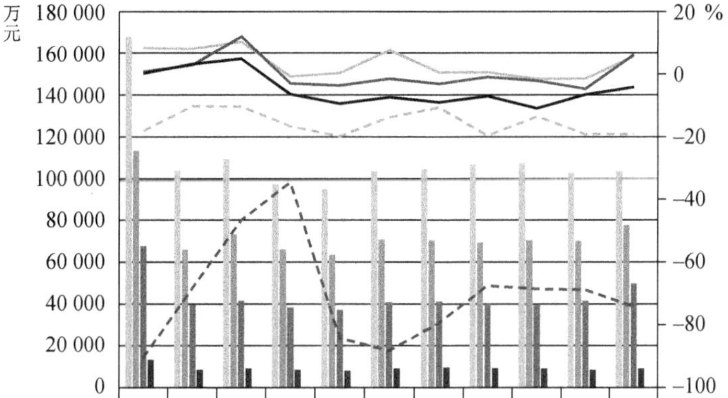

	1—2月	3月	4月	5月	6月	7月	8月	9月	10月	11月	12月
五星级饭店收入（万元）	169 181	104 588	110 261	98 018	95 786	104 270	105 274	107 491	108 193	103 478	104 223
四星级饭店收入（万元）	114 137	66 366	73 832	66 589	63 970	71 181	70 961	70 001	71 015	70 558	78 193
三星级饭店收入（万元）	68 269	39 652	41 777	38 664	37 390	41 207	41 501	40 399	39 840	41 902	50 036
二星级饭店收入（万元）	13 283	8458	9095	8525	7828	9062	9547	9177	9098	8389	9113
一星级饭店收入（万元）	136	63	125	137	30	25	27	41	32	32	32
五星级饭店收入同比增长率（%）	9.1	8.9	11.2	-0.1	1.1	8.3	1.3	1.3	-0.7	-0.7	6.4
四星级饭店收入同比增长率（%）	1.5	3.6	12.9	-2.3	-2.9	-0.8	-2.4	-0.2	-1.4	-4	7
三星级饭店收入同比增长率（%）	0.9	3.9	5.7	-5.7	-8.7	-6.7	-8.3	-6.4	-10.3	-5.9	-3.5
二星级饭店收入同比增长率（%）	-17.4	-9.6	-9.7	-16	-19.2	-13.1	-10	-19	-12.9	-18.6	-18.5
一星级饭店收入同比增长率（%）	-90.5	-68	-46.2	-34.1	-84.1	-88.2	-79.1	-67.2	-68.3	-68.6	-74

图7　2016年各月份北京市星级饭店经营情况比较

资料来源：根据北京市旅游发展委员会网站（http：//www.bjta.gov.cn）2016年统计信息整理。

分析各分项的收入情况（不考虑1—2月累计统计量），客房收入、餐费收入和其他收入构成了北京市饭店的主要收入来源，商品销售收入所占份额较小。以客房收入为例，客房收入全年收益较好，每月的销售总额均突破10亿大关。与2015年各月份相比，客房收入除3月、4月和7月出现正增长外，其余各月均为负增长。餐费收入从5月开始出现明显下降，最大降幅达7.5%，各月份收入基本维持在6亿元以上，全年收入同比下降了1.9%。商品销售收入于2016年有明显回升，旺季增幅尤其明显，其中7月同比增长了66.9%，8月增长幅度最大，达到了68.4%（如图8所示）。但是在饭店住宿过程中，顾客消费仍集中在吃、住两个方面。

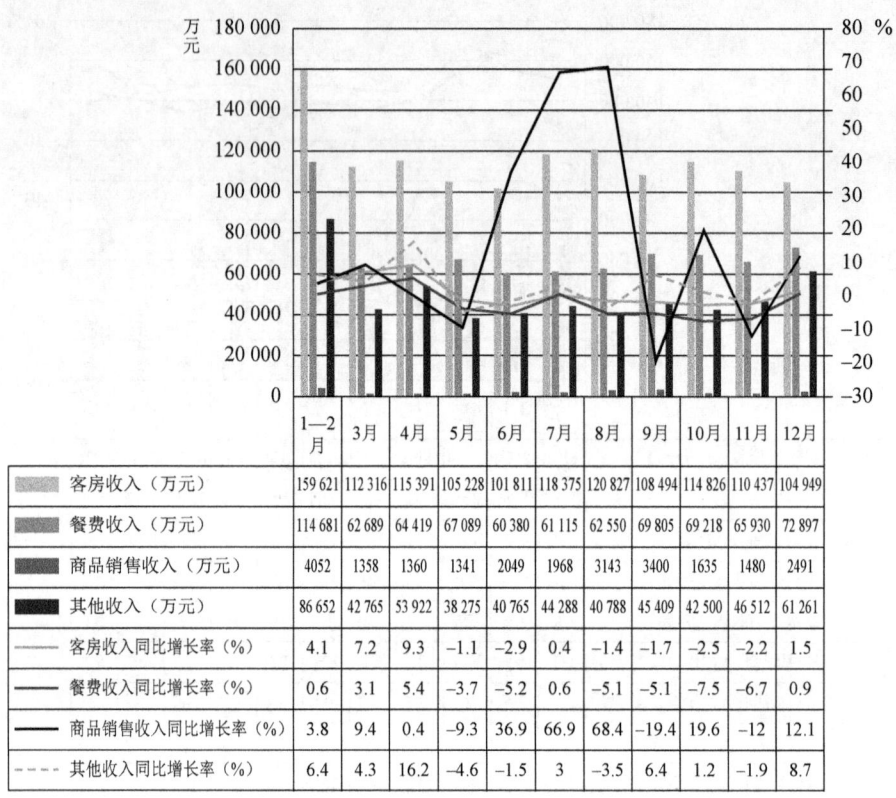

图8 2016年各月份北京市星级饭店分项经营情况比较

资料来源：根据北京市旅游发展委员会网站（http://www.bjta.gov.cn）2016年统计信息整理。

总体而言，2016年北京市饭店业接待国内外住宿者的人数和天数总体稳定，均有较小幅度的增长。各层级星级饭店的客房总体平均房价与平均出租率均呈现增长，其中占据主要位置的四星级和五星级饭店的平均房价均出现一定幅度的下降，同时带来了客房平均出租率的增长。北京市饭店业的总体收入较2015年增长了0.8%，客房收入和餐饮收入仍然占据重要地位；各层级星级饭店的收入情况显而易见，五星级和四星级饭店的收入远远领先于三星级及以下星级饭店。

三、北京市饭店业新业态的拓展

中国饭店业面临着创新与转型的机遇期，这是因为：一方面，大众旅游市场正从初级阶段向中高级阶段演化，旅游消费不断提档升级；另一方面，旅游者的需求向更加个性化、多元化的方向发展。星级饭店传统的经营模式已然不能满足不断高速变化的市场需求，而与此同时出现的是近年来以主题精品酒店、度假租赁、乡村民宿、非标住宿等为代表的新兴住宿业态的快速发展。《北京市人民政府关于促进北京市旅游发展的意见》中也明确提出，要实现旅游业转型升级、提质增效，通过资金引导、政策支持等方式，促进国际驿站、乡村酒店、休闲农庄、山水人家、汽车营地等符合首都特点和游客需求的新业态发展。

中国旅游研究院在《中国旅游住宿业发展报告2016》中指出，我国住宿业总体呈现出星级酒店平稳运行，品牌连锁酒店迅速扩张，非标住宿不断拓展的特征。其中，以途家、小猪短租为代表的民宿客栈租赁平台是当前住宿行业的一大亮点。在分享经济的背景下，短租将成为未来住宿业的重要组成部分。与此同时，北京市饭店业积极顺应业态创新的潮流，加速与其他领域的创新融合，涌现出一批新型住宿业态。

（一）在线短租市场势头强劲

共享商业是时代的主旋律，不论是之前的网约车市场，还是最近正火的共享单车，无不是资本蜂拥而至，用户扑面而来。在线短租同样作为共享商业的一种，随着人们外出旅游需求不断增加，以及对个性化住宿要求的不断提高而强劲发展。随着Airbnb大举进军中国市场，试与国内短租平台途家和小猪争夺中国市场，在线短租房的概念已经不仅仅在年轻人群中流行，短租用户的年龄层已经发生了显著的变化，在线短租市场对传统饭店行业的冲击正逐步加剧。2016年中国在线短租的市场规模高达86.8亿元，相较于2015年的40.9亿元增长了一倍（如图9所示），同时，北京的在线短租人群仍然大幅度领先于其他城市，其短租人群占全国短租人群的32.2%（如图10所示）。

2016年，中国在线短租市场的发展呈现出强劲势头，其中表现最受瞩目的当属应用累计下载量最多的途家网。途家在2015年8月宣布完成D轮及D+轮融资3亿美元之后，2016年6月又有大动作，途家网全资收购蚂蚁短租，蚂蚁短租成为了途家的全资子公司，同时也宣告了58集团成为了途家的新股东。经过此番动作，国内在线短租市场的格局基本形成，背靠58同城赶集，手握蚂蚁的途家成为了国内短租市场的领头羊，掌握着全国近80万元的房源信息。

随着国内在线短租平台的不断发展，信用安全问题的不断改善，此种新型饭店业态势必会对北京市传统饭店业态带来挑战。

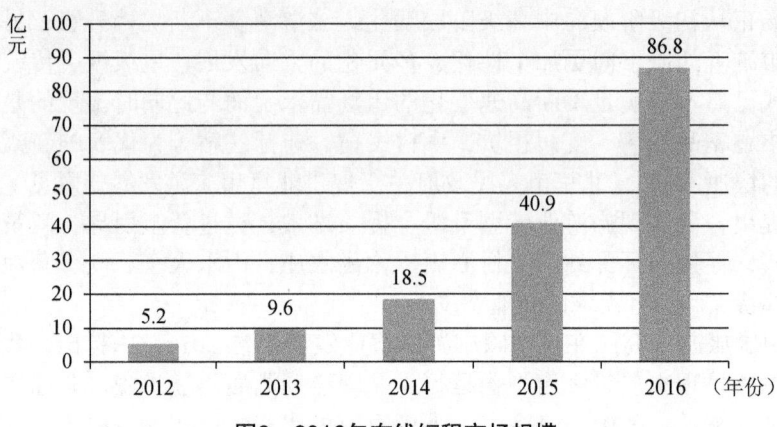

图9　2016年在线短租市场规模

资料来源：速途研究院2016年在线短租市场分析报告。

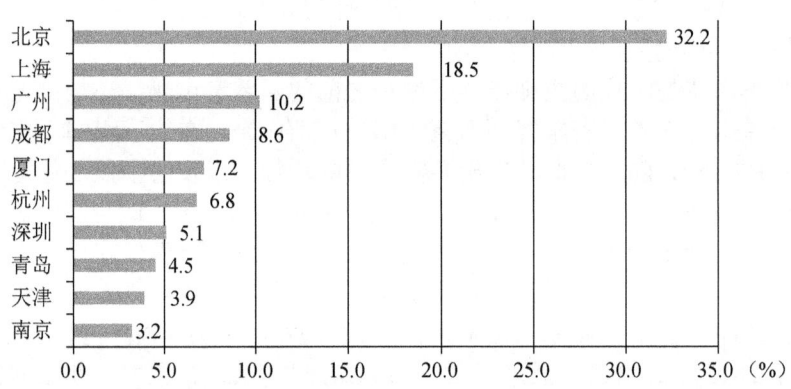

图10　2016年在线短租人群地域分布情况

资料来源：速途研究院2016年在线短租市场分析报告。

（二）智慧酒店前景广阔

伴随着消费升级及消费群体的"年轻化"，酒店行业逐渐把经营管理的重点聚焦在提升用户体验、满足消费者需求上。与此同时，物联网、大数据、云计算、人工智能及人脸识别等先进科技也在不断席卷传统酒店业。在此背景下，智慧酒店应运而生，北京市的xy酒店就是其中一个缩影。

xy酒店以互联网为接口，主打黑科技，秉承"智能家居+艺术体验+365×24h私人助理服务"模式，通过与顶级设计师及时尚品牌合作，把传统单一的酒店服务转变为独特设计、智能家居、高端科技产业等全方位的酒店定制管理。一方面，从硬件设施上，酒店配备了智能家居、机器人及 VR 设备，客人可以刷脸入住、扫码开锁、一键控制电视、音响、窗帘；另一方面，从软件上来看，酒店采用了先进的物联网技术与 wehotel 智能家居系统，同时为住客提供 24 小时线上服务，不设大堂、取消门卡，突破了传统酒店烦琐的服务流程和等待时间等弊端。酒店深受顾客喜爱，网评满意度高达 4.7 分，推荐率高达 98%，连续两年在布拉格获得携程颁发的"中国最佳酒店公寓"称号。

2016 年，千禧一代逐渐成长为酒店市场的消费主力，传统酒店的经营管理模式已经无法满足消费者的需求，饭店业态创新与转型已成为必然趋势。智慧酒店可以减少酒店的人员配置，降低酒店运营成本。同时，智能化的体验提升了住客的生活品质，解决了当代年轻人"懒癌"的痛点。因此，北京市饭店业的进一步发展与创新，不妨借鉴"xy"的发展模式。

（三）精品酒店与主题酒店

精品酒店兴起于 20 世纪 80 年代的欧美经济发达城市，而国内精品酒店热潮的真正兴起则要追溯到千禧年前后。近几年来，随着旅游市场消费结构的变动以及个性化需求的提升，精品酒店已步入发展快车道，仅在 2010 年到 2015 年内便新增了 13 个代表性的品牌。从精品酒店的整体数量上来看，北京市的精品酒店数量排在全国前列，其中具有代表性的有北京皇家驿站酒店。皇家驿站坐落于世界文化遗产紫禁城东邻，它与乾清宫仅一墙相隔，其周围古树列道，古屋环绕，于喧闹的都市中独享宁静。酒店客房及各场所独特命名都创意于特有的设计理念，客房独特于"漂浮"的内部结构，皇家城墙时隐时现的独特设计线条，将所有家具相连其中，看起来好像墙流入床、沙发延至书桌。北京皇家驿栈酒店将中国传统文化和西方现代设计理念完美融合，运用独特的设计和布置使客人身临其境，体验着皇宫贵族的生活。

主题酒店是以酒店所在地最有影响力的地域特征、文化特质为素材，进行设计、建造、装饰、生产和提供服务，其最大特点是赋予酒店某种主题，并围绕这种主题建设具有全方位差异性的酒店氛围和经营体系，从而营造出一种无法模仿和复制的独特魅力与个性特征，实现提升酒店产品质量和品位的目的。北京时光漫步主题酒店是典型代表之一。北京共有四家时光漫步主题酒店，其共同的主题是"往日时光"，酒店的整体装修和布置均围绕着复古的元素，连客房内供客人喝水的杯子都充满了旧日的气息，这些都完美地契合了怀旧客人的期望。

2016 年，随着酒店市场的进一步细分和顾客消费需求的不断细化，精品酒店和主题酒店展现着强劲的实力。

（四）"酒店+"模式

2016年，住宿行业出现了新的合作经营模式，即"酒店+"模式，其中的典型代表当属亚朵酒店集团推出的以文化为主题的IP酒店——亚朵吴酒店。北京亚朵吴酒店位于金融街，它是亚朵与财经作家吴晓波联手打造的，它也是中国住宿行业首次引入IP和社群的概念。与传统意义上的IP合作强调"我提钱，你交货"不同，亚朵吴酒店在运营、内容、周边等不同形态方面均形成了全方位的深层次合作，而且贴合性显著。一个是自媒体社群的意见领袖，一个是传统行业的变革者、文化的拥护者，两者的结合，无疑是对社群经济这一新兴商业模式的一次大胆探索。除了亚朵吴酒店，亚朵与SMG就百老汇神剧《sleep no more》合作的第二家以戏剧为主题的IP酒店The Drama已经正式营业，与此同时，其与网易严选将合作推出第三家IP酒店，并将持续探索这种新型酒店模式，依托IP效应，使其本身实现IP化。

随着国内中产阶级的崛起和消费者需求的多元化发展，北京市的"酒店+"模式值得深入拓展。

（五）其他新业态

在市场需求瞬息万变的现代社会，伴随着各类短时性节事活动、体育赛事的增加，酒店市场对满足即时性激增需求的住宿设施的呼声越来越高。然而，受地理位置固化及客房资源有限的影响，传统酒店往往无法满足区域即时性的需求。在此背景下，酒店行业不断催生出新业态，快闪酒店应运而生。

例如，北京市的WOWCAMP哇窝营地酒店便是其中的优秀代表。哇窝营地旨在给人们传达一种沉浸在自然曼妙中的野奢乐趣，令人感觉住进自然里。酒店外部由帐篷、集装箱、小木屋、房车等构成独立的空间，内部则配备了气垫床、照明灯、简单家具。酒店往往搭建在风景优美的景区或者自然度假区，让人们近距离与自然接触。同时，其即建即拆的特点也可以满足区域激增的即时性住宿需求。延庆长城北侧举办的山谷民谣音乐节，以及春季的长城艺术节都有WOWCAMP推出的快闪酒店——营地野奢帐篷的出现，大大方便了人们的临时性住宿需求。

四、北京市星级饭店服务质量分析——以五星级饭店的网络点评为例

服务质量高低是饭店业发展的重要标志，能够反映旅游者对北京市饭

店业的满意度大小以及饭店业发展水平。本报告选用携程网上客人对北京市旅游委官方网站公布的64家五星级饭店的评分,通过对每一家五星级饭店的网络评分和点评进行全面分析,从两个方面来深入分析北京市饭店服务质量情况:第一,北京市高星级饭店整体评分情况以及服务、设施、卫生、位置等各分项评分情况,以此来反映从业人员服务质量的整体现状;第二,对每一家高星级饭店的网络点评进行具体分析,得出高星级饭店在服务方面的主要问题。

(一)北京市高星级饭店评分情况

如表5所示,北京64家五星级饭店的总评分为4.494(最高分为5分),其中,最高分为4.8分,只有北京嘉里大酒店一家饭店的总评分达到了4.8分;最低分为4.1分,分别是北京喜来登长城饭店、长安大饭店、康源瑞廷酒店、瑞海姆田园度假村四家酒店。在总评分中,分别有位置、设施、服务和卫生四项评分,本次报告重点分析服务评分。服务评分的平均分为4.47分,其中最高分为4.7分,分别是北京嘉里大酒店、中国大饭店、昆仑饭店三家酒店;最低分为4.1分,分别是北京喜来登长城饭店、南宫温泉度假酒店、瑞海姆田园度假村三家酒店。

进一步结合后文对顾客网络点评中对服务质量问题的点评,可以检出排名较为靠后酒店的服务质量问题。首先是服务意识方面,例如服务员的服务意识"极其淡薄""员工服务意识不够";其次是服务态度问题,例如有网友评价"服务态度死板,服务人员态度不好,服务态度傲慢,没有热情";最后是整体服务水平太差,如"完全没有管理和服务"。

表5 北京市高星级饭店评分情况

饭店名称	网络评分				
	位置评分	设施评分	服务评分	卫生评分	总评分
北京丽晶酒店	4.8	4.7	4.6	4.7	4.7
港澳中心瑞士酒店	4.6	4.1	4.4	4.4	4.4
北京华侨大厦	4.5	4.3	4.4	4.5	4.4
东方君悦大酒店	4.8	4.6	4.5	4.7	4.6
北京天伦王朝酒店	4.7	4.4	4.5	4.6	4.5
北京首都大酒店	4.6	4.3	4.5	4.5	4.5

续表

饭店名称	网络评分				
	位置评分	设施评分	服务评分	卫生评分	总评分
汉华国际饭店	4.6	4.4	4.4	4.6	4.5
北京国际艺苑皇冠假日酒店	4.6	4.1	4.4	4.4	4.4
北京国际饭店	4.6	4.2	4.4	4.5	4.4
好苑建国酒店	4.6	4.1	4.5	4.4	4.4
北京万豪酒店	4.4	4.4	4.4	4.6	4.4
北京贵宾楼饭店	4.7	4.3	4.5	4.5	4.5
北京饭店	4.7	4.0	4.2	4.3	4.3
王府半岛酒店	4.6	4.3	4.5	4.6	4.5
北京励骏酒店	4.8	4.6	4.6	4.7	4.7
北京金隅喜来登大酒店	4.7	4.7	4.6	4.8	4.7
北京国宾酒店	4.5	4.2	4.4	4.4	4.4
北京金融街威斯汀大酒店	4.7	4.6	4.6	4.7	4.7
北京金融街丽思卡尔顿酒店	4.7	4.5	4.6	4.7	4.6
金融街洲际酒店	4.6	4.5	4.5	4.6	4.6
名人国际大酒店	4.5	4.3	4.4	4.5	4.5
伯豪瑞廷酒店	4.6	4.5	4.5	4.6	4.6
北京希尔顿酒店	4.5	4.3	4.5	4.6	4.5
万达索菲特饭店	4.6	4.5	4.5	4.6	4.6
北京兆龙饭店	4.6	4.1	4.4	4.4	4.4
北京长富宫饭店	4.6	4.5	4.6	4.7	4.6
北京新云南皇冠假日酒店	4.6	4.6	4.6	4.7	4.7
北京嘉里大酒店	4.8	4.8	4.7	4.8	4.8
北京瑞吉酒店	4.7	4.6	4.6	4.7	4.6

续表

饭店名称	网络评分				
	位置评分	设施评分	服务评分	卫生评分	总评分
喜来登长城饭店	4.4	3.8	4.1	4.3	4.1
昆泰嘉华酒店	4.6	4.5	4.5	4.6	4.6
北京千禧大酒店	4.7	4.6	4.5	4.7	4.6
北辰洲际酒店	4.6	4.5	4.6	4.6	4.6
长安大饭店	4.3	3.9	4.2	4.2	4.1
凯宾斯基饭店	4.6	4.2	4.5	4.5	4.5
五洲皇冠国际酒店	4.6	4.3	4.5	4.6	4.5
中国大饭店	4.8	4.6	4.7	4.7	4.7
昆仑饭店	4.7	4.6	4.7	4.7	4.7
国航万丽酒店	—	—	—	—	—
金茂威斯汀大饭店	4.7	4.6	4.6	4.8	4.7
丽景湾国际酒店	4.2	4.4	4.4	4.5	4.4
中奥马哥孛罗大酒店	4.5	4.4	4.4	4.5	4.4
国贸大酒店	4.7	4.3	4.6	4.6	4.6
康源瑞廷酒店	—	—	—	—	4.1
富力万丽酒店	4.7	4.6	4.6	4.7	4.7
鹏润国际大酒店	4.5	4.4	4.4	4.6	4.5
北大博雅国际酒店	4.5	4.4	4.5	4.6	4.5
新世纪日航饭店	4.4	4.2	4.4	4.4	4.4
中关村皇冠假日酒店	4.5	4.5	4.6	4.6	4.6
世纪金源香山商旅酒店	4.7	4.4	4.6	4.5	4.5
西苑饭店	4.5	4.1	4.4	4.4	4.4
京都信苑饭店	4.5	4.4	4.5	4.6	4.5

续表

饭店名称	网络评分				
	位置评分	设施评分	服务评分	卫生评分	总评分
友谊宾馆贵宾楼	4.7	4.4	4.5	4.6	4.6
北京香格里拉饭店	4.6	4.5	4.6	4.7	4.6
世纪金源大饭店	4.6	4.4	4.5	4.6	4.5
南宫温泉度假酒店	4.2	4.1	4.1	4.3	4.2
西国贸大酒店	4.2	4.4	4.4	4.4	4.4
和园景逸大酒店	4.6	4.3	4.2	4.4	4.4
瑞麟湾温泉度假酒店	4.4	4.4	4.3	4.6	4.4
龙城丽宫国际酒店	4.3	4.4	4.4	4.6	4.4
九华国际会展中心	—	—	—	—	—
龙熙温泉度假酒店	—	—	—	—	4.3
丰大国际大酒店	4.4	4.5	4.5	4.6	4.5
瑞海姆田园度假村	4.3	3.9	4.1	4.2	4.1

资料来源：携程网，2017年4月。

（二）高星级饭店服务问题分析

1. 服务态度需进一步端正

顾客对52家北京市五星级饭店的点评中用了"服务人员见到客人不主动问好""饭店大堂服务人员态度不逊""服务傲慢无礼""服务态度极其恶劣""对国人服务态度冷淡""服务态度死板不可恭维""服务人员态度不好，服务态度傲慢""服务态度巨差"等语句对服务态度问题进行了点评反馈。这初步反映了高星级饭店的从业人员在基本的服务态度方面需要端正，因为态度是思想认识的直接反映，这也是当前从业人员亟待改善的根本性问题之一。

2. 服务意识有待进一步提高

顾客在对20家北京市五星级饭店的点评中用了"没有服务意识""就连前台接待的人员服务意识也是按卖古董的标准""接待人员服务态度差""一点服务意识都没有""不改变服务意识迟早要被淘汰""个性化的服

务一点儿没有""服务意识太差"等点评来评价饭店的服务。这表明饭店从业人员应提升自己的主动服务意识，发挥工作的积极性。高星级饭店如果要在服务中做到高标准的服务领先地位，就必须想客人所想，在个性化服务方面有所改进。这也是高星级饭店在后续员工培训方面所应做的工作。

3. 服务设施有待更新

顾客在对39家北京五星级饭店的评价中用了"服务设施一般""房间是勉强三星，设施老旧""房间陈旧，设施有待改进""房间设施环境真的比一般快捷饭店还差""设施没档次"等语句来点评饭店。这表明北京部分五星级饭店存在时间久远、设施方面已经跟不上目前顾客要求的情况。饭店应该做的就是投入资金进行整修，提供更好的服务设施来提高顾客的满意度。

4. 客房服务质量有待提升

顾客在对28家北京五星级饭店的评价中使用"客房服务很不靠谱""所有的家具上都脏脏的，浴缸和瓷砖上有许多短毛发，沙发缝隙里有零食碎片""卫生间很脏，特别是浴巾还有血""房间清理很不认真！客房服务态度一般！"等语句来点评饭店。客房服务不满意的地方主要有两点：一是卫生状况，表现为打扫不干净，脏乱差；二是细节不到位，消耗品未及时补充，影响到了顾客的入住心情。这反映出北京市高星级饭店客房部工作人员的服务不细致，应加强培训和管理。

5. 前台服务效率有待提高

顾客在对52家北京五星级饭店的评价中用了"就这服务态度和效率，很难说是否保证入住""前台服务态度不好""饭店前台服务人员态度恶劣，22日早上前台穿白色衬衫的领班服务态度极差""前台的那些女的，就跟欠她钱似的""前台有点手忙脚乱"等语句评价饭店。对前台服务不满意之处主要也表现在两个方面：一是态度恶劣，不够热情；二是工作效率低。这说明饭店不光要提升工作人员的热情，同时也要加强培训，改进工作流程，减少顾客等待时间，提升顾客满意度。

总之，北京市高星级饭店的顾客对服务质量的满意度较高，认为整体服务水平较高，但在低于平均水平的服务质量方面，仍然存在较多需要改进的方面，包括服务态度、服务意识、服务设施、客房服务和前台服务等方面，这些方面多数与从业人员的基本素质、服务技能息息相关，需要高星级饭店和北京市旅游委相关部门在今后的培训、日常运营管理等方面密切关注并给予相应的解决方案。

五、北京市饭店业发展建议

从前面的数据分析看，2016年北京市星级饭店业开始呈现复苏迹象，但在转型升级、提高服务品质方面，还有较大的提升空间。下面将重点从旅游相关主管部门和饭店企业两个方面提出北京市饭店业发展的建议。

（一）旅游相关主管部门方面

1. 制订科学的饭店业发展规划，加大对饭店业创新扶持力度

饭店业转型升级需要有良好的外部经营环境和竞争环境。北京旅游委相关部门应协同其他相关政府部门，组织专家、学者进行科学论证，在鼓励投资多元化的同时，全盘考虑饭店业发展与北京地区经济社会发展的协调性，谨防非理性投资和盲目投资，做好饭店业发展规划。一方面，在北京市饭店业增量上，要加强新建饭店项目数量、选址等方面的引导与控制，强化发展规划的指导性和权威性，减少产能持续过剩造成的不利影响，推动饭店准入制的合理性和规范性。另一方面，针对北京市饭店业存量方面，对于效益低、位置差的个别星级饭店，要引导鼓励其向效益高的非星级饭店学习与借鉴，协调这些星级饭店有序退出饭店业市场。对于大部分存量饭店，为应对消费者升级及不断变化的市场需求，要引导与鼓励其转型升级、强化创新与增强营收能力。例如，创建基于互联网思维的新型化、集约化的饭店组织架构体系，通过对分部门及整体的服务流程进行再造，积极探索组织的扁平化架构模式以及划小核算范围，以提高人员绩效考核和激励的有效性。

同时，对那些通过创新进行转型的饭店给予扶持和奖励。例如，对于饭店转型升级的优秀做法，如节能减排项目、信息技术应用等在税收减免、信贷等方面给予支持。

2. 优化政府部门的管理与服务方式，提高接待服务品质

针对北京市星级饭店目前的服务质量现状，北京市旅游委相关部门可以利用互联网技术、资源整合平台、协调沟通平台等手段，优化原有对星级饭店服务质量的监督方式，努力在政府职能转变方面做出创新贡献。具体来看：

第一，打造专业化的饭店从业人员素质提升和人才发展培训平台，为提供专业化的培训服务奠定基础。

目前北京市星级饭店普遍存在着基层从业人员基本素质和基础服务能力有待提高、专业性的高端人才匮乏的问题，需要旅游主管部门通过提供

专业化的公共培训服务来提升从业者的整体素质并加强对高端人才的培养。在这方面,建议旅游相关主管部门打造线上、线下两个层面的培训公共服务平台,为北京市饭店业的长远发展贡献力量,并在此过程中进一步树立自身威信和提升公共服务能力。

第二,基于"互联网+"思维、共享经济思维,打造饭店业人力资源管理与服务平台。

北京市旅游相关主管部门也应当与时俱进,深入了解和把握"互联网+"思维和共享经济思维,转变传统的对饭店企业的"管理"和"管制"思维为"服务"思维和"平台"思维。政府部门可以与电商企业、技术企业深入合作,依托北京市旅游委的官网、APP或微信公众号等,结合饭店人力资源数据库,建立饭店人力资源管理服务平台。该平台可包括为北京市饭店全行业企业发布各个层次、各个岗位的招聘广告、求职广告等信息平台,各种人力资源管理的审批服务平台,人力资源管理中的法务、政策等服务平台,从业人员服务质量监控平台等。其中,服务质量监控平台可以设定高星级饭店从业人员准入、奖惩与退出机制的规则,可以建立高星级饭店从业人员的诚信档案数据库,可以建立游客与高星级饭店从业人员之间的P2P(点对点)互动点评机制,同时也可以发布饭店业人力资源管理指数、饭店人力资源管理实践排行榜等。

第三,强化对北京市饭店业人力资源发展中的难题的研究分析工作。

目前,北京市星级饭店人力资源发展中仍然面临着多方面的诸多难题,尤其是在当前互联网技术广泛运用、人力资源成本持续走高的背景下,这些难题表现得更为突出。鉴于这种情况,建议市旅游委相关部门加强饭店业人力资源发展相关研究工作,并通过研究团队建设、外脑资源获取和智库建设,为破解北京市星级饭店业发展过程中的诸多难题提供充足的智力支持,最终在全国范围内树立标杆。

3. 积极搭建各类合作平台,推广和宣传优秀饭店企业

北京市旅游委应积极组织跨界营销交流,联合其他政府部门及旅游协会、饭店协会等各类社会组织,建立面向饭店业的统一、高效、便捷的购买合作平台、集采平台、交流平台,并吸收众多饭店企业优秀会员加入。该平台可将不同品牌饭店打包加入国外全球分销系统,并积极对会员企业进行形象宣传。

对于饭店企业群体中的先进典型,应进一步组织各项宣传活动,弘扬先进典型群体、先进个人,将优秀事迹、实践做成"微课堂""微实践",通过微信、微博等移动互联网形式进行传播,高度弘扬饭店业的"服务精

神",作为"北京精神"的先进代表;对于一些积极寻求自主创新的饭店企业,北京旅游饭店业协会可以利用金星奖评选等活动平台,组织行业内饭店创新评比活动,通过组织多种形式、多种途径的活动来传播优秀饭店企业的创新实践,并进行海外推介和宣传,进一步扩大行业荣誉感和服务价值的认可度。

(二)饭店企业方面

1. 创新经营管理模式与服务模式

饭店业应利用创新思维转变经营管理模式,拓展饭店新业态。在饭店产品供给上,积极寻求产品创新,以此带动市场创新和业态创新;在服务模式上,一是积极探索"星级服务走出去"模式,将具有高品质、好口碑的星级饭店服务模式向饭店外部市场进行延伸。二是积极探索"技术基础上的服务"或者"服务升级版"。这是考虑到当今互联网与新兴技术的高速发展,已经使得消费者对技术非常依赖,因此其在饭店的体验也与这些新技术密切联系,这就要求饭店的服务要具有时代特色,要与消费者"升级"的需求相匹配。这方面,北京市饭店业中的智慧饭店等已经开始进行了一定尝试。三是探索"精细化服务与专属化服务"模式。饭店应根据不同的子品牌、不同的客群、不同的社群粉丝,推出一批有针对性、有特色的产品和服务,强化系列服务主题活动,成立专属管家式服务,优化服务品质;在技术应用层面,饭店应积极发展电子商务模式,建立"官网+手机客户端+微信公众账号"服务平台三位一体直销订房网络,开设淘宝天猫客房销售旗舰店,重视线上口碑管理,力求在线上实现销售新突破。

2. 转变思想观念,开展联合营销、个性化营销

饭店企业应转变思想观念,尤其是星级饭店应努力摆脱固有的思维束缚,使产品与服务的创新有新思路、新方向和新形式,如走"亲民路线",由政务市场转向商务、企业和个人市场,由高端市场转向大众市场,由餐饮圆桌消费模式向多元化用餐方式调整,在维系巩固原有客户的基础上,加大会议、团队、长包房、散客、商务客人的开发力度,加强与大型企业长期合作,积极开发旅行社团队、本地度假、散客市场,加强多方位营销。销售模式方面,针对不同产品的既有模式进行不同程度、不同类型的个性化调整。针对市场散客和员工各自的亲朋好友,采取"亲情营销模式",发掘商务、民营企业、周边社区、员工家属(员工亲戚定亲、寿宴、回请宴)等优质大众,鼓励客人自由消费。客房销售可强调面对家庭度假市场,推出订房赠门票、周末抢房活动,实行像保险公司、售楼中介公司一样的"店外销售"模式。餐饮销售可强调做老百姓家庭生意,推出千元左右的春

节大礼包、四季大礼包、家宴销售模式、人均消费百元的大众化餐厅、平价自助餐、百姓家宴菜等。

3.开源节流，开拓新兴市场，控制饭店成本

提升星级饭店的出租率与收入，实现星级饭店健康、有序发展，可以从以下两个方面来展开：

一是避开传统市场，寻找新兴市场和利基市场，将饭店的企业目标市场定位在有市场需求的新兴群体，集中力量获取竞争优势，如养老市场、亲子市场、休闲度假市场等。

二是星级饭店要做好节流的工作，按照"精简、优化、自主、增效"的原则，精简组织架构，对岗位进行合并管理，强化一专多能，合理控制人力成本，减员增效。星级饭店应积极探索与高校合作的新思路，密切与院校的联系，加大中专院校实习生的补充份额，通过专业对口的实习生补充，为饭店经营服务注入年轻活力，储备人才，同时降低人员成本，提高人员产出效率。

4.注重新生代员工综合素质和能力培养，强化新生代员工服务意识

在饭店行业中，服务质量是影响顾客满意度的重要因素，是饭店企业获得可持续竞争优势的关键。从前述报告分析看，北京市五星级饭店的服务质量也存在较多问题。因此，提升服务品质是北京市饭店业亟须解决的重要问题。然而，伴随着新生代（90后、00后）员工成为饭店企业中提供对客服务的主体，需要认识和把握新生代员工的特点，提高他们的素质和能力，强化他们的服务意识，从而改善饭店的服务质量、提升顾客满意度，具体可以从如下层面着手：一方面饭店企业针对新生代员工的特点，改变原有传统的选人用人的标准和人才的选拔任用体系，其中特别要注重新生代员工自我意识、自我表达的欲望较强，但在情绪管理方面欠佳的这一特点，在选人用人时要注重员工综合素质和能力的培养，通过授权、目标导向、游戏化管理等方式为这些员工"赋能"。另外，加强与高校的联系合作，饭店企业可以与高校签订定期的实习合作合同，进行订单式培养，从中选拔高素质人员作为饭店人力资源后备力量。另一方面，饭店要强化对员工的服务意识培训，制定明确的服务规程与服务质量管理标准，引导员工树立以人为本的服务理念。对于服务意识好、服务能力突出的员工要利用当前新媒体、社交媒体等多种传播方式进行鼓励，请这些员工作为"老师"进行线上或线下的授课与分享；对于服务态度恶劣的员工进行通报批评，从而提升新生代员工对服务质量的重视程度，营造良好的服务氛围。

参考文献

[1] 北京旅游发展研究基地.北京旅游发展研究报告2015.北京：旅游教育出版社，2015.
[2] 北京市旅游发展委员会网站.http：//www.bjta.gov.cn/.
[3] 2016年中国旅游住宿业发展报告.http：//res.meadin.com/HotelData/136842_1.shtml.
[4] 2016年在线短租市场分析报告.http：//www.sootoo.com/content/670484.shtml.
[5] xy饭店官网.http：//www.xyhotel.cc/index.php#page1.
[6] 2016年中国精品饭店市场大数据分析报告.http：//res.meadin.com/IndustryReport/142015_1.shtml.

第三板块——旅行社与旅游电商篇

2016年北京市旅行社行业发展情况报告

李 宏，王多槐

一、旅行社行业发展现状

我国旅游业已经发展到大众化旅游的中高级阶段，向日常休闲回归，差异化游憩环境逐渐成为休闲的手段。休闲需求进入越来越多百姓的日常生活，国内旅游需求旺盛，旅行社的发展又迎来春天。经过20余年的市场化进程，中国的旅行社行业已经具备了相当的规模，但与国际上的大型旅行社相比，仍有许多不足之处。随着国民经济增长迅速，人们的生活水平不断提高，人们开始追求高品质生活。从市场行情来看，人们对于旅行的需求量不断提高，同时，随着我国互联网的不断发展，人们对于旅游产品和服务的要求也越来越高，传统旅行社现有的产品和服务形式已经不能满足旅行者的需求，不能适应当前旅游市场的变化。

统计系统显示，2016年第二季度全国旅行社总数为27 856家，完成第二季度报表填报的为26 489家，占总数的95.1%。在单一要素产品中，住宿产品的产业链完整性、细分度更高；在旅行社提供的旅游线路产品中，出境游的产业链表现突出，且正在不断地细分化、专业化；而在"旅游+"的创新产品中，"旅游+"体育"旅游+"教育发展较好，且已出现较多细分产品供应商。2016年全国旅游总投资超过1万亿元，在线旅游超过1000亿元，且在线旅游投资呈现高度集中的态势。2016年全国旅游总收入达4.69万亿

[作者简介] 李宏，博士，教授，硕士生导师，北京市中青年骨干教师，北京市拔尖创新人才，毕业于南开大学商学院，主攻领域为旅行社管理与旅游分销渠道研究，旅游目的地营销研究，主持多项省部级课题，并参与多项旅游相关国家标准和行业标准的制定。王多槐（1991—），甘肃武威民勤县人，北京第二外国语学院旅游管理学院研究生，专业方向：市场营销与电子商务。

元，同比增长13.6%。据测算，2016年我国旅游业对国民经济综合贡献率达11%、对社会就业综合贡献率超过10.26%，旅游业正成为"稳增长、调结构、惠民生"的重要力量。国内旅游方面，2016年全年，国内旅游人数44.4亿人次，比上年同期增长11.0%，增速连续3年上升；国内旅游收入3.94万亿元，增长15.19%，旅游收入增速在经过连续3年回落之后在2016年重新回升。国内旅游人数和收入增速双双上升，国内旅游景气度回升。从过去10年国内旅游市场客源构成看，城镇居民增长迅速，农村居民旅游出行增长缓慢。未来随着国内城镇化发展，城镇居民将成为国内旅游的绝对主力。在国内休闲旅游替代加速、人民币贬值、跨境电商全面发展等因素共同作用下，出境旅游市场进入相对稳定的发展阶段。2016年全年，中国公民出境旅游人数1.22亿人次，比上年同期增长4.3%。出境旅游花费1098亿美元，比上年同期增长5.1%。2016年前三季度，旅行社组织出境游客达到4235万人次，同比增长21.31%，增速明显，超过国内出境游人数增速（见图1）。

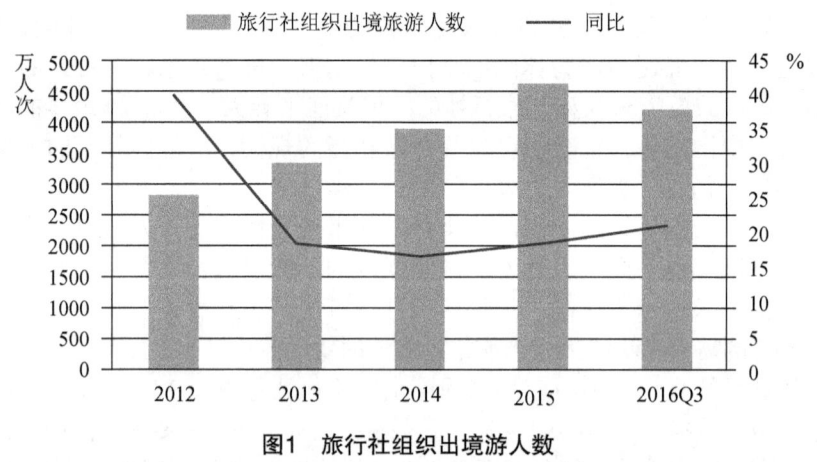

图1 旅行社组织出境游人数

二、北京市2016年旅游市场及旅行社行业发展状况

2016年，北京市旅游业继续保持平稳发展，实现旅游总收入5021亿元，增长9%；接待游客总人数2.85亿人次，增长4.6%。旅游餐饮和购物总额2659亿元，增长14.7%，占全市社会消费品零售额的比重为24.2%，提高1.7个百分点。旅游相关产业完成固定资产投资795.5亿元，增长11.7%；占全社会固定资产投资的比重为9.4%，提高0.5个百分点。

（一）国内旅游市场保持稳定增长态势

北京市国内旅游总收入 4683 亿元，增长 8.4%；国内旅游总人数 2.81 亿人次，增长 4.7%。外省来京旅游和市民在京游两个市场均保持了稳定增长态势。其中：外省市来京旅游人数 1.71 亿人次，增长 5.3%，旅游消费 4272 亿元，增长 8.6%；北京市民在京游人数 1.1 亿人次，增长 3.7%，旅游消费 412 亿元，增长 6.3%。

（二）入境旅游人数小幅减少，旅游外汇收入恢复增长

2016 年，北京市接待入境游客 416.5 万人次，减少 0.8%。其中，接待外国人 354.8 万人次，减少 0.8%；接待香港游客 35.3 万人次，增长 1%；接待台湾游客 24.9 万人次，减少 2%；接待澳门游客 1.6 万人次，减少 23%。旅游外汇收入 50.7 亿美元，增长 10.1%（折合人民币 337 亿元，增长 17.5%）。

（三）出境旅游市场显著放缓

2016 年，北京市拥有出境经营许可权的旅行社组织公民出境游 571.3 万人次，增长 7.2%，与上年 33% 的增速相比明显减缓。其中，排名前五的分别是：前往泰国人数 105 万人次，增长 12%；日本 97.7 万人次，增长 8.9%；韩国 93.5 万人次，增长 37.5%；法国 35.7 万人次，减少 8.5%；意大利 30.1 万人次，减少 2.9%。前往港澳台地区旅游人数呈现下降趋势，2016 年前往香港旅游 18.4 万人次，减少 14%；前往澳门旅游 13.2 万人次，减少 12.7%；前往台湾 14.6 万人次，减少 51.5%。

（四）旅游相关产业投资快速增长

旅游相关产业完成固定资产投资 795.5 亿元，增长 11.7%，增势强劲，主要因素：一是铁路运输方面，京沈铁路、京张铁路全线开工，北京铁路局购置列车；二是航空运输方面新机场建设稳步推进及航空公司购置飞机；三是旅游项目建设方面，环球影城项目建设陆续投入。

（五）旅游投诉

2016 年四季度北京地区发生旅游投诉 83 件，正式立案受理 83 件，涉及旅行社 51 家，其中出境游投诉 61 件，国内游投诉 22 件，目前已经解决的 81 件，另 2 件尚在处理中。投诉分为以下几类：服务质量类投诉占总投诉的 36%，合同违约类投诉占 61%，人身财产安全类占 3%。合同违约类主要投诉内容为提前解约、未履行相关义务等；人身财产安全类投诉内容为旅游行程中发生危害到游客人身安全的情况或意外伤害等；服务质量类投诉内容主要为擅自变更行程、减低服务标准、增加购物次数、延长购物时间、增加自费项目等。

三、北京市旅行社行业未来预测

我国正在进入旅游消费市场与旅游投资要素市场双向互动、良性循环的新阶段，旅游投资的空间和潜力巨大。旅游业作为全球较大的产业之一，仅依靠存量资源优化配置是不够的，需要依靠增量资源的有效投入。未来十年，大型非旅资本将加速进军旅游业，跨行业投资态势愈发明显。同时，旅游企业并购重组和"走出去"的步伐加快，旅游资源将深度整合。旅游是综合性产业，是拉动经济发展的重要动力。旅游正在与各个行业不断融合，"十三五"期间，旅游与国民生活及乡村、健康、养老等重点领域的将成为新的发展热点。国家出台的促进旅游业发展的系列政策，正在破解旅游生产要素优化组合配置的一系列问题，包括土地、资金、体制、机制、组织、技术、人力资源、品牌等。同时，引导旅游业与基础设施建设、工业、农业、教育、医疗、金融业互相促进发展，使旅游业成为中国经济持续发展的新增长点。

目前，传统旅行社提供的旅游产品中，传统供给供过于求，新型供给供不应求，观光产品供应过剩，休闲度假养生养老等产品供应不足，导致需求外溢、市场外溢、投资外溢、效益外溢，旅游业迫切需要推进供给侧改革。在传统的资源主导和土地增值主导的盈利模式下，"小情怀"等"看不见的投资"开始起到越来越重要的作用，热门"小情怀"项目使精品乡村游和非标准住宿走俏。因此，未来十年，旅游资本要注重"情怀"打造，旅游产品供给将在新业态、新体验、人性化配套等方面得到强化。不论项目投资的大小，都应更加重视情怀投入。

在旅游产业发展的初级阶段，发展的重点主要是建设，建景点、景区、饭店和宾馆，这是一种"景点旅游"的发展模式。然而，旅游业发展到现在，已经到了全民旅游和自驾游为主的全新阶段，作为综合性产业在经济社会发展中发挥的作用更加广泛，时代赋予旅游业的责任也明显加强，传统的以抓点方式为特征的景点旅游模式，已经不能满足大旅游的发展需要，国内许多地方已经开始探索变革。所谓"全域旅游"，简单说就是把一座城市当作一个旅游景区来规划和建设，从单一产业向综合产业转变、从小旅游向大旅游转变，最终实现全域资源、全面布局、全境打造、全民参与的一种发展模式。从当前国际、国内旅游产业的发展形势来看，全域旅游已经成为未来旅游产业发展的大趋势。

未来，将有更多的国际品牌加快中国布局，国内旅行社等旅游企业"走出去"的步伐也将加快，中国旅游产业全球化趋势更加明显。为此，中国国内旅行社要主动融入国际分工体系,成为中间的一环,从渠道到目的地都要加速资源掌控,争夺国际分工话语权。在国民经济发展增速的"十三五"时期和全球化的大背景下,旅游政策利好诸多,旅游产业与其他产业的融合方式及途径多元,机遇颇多。同时,非旅资本的涌入以及现有旅业资本的雄厚,亦将加剧行业竞争,新一轮优胜劣汰将继续上演。而当百花争鸣、群雄割据后,多足鼎立的旅游"大时代"终将在未来十年到来。

四、北京市旅行社行业典型企业分析

(一)中国国旅

中国国旅2016年实现总营收223.94亿元,主营业务毛利53.51亿元,归母公司所有者净利润18.08亿元,同比分别增长5.16%、7.84%、20.07%,业绩优良。

1. 商品销售已经成为中国国旅的最核心业绩来源

中国国旅的业务构成分为两大类:旅游服务,即旅行社业务,营收和毛利的贡献占比分别为57%和21%;商品销售,包括免税和有税,营收和毛利的贡献占比分别为43%和79%(见图2)。即使合并到中国旅游集团的大盘子中,商品销售的业绩贡献也能占到七成左右。免税品渠道使得消费者能买到心仪又便宜的产品,机场等通道也能收到高额的场租和分成,经营者则有很好的收益率,是如今难得的能实现"三赢"的行业。

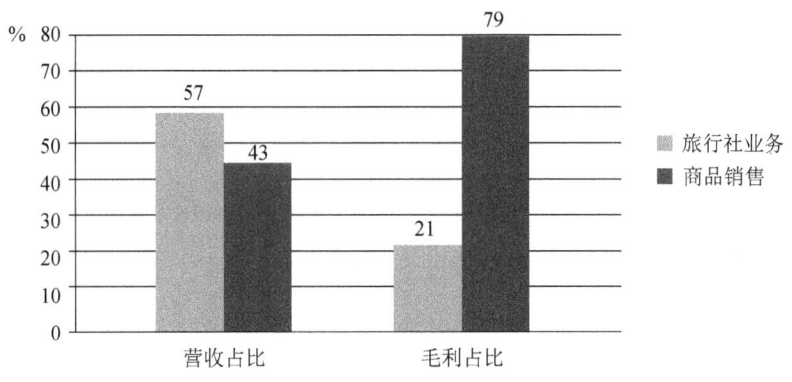

图2 中国国旅主营业务构成占比情况

2. 旅行社业务规模微增,毛利微减

中国国旅的旅行社业务板块2016年营业收入126.55亿元,同比增长

2.64%，预估占全行业营收的2.65%，保持行业排头兵的地位；毛利11.29亿元，同比减少5.1%，综合毛利率8.92%（见图3）。

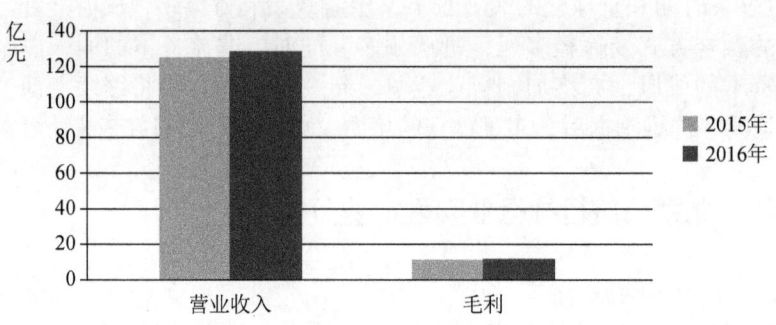

图3 中国国旅旅行社业务经营情况

3.各细分旅行社业务表现不一，热点的出境市场和企业商旅服务反而出现下行趋势

入境旅游营收大幅下降，毛利微增，毛利率达到了16.68%，判断是主要受益于人民币对美元汇率贬值带来的收入溢价；出境旅游则出现了营收和毛利的双降，毛利率更是低至5.9%，甚至低于国内旅游的6.74%，竞争之惨烈可见一斑；国内旅游营业收入增长7%，毛利增长18%，成为业绩亮点；企业商旅服务收入几乎翻番，毛利却反而下降近一半，因为2015年高达63%的毛利率可遇不可求；同样成为亮点的是境外签证中心业务，营收和毛利均平稳增长，拥有这种近乎垄断的牌照资源是国旅特色之一（见表1）。

表1 中旅各业务模块的营收和毛利

单位：亿元

旅行社业务分类	营收				毛利			
	2015年	2016年	同比(%)	占比(%)	2015年	2016年	同比(%)	占比(%)
入境游	7.84	6.16	-21	5	0.96	1.03	7	9.1
出境游	69.5	66.85	-4	53	4.04	3.94	-2	35
国内游	32.09	34.48	7	27	1.97	2.32	18	20.5
商旅服务	4.34	8.39	93	7	2.73	1.57	-42	13.9
境外签证	7.84	8.64	10	6	1.77	1.91	8	16.9
其他业务	1.7	2.05	21	2	0.44	0.52	18	4.6

资料来源：余良兵．环球旅讯：http://www.traveldaily.cn。

（二）中青旅

中青旅2016年实现营业收入103.3亿元，主营业务收入20.18亿元，归母公司所有者净利润4.84亿元，同比分别为-2.36%、9.7%和63.83%，业绩喜忧参半。中青旅开展的业务种类较多，其中旅游业相关的包括旅行社产品服务业务、整合营销服务（原会展服务）、酒店业和景区等四类，分别占总营收的37.5%、19.13%、3.59%和13.18%，分别占毛利的12%、13%、13%和45%。

中青旅的旅行社业务2016年出现了营收和毛利双降的情况（见图4），得益于毛利率提升1.18个百分点，达到7.58%，毛利的降幅相对较缓。归母公司所有者净利润构成在年报中没有披露。根据相关板块的公开数据计算，旅行社业务估算为净亏损0.8亿元、整合营销贡献0.5亿元、酒店贡献0.09亿元、景区贡献4.14亿元。景区净利润贡献已超过85%，而旅行社业务已成为中青旅业绩的最大拖累。

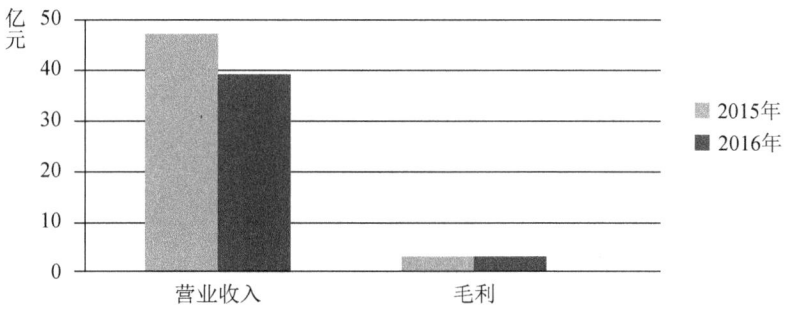

图4 中青旅旅行社业务经营状况

（三）众信旅游

众信旅游2016年实现营业收入101亿元，主营业务毛利10.36亿元，归属于上市公司股东的净利润2.15亿元，同比分别增长20.55%、36%和15.08%，综合毛利率10.27%，业绩良好。众信旅游的主营业务基本围绕旅行社业务，2016年继续加大了对目的地、客源市场和渠道的布局，虽然没有之前的大规模并购事件，依然保持了较快的业绩增长。其中出境批发业务增长了27.32%，成为主营业务营收的主力军，毛利率达到8.27%；出境零售业务增长9.27%，毛利率达到15.44%。与中国国旅和中青旅以零售为主的旅行社业务毛利率相比，众信旅游这样的毛利表现颇为惊艳，充分说明了众信旅游的产品竞争力。

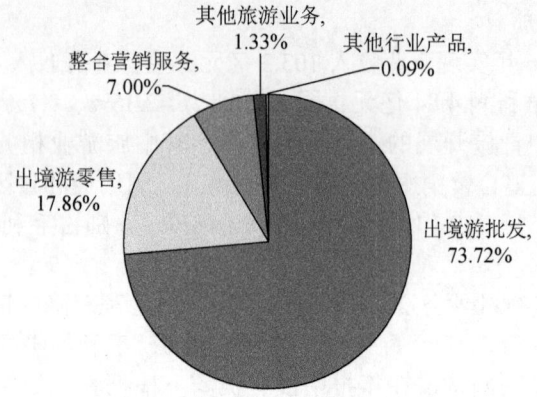

图5 众信旅游主营业务营收构成

从旅游营收的来源地看,众信旅游在北京、华东和中原地区具备较强的优势,在华南和西南等主要客源地市场上还有较大空间(见图6)。

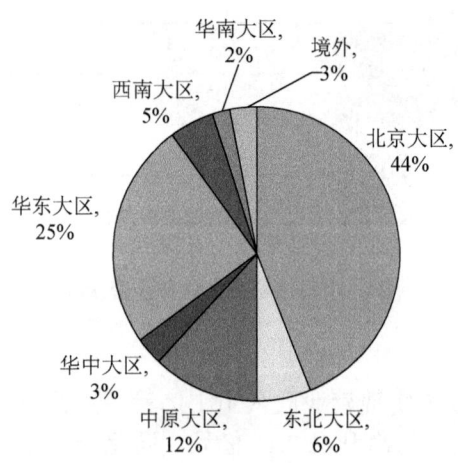

图6 众信旅游主营业务营收来源地

另外,众信旅游年报中引人关注的一个信息是竹园国旅的对赌协议顺利履行完成,为资本市场的重大资产重组行为增添了一个很好的榜样!竹园国旅在被众信旅游收购时,原股东承诺竹园国旅扣除非经常性损益后归属母公司所有者的净利润2014年度不低于5650万元、2015年度不低于7062万元、2016年度不低于8828万元,而实际的业绩完成率分别为102.25%、102.40%、104.90%,均已实现三年业绩承诺。截至2016年12月31日,竹园国旅资产未发生减值,补偿义务人无须对上市公司进行补偿。

(四)凯撒旅游

凯撒旅游2016年实现营业收入66.36亿元,同比增长34.48%。归属于母公司股东的净利润2.12亿元,年同比增长3.30%。凯撒旅游由于借壳易食股份上市,所以目前的主营业务中包含了旅行社业务和航空食品,我们重点关注其中的旅行社业务。

2016年,凯撒旅游实现旅行社业务收入57.91亿元,毛利8.17亿元,净利润2.07亿元,同比增长36%、29%和24%。与众信旅游相比,凯撒用一半的营收规模达到了与众信旅游几乎相同的净利润,业绩可谓优秀。

凯撒旅游的旅行社业务特点是以零售为主、批发为辅(见图7),全面布局一二线城市,充分借助海航集团的航空和酒店资源,并在游轮产品上全力投入。资源采购上的优势保证了产品的竞争力,体现在凯撒旅游的零售业务毛利率达到15.78%,营收占比68%;批发业务规模相对较小,营收占比15%,毛利率为6.36%;企业会奖业务2016年快速增长101%,营收占比17%,毛利率为14.41%。从旅游营收的来源地看,凯撒旅游在北京的优势最为突出,在华东、华南等主要客源地市场上还有待挖掘(见图8)。

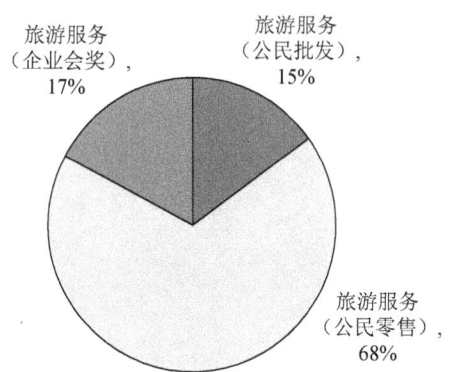

图7 凯撒旅游旅行社业务收入构成

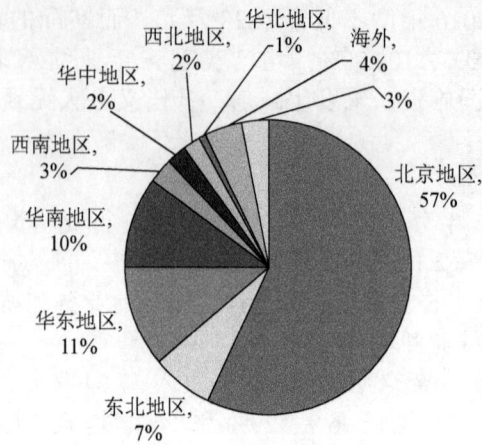

图8 凯撒旅游主营业务营收来源地

2016年北京市旅游电商发展情况报告

李 宏，罗晓堂

一、2016年在线旅游发展总览

据中国电子商务研究中心监测数据显示，2016年中国在线旅游市场交易规模达6138亿元，同比增长36.79%，增长率较上一年有所缓和[1]。就目前的在线旅游市场来看，主要存在以下现状：

（一）在线旅游同质化严重

在线旅游产品服务同质化，缺乏明显特色，用户黏性不高。在线旅游地域发展不平衡、国际化进程缓慢等问题同样存在[2]。

（二）在线旅游诸多问题尚待解决

在线旅游平台普遍存在商业化困难，网站盈利问题一直如鲠在喉，营收问题应尽快解决；互联网企业本身的技术开发及更迭也是重要影响因素，技术的完善会带来整合资讯和产品方面的提升，给用户带来更好的使用体验。

二、北京在线旅游电商公司发展情况

（一）美团点评

2016年，美团点评再次获得33亿美元的融资，将资金重新聚焦至优势餐饮、酒旅等品类，下半年又做出架构调整，整合餐饮到店和外卖，以及确立酒店旅游和到店综合O2O事业群，点评高端酒店业务也获得快速增长[3]。通过技术赋能商户，提高商户端收益与行业整体运营效率将成为推

[作者简介] 李宏，博士，教授，硕士生导师，北京市中青年骨干教师，北京市拔尖创新人才，毕业于南开大学商学院，主攻领域为旅行社管理与旅游分销渠道研究，旅游目的地营销研究，主持多项省部级课题，并参与多项旅游相关国家标准和行业标准的制定。罗晓堂，女，北京第二外国语学院旅游管理学院2016级硕士研究生，研究方向：旅游市场营销与电子商务。

动全行业新一轮成长的重要支撑。在酒旅版块,美团点评通过发布旅游云等一系列创新产品,帮助景区做到全面的移动信息化升级[4];通过推出在线酒旅行业的"CD"模式,推动旅游业全域化转型[5];通过与横店、华山等景区达成战略合作,上线推出景区目的地馆,深入景区运营;通过与洲际酒店达成合作协议,进一步拓展高星级酒店市场[6]。

(二)百度糯米

2016年,旅游出行被糯米纳入战略重点,糯米上的地图导航、景区游览线路推荐、语音导览等服务为用户升级旅游体验,而智慧景区助手模块具备的丰富分类设施查找功能,更能轻松解决游客在游览过程中寻找子景点、厕所、小卖店、停车场等设施难的问题,实现精准定位。2016年以来,百度糯米不断接入第三方合作伙伴,如与上海欢乐谷景区开启直营合作;与旅游O2O企业百程旅行网签订战略合作;与"要出发"周边游合作,共同简化用户的短途出行选择,形成以"景+酒+X"为主的全新周边游体系[7]。

(三)去哪儿网

2016年,对于并入携程旅下的去哪儿来说,似乎并不顺利。年初,海航、南航、重庆航空、首都航空、国航、东航、四川航空、天津航空8家航空公司关闭了在去哪儿网的旗舰店,对外理由几乎相同,都是"保护旅客正当权益,规范市场销售秩序"。去哪儿也重新整合了其酒店方面的业务,放弃高星级酒店业务,聚焦中低星酒店。由于预订后无法退费、无法更改入住时间、旅游体验差等诸多原因,去哪儿遭受多次投诉[8]。

(四)艺龙

2016年初,艺龙签署私有化要约,宣布与中国艺龙控股有限公司最终合并。6月艺龙发布公告宣布完成私有化交易,申请股票在纳斯达克市场停止交易并退市。艺龙CEO江浩在退市之后曾对新浪科技表示,艺龙未来应该会在主板上市。除此以外,艺龙还将VR技术引入到酒店领域,提升用户整体体验。与去哪儿相似的是,本年度,艺龙同样因其酒店预订问题遭到多次投诉[9]。

(五)百程

"百程"相较携程、途牛等名气虽不算大,但却有专注做出境旅行超过15年的历史。2016年4月,根据全国股转系统显示,百程已经正式挂牌新三板,其中阿里持股16.47%,是百程网的第二大股东。随后,百度旅游与百程旅行网签订了战略合作协议,目的是为用户打造一站式的旅游服务平台[10]。

(六)马蜂窝、穷游

2016年,马蜂窝发起"一场未知的旅行"营销事件,打造"情感+人性"构建的内容社交,获得了大多数用户的认可[11]。而与之同样为旅游社交平台的穷游网，在 2016 年得到了众信的 D 轮融资后，也在筹谋上市与未来转型发展问题[12]。5 月，穷游宣布推出旅行生活品牌——JNE，表示今后出品的文化周边产品都将启用全新的品牌身份，并同步启动了"JNE Gallery"线下空间——为顾客提供全套穷游生活方式的体验店。原创品牌 JNE 和线下空间"JNE Gallery"的发布是穷游向生活方式领域拓展的重要一步，也是其探索未来发展新模式，培养新用户群的重要一步[13]。

（七）世界邦

专做出境定制游的世界邦旅行网表示，2016 年将把更好的出境自由行产品送达用户，实现更加开放的产品布局，更加自由的产品体验，更加全面的目的地覆盖，并加大与更多的同业和异业合作。世界邦创新性地提出"定制旅行产品五大阶段"战略，即可用化——个性化——规模化、平价化——标准化、主题化——柔性化、人文化智慧定制游，并且主张需求导向，引领智慧定制；用户为王，开启智慧体验。但是，由于亲子产品不包含国际机票、不提供酒店订单等细节问题，也遭遇了一系列投诉等[14]。

三、在线旅游电商发展趋势

（一）在线旅游渠道下沉

在线旅游用户大多分布在一二线城市，三线及三线以下的城市渗透率较低。但一二线城市竞争激烈，未来旅游电商公司将会在渠道下沉方面加大力度，着力布局三线及三线以下的城市，为在线旅游发展提供新的市场空间[2]。

（二）线上线下进一步融合

互联网对目的地端的服务的整合要求线上线下有效打通，对旅游产业的进一步渗透也将呈现出一体化、移动化、本地化等特征。因此，未来旅游 O2O 的落脚点将重点体现在度假旅游环节，尤其是目的地端的资源和服务环节的控制。

（三）在线旅游产品精细化

随着用户消费水平的提升，用户体验需要朝着更加精细的方向发展。因此，未来在线电商的旅游产品会逐渐告别大众式设计，而另外开辟出"定制化"的市场，以满足消费者的个性化需求，使服务升级[15]。

四、在线旅游电商存在的问题

（一）投诉泛滥成灾

据中国电子商务投诉与维权公共服务平台监测数据显示，平台全年受理的投诉量表明：百度糯米（26.25%）、去哪儿（22.41%）、美团（13.19%）、饿了么（7.94%）、飞猪（7.04%）、携程（4.23%）、同程网（2.43%）、大众点评（1.66%）、艺龙（1.15%）、易到用车（1.02%）成为"2016年度全国十大被投诉生活服务电商"[16]。

如图1所示，在线差旅平台是投诉重灾区，前十大被投诉生活服务电商中，在线差旅平台（OTA）占据半壁江山，包括去哪儿、飞猪、携程、同程网、艺龙等在内的几家大平台均入选。

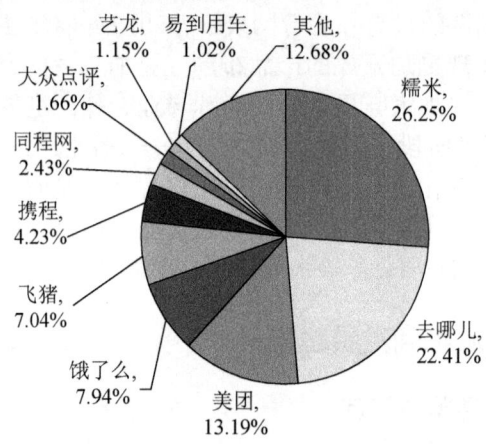

图1　2016年度全国十大被投诉生活服务电商

以"百度糯米"为典型代表的团购平台，成为用户投诉数量最多的生活服务O2O电商，已经连续两年成为全国生活服务电商投诉数量和占比最高的平台，其2015年投诉占比为28.98%，2016年占比为26.25%。主要问题集中于团购券无法使用、退款难、账户余额被盗，其中团购券无法使用分为商家限制使用团购券与团购商家同百度糯米业务合作问题两种情况，暴露了百度糯米商家合作与内部管理乱象。

在线差旅平台（OTA）成为投诉"重灾区"，主要问题为退票收取高额手续费、购买服务到店无法使用、不正常航班通知不及时等。典型案例如多名用户投诉"美团"预订酒店无法退订，携程、去哪儿等收取高额退票费，在"飞猪"上预订酒店被"放鸽子"，"艺龙网"涉嫌虚假宣传造成酒店无法正常入住等[16]。

（二）航空公司出新政，在线预订平台该何去何从

国资委2015年提出"提直降代"的目标，即在未来3年内，中国三大航空公司直销机票的比例要提升至50%，同时机票代理费要在2014年的基础上下降50%。因此，众多航空公司采取各种措施，强化自身销售渠道，由此带来的问题则是在线预订平台如去哪儿、携程、途牛等的应对问题。如何继续维系机票预订的板块，放弃还是改良升级，都是急需解决的问题[16]。

（三）旅游社交平台的转型升级

对于拥有巨大流量和注册用户的旅游社交平台，如何将其转化成商业价值，带来更好的收入，是这些平台现在关注的问题。对于马蜂窝、穷游这样的定位社区和攻略分享的网站，先天的基因就是社交，用户到这样的网站的目的就是下载旅行攻略和分享旅游感受，他们很难直接在这样的网站上下单购买旅游产品，这就注定其不能单纯地只做旅游产品。因此，是转型做数据旅游公司，抑或是继续进行内容深化，都需要其结合市场走势与顾客特征进行决策。

参考文献

[1] 2016年度中国电子商务市场数据监测报告. http://100ec.cn. 2017-05-24.

[2] 郭露.2016年中国在线旅游行业发展现状及前景预测. https://qianzhan.com. 2016-05-30.

[3] 杨欣. 易观分析：2016年中国生活服务市场AMC模型 生活服务市场进入启动期的后半段.https://analysys.cn. 2017-01-24.

[4] 美团云旅游数据产品发布景区管理迎全智能时代. http://traveldaily.cn. 2016-07-08.

[5] 美团点评CD模式开创旅游行业新形态 全域战略直击消费升级供需矛盾.http://163.com. 2016-10-27.

[6] 刘照慧 进击的美团点评与横店合作，深入景区运营. http://licaizhijia.com. 2016-12-29.

[7] 百度糯米：2016年将旅游出行纳入战略重点. http://pinchain.com. 2016-10-18.

[8] 去哪儿会拖累携程多久？https://huxiu.com. 2017-03-14.

[9] 艺龙：签署私有化要约，将从纳斯达克退市. http://pinchain.com. 2016-02-04.

[10] 被阿里投了的百程旅行正式挂牌新三板主要业务是签证. http://sohu.com. 2016-04-23.

[11] 不做传统OTA要做内容电商，马蜂窝缘何推未知旅行？http://chinaz.com. 2016-09-30.

[12] 每日话题：穷游网完成D轮融资接下来准备上市了吗？http:/admin5.com. 2016-01-11.

[13] 穷游探索新变现模式：发布文化周边产品新品牌JNE.http://hexun.com. 2016-05-18.

[14] 世界邦旅行网张平合：个性化出游方案服务是未来十年的大势. http://chinanews.com. 2016-02-01.

[15] 2016年中国电商行业大数据分析报告. http://sohu.com. 2016-12-27.

[16] 中国电子商务研究中心.2016年中国电子商务用户体验与投诉监测报告.http:/100ec.cn. 2017-03-10.

第四板块——会议与展览业篇

2016年北京会议业发展报告

刘林艳，乔 木

前 言

会议业作为一种朝阳产业，是一种新兴的产业形式，是以规模化、集中化、现代化的手段运作会议及相关活动的行业。它是市场经济发展到一定阶段的产物。会议业以文化为基本内涵，具有高效带动性，不仅能创造巨大的直接经济效益，还可以带动上下游的相关产业，是一条综合的产业链。

我国会展经济进入蓬勃发展的新阶段。北京是我国会议业最发达的城市之一，会议业平稳发展，会议接待水平居全国之首，并培育了一批高端化、国际化会展品牌，但面临上海、广州等城市对会议资源的激烈竞争，首都资源优势降低、缺乏大规模单体场馆等问题也日益凸显。"十三五"时期，北京将继续培育与吸引品牌会展，加快完善会议设施，重视发展旅游等新兴业态，促进"互联网+"对会议业的深度渗透，努力将北京会议业提升到新的高度，为全国提供更高水平的会议服务。

会议业是现代服务业的重要组成部分，也是连接生产与消费的桥梁和纽带。随着"互联网+"正式上升为国家战略，供给侧结构性改革为会议业发展提供新空间；新商业模式与大数据、物联网结合在一起，为会议业带来新模式；G20、"一带一路"、长江经济带战略为会议业带来新机遇。未来随着全球经济结构的调整，会议业将进入爆发性发展时期，成为区域和行

[基金项目] 北京市教育委员会社科计划一般项目《北京市绿色会展经济战略、绩效与对策研究》(SM201610031002)；北京市社科基金青年项目《冬奥会背景下构建京津冀协同发展的绿色会展体系战略研究》(17GLC053)。

[作者简介] 刘林艳（1985—），女，管理学博士，北京第二外国语学院经贸与会展学院副教授，E-mail: liulinyan_99@126.com；乔木（1993—），北京第二外国语学院经贸与会展学院2016级国际商务硕士研究生。

业推动经济、社会发展的新动力。

一、北京会议业总体特征

本部分研究 2007—2016 年北京市承办会议的总体情况，分别从会议数量情况、会议收入情况、会议接待设施情况、会展从业人员情况、接待国际会议情况等几个方面对北京市会议业总体特征进行分析。数据主要来源于北京市统计局和国家统计局北京调查总队共同编制的 2007—2016 年各年的《北京统计年鉴》[①]。

（一）会议数量和参会人数情况

根据《北京统计年鉴》，2007—2016 年北京市接待会议数量及增长率情况如图 1 所示。2008—2012 年，北京市接待会议数量逐年攀升，从 2007—2008 年每年 21 万左右的会议量，迅速增长到 2012 年的 31.3 万个；尤其是 2008—2010 年会议数量呈现出加速上升情况，增长率从 2008 年的 –4.7% 直线上升到 2010 年的 17.6%。2010 年到 2012 年经历了小幅回落并趋于平稳的发展趋势，而 2013 年经历了一年重大回落，接待会议量降至 23.7 万，增长率跌至 –24.3%。此后在 2013—2016 年，北京市接待会议数量增长率在波动中缓步上升，预计在 2016 年会实现负增长到正增长的转变。

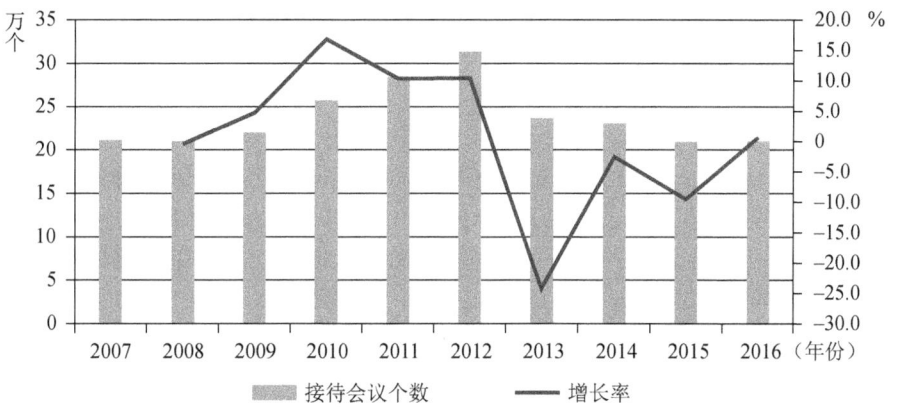

图1　2007—2016年北京市接待会议数量及其年增长率

---

① 注：统计范围包括会展场馆、星级饭店、会展举办单位以及规模以上会议及展览服务业法人单位和旅行社等。由于统计范围内单位名录每年均有变化，本文均采用北京市统计局根据当年实际情况调整后的数据。在统计年鉴的第二十二部分第三产业中的《会展业活动情况》，而本文撰写时 2017 年北京统计年鉴还未出版，2016 年的数据均使用历史平均法计算得出。

2015年，北京市接待会议人数1527.6万人，2016年将在2015年的基础上增加50万人左右。2008—2009年，北京市接待会议人数总量变化情况与会议数量基本一致。2009—2012年，会议人数总量持续增长，从2009年的1348.9万人增至2012年的2010.9万人，但增长率从29%降至3%。直至2013年出现负增长情况，当年会议人数总量跌至1622.7万人。此后2013—2016年，会议人数总量较为平稳，维持在1500万~1650万人。除2009年、2013年与2015年增长率为负，其余几年增长率均为正，其中增长率最高的是2010年的29%，增长率最低的为2013年的–19.3%（如图2所示）。

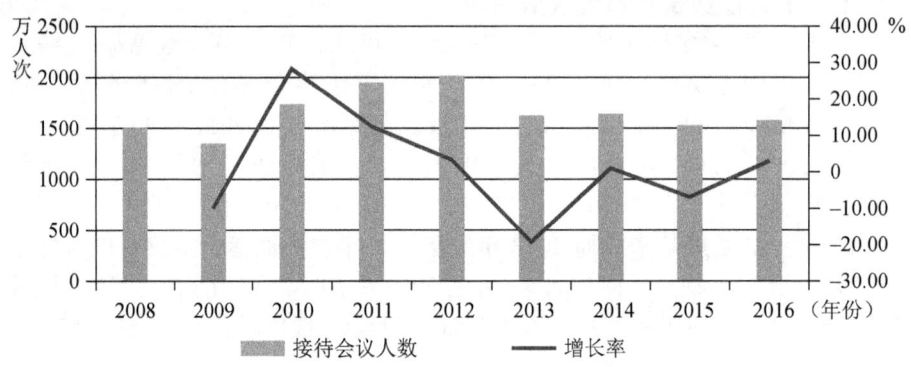

图2　2008—2016年北京市接待会议人数及增长率

（二）会议收入情况

2015年，北京市会议产业实现收入95.1亿元，预计2016年这一数据会达到102.8亿元。2007—2012年，北京市会议收入处于上升阶段，从2007年的53.8亿元增长到2012年的135亿元。除2009年略微下降之外，2007—2012年会议收入年增长率均保持在7%以上，增长率最高的是2010年，达到36%，2011年为31%。2013年，会议收入萎缩18.4%，全年总收入降至110.2亿元，2014年会议市场继续萎缩7.3%，降至102.2亿元，2015年仍旧持续下降，全年总收入为97.1亿元，与2010年几乎持平。预计2016年全年会议总收入会小幅上涨，涨幅约为5%左右。

北京市会议市场收入的变化与整个会展行业的变化基本是一致的（如图3、图4所示）。2009—2012年北京市会展业收入持续上升，增长率保持在10%以上，最高的是2010年，达到32%。2013年北京市会展收入增长率降至–17%，会展整体收入206亿元。2014年持续下跌1.6%，降至

202.8亿元。2015年稍有回转，增长7.7%，达到218.5亿元。预计2016年仍会持续增长，会展行业收入会达到238.5亿元。

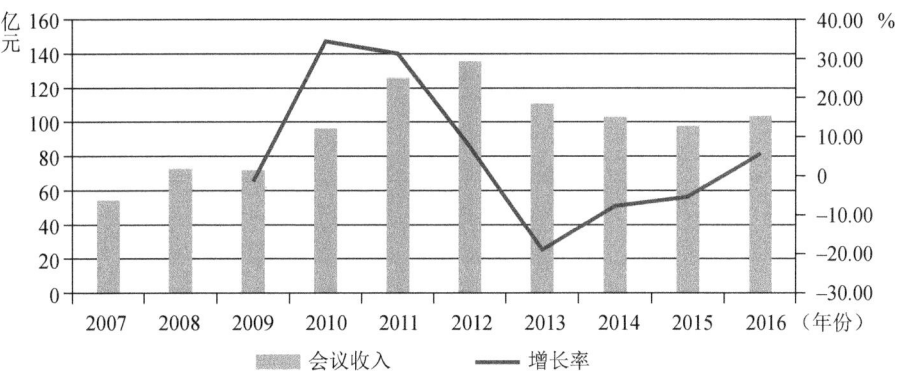

图3　2007—2016年北京市会议收入及增长率

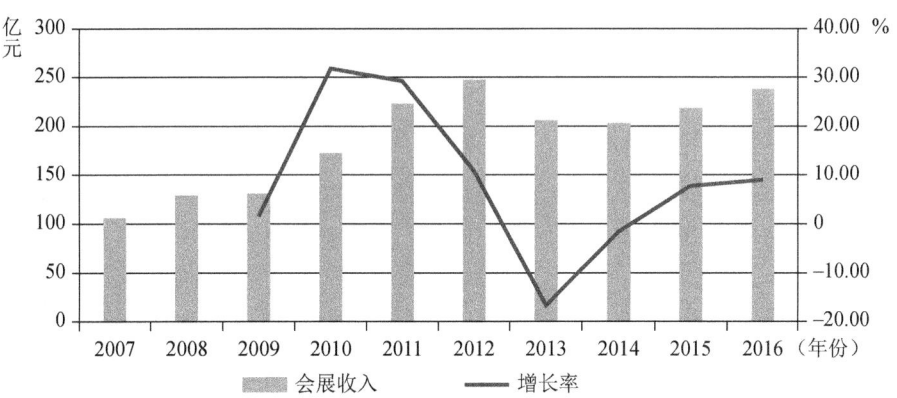

图4　2007—2016年北京市会展收入及增长率

如图5所示，2007—2016年会议占会展的收入比例保持在45%~60%这样一个相对稳定的范围内，会议和展览的繁荣和萎缩基本同步。会议占比最高的是2011年，占会展总收入的56.2%；会议占比最低的是2015年，占会展总收入的44.4%。其中2008—2013年比例稍高，占比在55%上下；2007年、2014年稍低，占比在50%左右；2015年的占比降至历史最低水平。预计2016年会议收入的占比会稍有回升，回到50%左右的中间水平。

图5　2007—2016年北京市会议收入占会展收入比例

（三）会议接待设施情况

2007—2008年，北京大量建设会议接待设施，接待场所会议室数量从2007年的4425个增长到2008年5403个，增长率达到22.1%。2009—2015年，北京市会议室数量缓慢增长，总量维持在5000~6000个，增长率保持在3.7%以下，唯一的负增长年是2012年和2014年，会议室总量整体分别减少了2%和0.2%（如图6所示）。2015年，会议室总量有明显下降，下降比例达到历史最高水平，为9.9%。预计2016年会有小幅增长，增长2%。

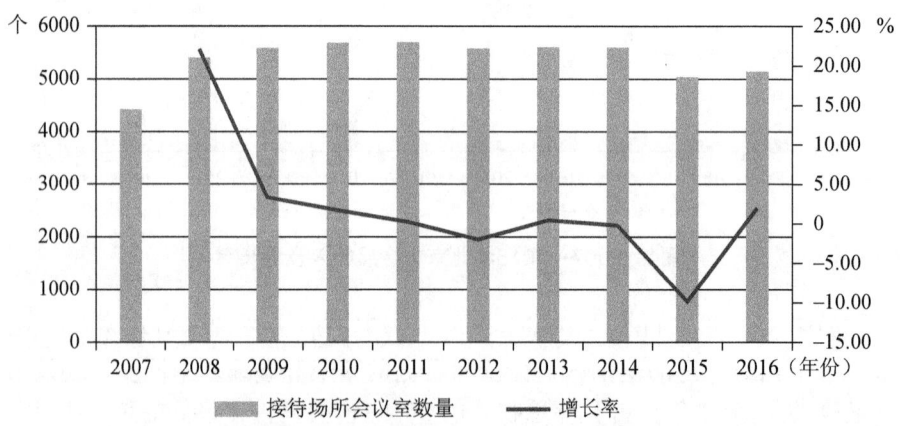

图6　2007—2016年北京市接待场所会议室数量及增长率

大型会议室（超过500座）数量在2007—2008年快速增长，从2007年的129个增长到2008年的156个，增长率20.9%。2008—2012年处于稳定上升期，超过500座的大型会议室数量增长到209个，增长率保持在

5%~10%的范围。2013年，大型会议室数量骤减7.7%，降至193个。2015年降至177个，预计2016年会回升至185个左右（见图7）。

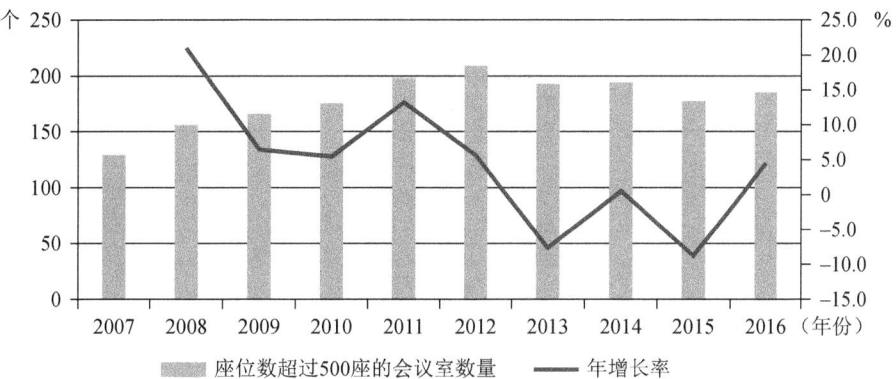

图7　2007—2016年北京市接待场所座位超过500座的会议室数量及年增长率

2007—2016年，大型会议室占会议室总量的比例较稳定，保持在3%~4%，2012年后的比例稍高于2012年之前，但有缓步下降的趋势（见图8）。

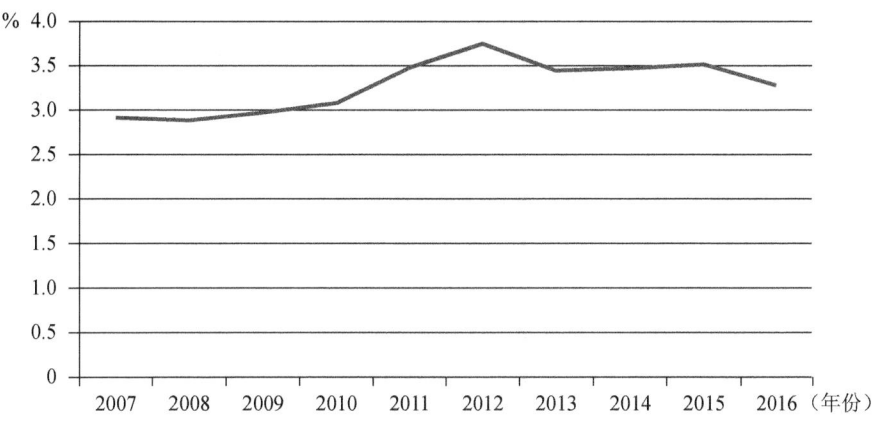

图8　2007—2016年北京市接待场所座位超过500座的会议室占总会议室数量比例

北京市接待场所会议室的使用面积维持在74万~83万平方米范围内（如图9所示）。2008年，北京市会议室总面积75万平方米。2009年减少0.4%至74.7万平方米。2010年增长至79.5万平方米，增长率为6.4%，2010年是增长率最高的一年。2011年增长1.1%，达到80.4万平方米。2012年增长0.4%，达到80.7万平方米。2013年增长1.9%，达到82.2万平方米。2014年减少0.6%，降至81.7万平方米。2015年有明显下降，减少9.3%。2016年预计仍旧会有小幅下降，但比例很小，基本与2015年持平。

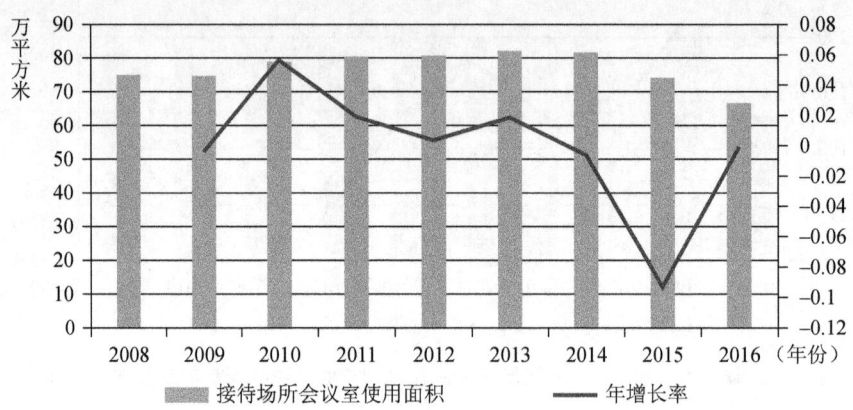

图9　2008—2016年北京市接待场所会议室使用面积及年增长率

北京市接待场所会议室可容纳人数从2008年的45.3万人增至2014年的48.8万人；增长率在-2%~5%波动。其中，2009年会议室可容纳人数增长1.5%，至46万人。2010年增长4.6%至48.1万人，是增长率最高的一年。2011年增长1.2%至48.7万人。2012年是会议室可容纳人数减少最多的一年，降低了1.6%，降至47.9万人。2013年增长1%，回到48.4万人。2014年增长0.8%，增至48.8万人。而2015年有了较大幅度的减少，降至45.3万人。预计2016年会有小幅上涨，回到45.8万人（见图10）。

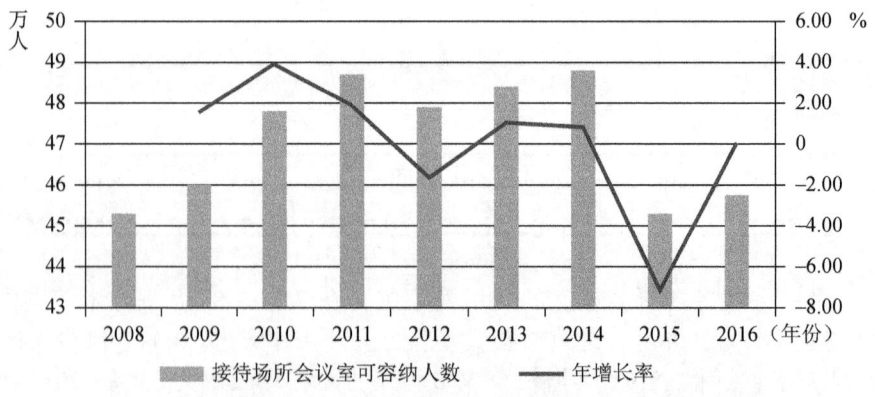

图10　2008—2016年北京市接待场所会议室可容纳人数及年增长率

(四)会展从业人员情况

2007—2015年,会展行业从业人员数量总体维持在18万~22.5万人,增长率在-11.1%~15%波动。2007年,会展从业人员18万人。2008年,迅速增长至20.7万人,增长率达到历史最高水平,即15%。2009年和2008年基本持平。2010年增长3.4%,达到21.4万人。2011年增长2.8%,会展行业从业人员增至22万人。2012年继续保持稳定增长,从业人员22.5万人,增长率2.3%。2013年直线下降至20万人,回到五年前从业人数水平,降幅达到11.1%。2014年,增长1.5%,达到20.3万人。2015年降至19.9万人,降低了2%。预计2016年会有1.5%的增长,达到20.2万人,与2014年数量基本持平(见图11)。

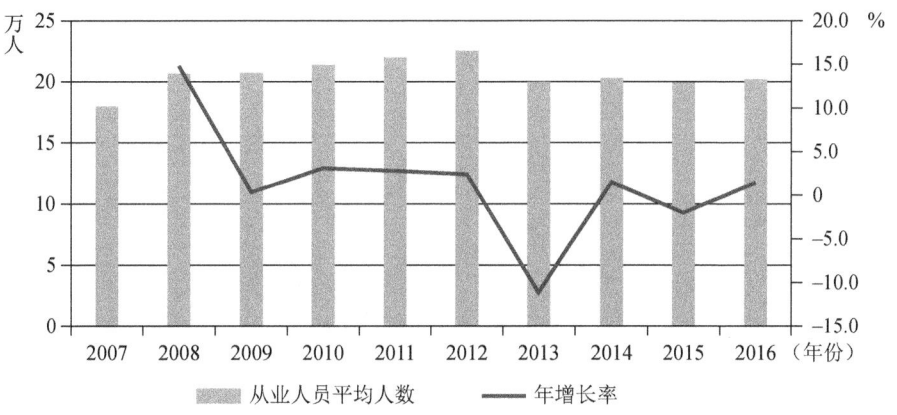

图11 2007—2016年北京市会展从业人员数量及年增长率

(五)接待国际会议情况

根据国际会议协会(ICCA, International Congress and Convention Association)公布的《2016年度国际会议协会数据报告[①]》,中国2016年共举办410场国际会议(ICCA所统计的国际会议,是指至少有3个国家轮流举行,且与会人数至少在50人以上的固定大型会议),其中,北京举办了113场大型国际会议,居全球所有城市中的第15位(见表1);在亚洲城市中排名第4位;在国内城市中排名居首位,占国内大型会议的27.6%。相较于2015年的北京举办95场大型国际会议,占国内的27%而言,2016年北京举办大型国际会议的数量和占比有所上升(见图12)。

---

① ICCA. ICCA Statistics Report_2016[EB/OL]. http://www.iccaworld.com/,2016-06.

表1 2015—2016年举办国际会议TOP25城市

城市	排名			会议数量		
	2016年	2015年	变化	2016年	2015年	变化
巴黎	1	2	↑1	196	186	+10
维也纳	2	4	↑2	186	178	+8
巴塞罗那	3	3	—	181	180	+1
柏林	4	1	↓3	176	195	−19
伦敦	5	5	—	153	171	−18
新加坡	6	7	↑1	151	156	−5
阿姆斯特丹	7	12	↑5	144	120	+24
马德里	7	5	↓2	144	171	−27
里斯本	9	9	—	138	145	−7
首尔	10	13	↑3	137	117	+20
布拉格	11	11	—	126	123	+3
曼谷	12	16	↑4	121	103	+18
都柏林	13	18	↑5	118	97	+21
哥本哈根	14	10	↓4	115	138	−23
北京	15	19	↑4	113	95	+18
布达佩斯	16	19	↑3	108	95	+13
布宜诺斯艾利斯	17			103		
斯德哥尔摩	18	23	↑5	101	89	+12
中国香港	19	15	↓4	99	112	−13
罗马	20	17	↓3	96	99	−3
东京	21			95		
赫尔辛基	22			92		
布鲁塞尔	23	13	↓10	91	117	−26
中国台北	24	22	↓2	83	90	−7
雅典	25	24	↓1	79	87	−8
中国上海	25			79		

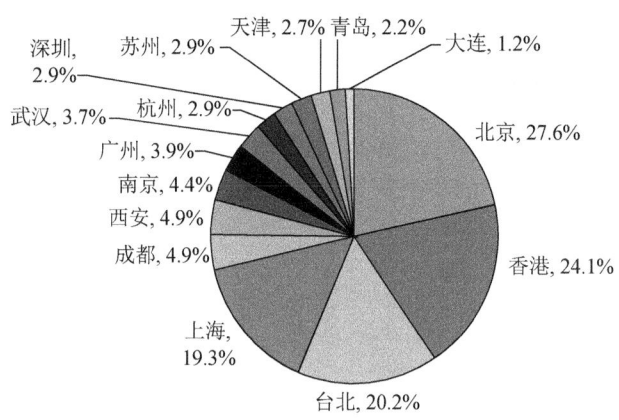

图12　2015年国内举办国际会议的城市分布情况

1. 接待国际会议数量情况

根据北京市2007—2015统计年鉴，北京市接待国际会议数量变化呈现出较为明显的周期波动情况（见图13）。2007—2015年，国际会议数量在0.5万~0.8万波动，波动幅度较大，变化率在-25%~40%。其中2007—2009年逐年下降0.1万个左右，降幅为14.3%和16.7%。2010年和2011年呈上升趋势，增长率分别为20%和33.3%。2011年是增长率最高的一年。2012年保持2011年的国际会议接待量。2013年迅速下降至0.6万个，下降率达到25%，是降幅最大的一年。2014年增长16.7%，达到0.7万个；而2015年重新下降28.6%，降至0.5万个。预计2016年会有小幅回升，重新回到0.6万个。

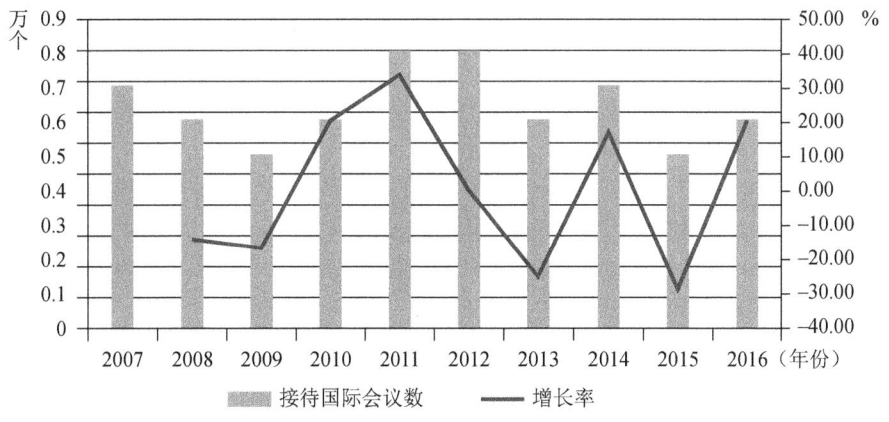

图13　2007—2016年北京市接待国际会议数量及增长率

2007—2015年，北京市接待的国际会议数量占会议总量的比例在2.3%~3.3%（见图14）。其中，占比最高的为2007年，达到3.3%。2008年国际会议占3%，稍低于2007年。2009年继续降至2.3%，即历史最低水平。2010—2013年维持在2.3%~2.8%。2014年快速回升至3.0%。2015年国际会议占比小幅下降，降至2.4%。预计2016年会有回升，增至2.5%。

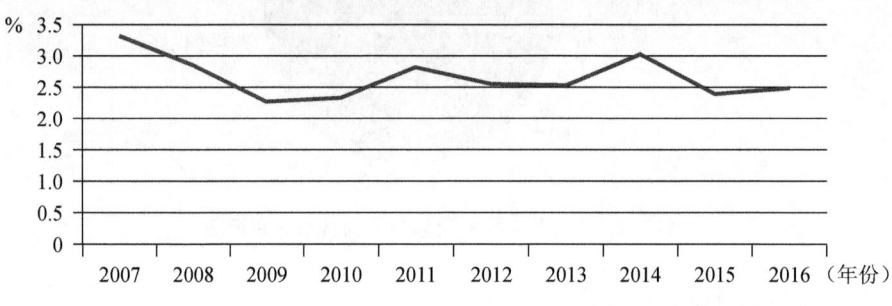

图14　2007—2016年北京市接待国际会议占总会议数量比例

2. 接待国际会议人数情况

2009—2015年北京市接待国际会议人数变化较大，主要在54.8万人至79.5万人，增长率在-19.4%~45.1%之间变化。2008—2009年比较平稳，接待国际会议人数在50~60万人。2010年突然增长到79.5万人，增长了45.1%，是近年来接待国际会议人数最多的一年，也是数量增长最迅速的一年。2011年在2010年的基础上减少了8万人，减少幅度为10.1%。2012年回归77万人，增长率为7.7%。2013年只接待62.1万人，增长率-19.4%，是负增长最严重的一年。2014年略有提升至64.4万人，增长率3.7%。2015年在2014年的基础上又下降了7.8%，达到59.4万人，预计2016年会有小幅增长，增长2%（如图15所示）。

2008—2016年，北京市接待国际会议人数占总会议人数的比例在3.5%~4.6%（如图16所示）。2011年前波动较大，2011年后趋于平稳增长。2008年国际会议人数占3.8%；2009年这一比例上升到4.1%；2010年上升到历史最高比例4.6%；2011年降至历史最低值3.6%；2012年回升到3.8%；2013年与2012年持平；2014年增长到3.9%；2015年与2014年持平；预计2016年仍会保持在3.9%左右。

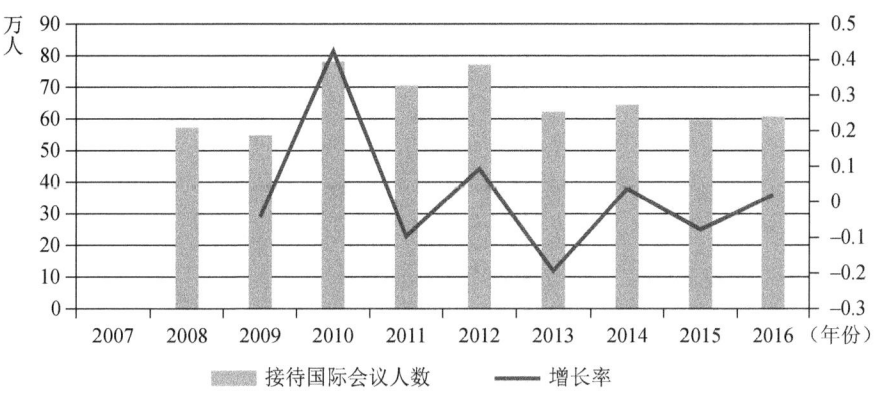

图15　2007—2016年北京市接待国际会议人数及增长率

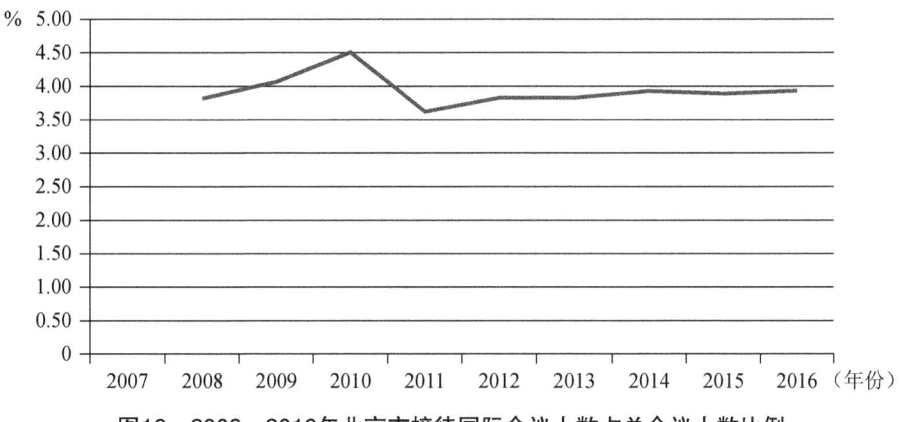

图16　2008—2016年北京市接待国际会议人数占总会议人数比例

3. 国际会议收入情况

2007—2015年北京市接待国际会议的年收入在3.7亿元至10.3亿元，波动范围较大（见图17）。2007年，北京市接待国际会议收入为6亿元。2008年这一数据降至5.6亿元，减少了6.7%。2009年继续大幅减少33.9%至3.7亿元。2010年突然上升至10.3亿元，涨幅达到178.4%，比2009年翻一番还多。此后几年，国际会议收入较为平稳，固定在10亿元上下。2011年，国际会议收入9.6亿元，降低了6.8%。2012年和2013年维持在9.4亿元。2014年上升9.6%，至10.3亿元，回到历史最高点。而2015年又迅速下降35%，降至6.7亿元。2016年有望在2015年的基础上增长12.5%，预计增至7.5亿元。

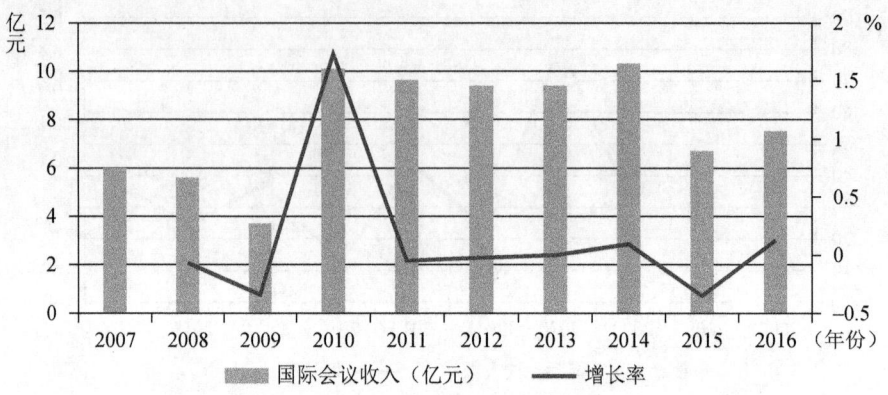

图17　2007—2016年北京市接待国际会议收入及增长率

2007—2016年，国际会议收入占北京市总会议收入的比例在4%~12%，最高值为11.2%，超过最低值5.2%的两倍还多。2007年是占比最高的一年，为11.2%；2008年降至7.8%；2009年持续下降至最低点5.2%；2010年回升到10.6%；2011年下降至7.7%；2012年继续略微下降至7.0%；2013和2014年分别上升至8.5%和10.1%。2015年国际会议占总会议收入比例又重新有所下降，降至6.9%。预计2016年会重新回升，升至8.3%（见图18）。

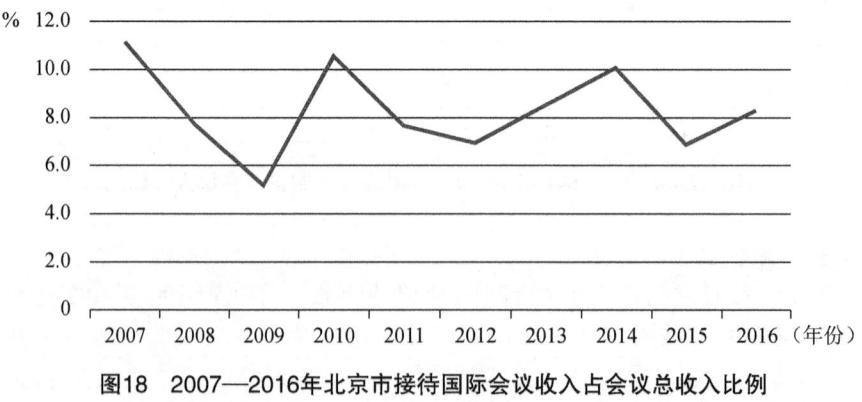

图18　2007—2016年北京市接待国际会议收入占会议总收入比例

二、北京会议市场的主要问题

（一）专业人才缺乏

会议的策划、筹备和组织实施非常复杂，想要承办好一个会议没有一个具有出色的项目管理能力的经理和一支专业的、高素质的团队是不可能的。此外,国际会议的举办还需要一大批精通外语,了解各国文化,熟悉国际会议申办和举办流程的高素质人才。当前会议行业从业人员的学历水平有所下降,究其原因在于近年来会议行业的快速发展,导致相关人才的供给无法满足市场需求。

(二)网络视频会议的冲击

与视频会议相比,传统的会议有很多难以克服的缺点。传统会议需要将大量的与会者从各地召集到会议举办地,由此产生的交通、餐饮、住宿和时间成本会成为参会企业一笔不小的开支。此外,大型会议的策划、筹备、组织、协调十分烦琐且具有很大的风险,甚至一个主要嘉宾的航班被取消就会导致整个会议的一连串调整。而网络视频会议不但可以实现传统会议在交流信息、磋商重要事项方面的需求,同时也非常方便、灵活和廉价。

由于网络视频会议这些独特的优势,我国的网络视频会议市场近年来实现了突飞猛进的发展。作为传统会议的替代产品,视频会议的蓬勃发展必然会对传统会议市场造成一定的冲击。未来,随着电子政务和企业信息化的进一步推进,网络视频会议市场必然还会保持持续快速的增长。

(三)监督管理体系不明

当前会议行业的发展存在多头管理、恶性竞争、发展思路和策略模糊等一系列问题。这些问题不是一个或者几个会议企业能够解决的,而是需要政府部门专门对北京市会议行业的发展策略与战略进行研究,对会议企业的市场行为进行适当的监管,根据会议企业发展所需的环境和配套设施要求对所涉及的交通、通信、旅游、商检、货物通关等业务和所涉及的部门进行协调。

(四)会议形式创新性不足

会议业作为一个新兴行业,目前就北京而言,举办的形式较单一,既定流程不易被打破,创新性有待提升。会议形式的多样性需要结合交通、宾馆、餐饮、购物、旅游文化交流、区域形象推介、商品交易和投资项目等内容进行一系列的创新改变。作为会展行业的一种,会议的形式创新也可以从展览及大型活动方面入手,如各种类型的博览会、展览展销活动、体育竞技运动、文化活动、节庆活动等。

三、北京会议市场的发展趋势

据 ICCA 的统计,亚洲会议城市排名中新加坡当属榜首,就中国而言,北京排名第一。这与城市的性质和功能有着密切的关系。北京作为全国政治文化中心,有着大量的市场需求,是会议和展览的最佳城市之一。

(一)国际化水平逐步提升

总体看我国会议产业保持政策的稳定性和连续性,管理逐渐完善,业内合作加强,市场空间拓宽,专业化程度提高,实现稳步增长,国际化水平也在逐步提升。北京作为中国会议集中地,势必会成为国际化会议所青睐的重要市场。

(二)市场发展稳定

目前北京会议市场的稳定发展主要得益于近些年来我国经济的持续快速发展。经济发展使得企业尤其是北京市的企业数量快速增加,从而导致会议需求的增加。另外,企业经济效益的提升也促进了企业购买会议的能力提高。北京中小企业的数量十分庞大,这些企业的会议将是一个非常庞大的市场,会议企业要重视针对中小企业的营销工作,以创新化、规模化、品牌化的营销策略促进会议业市场的稳定发展。

(三)会议的多样化发展

过去,人们召开会议仅仅为了交流信息和讨论重要事项等,这样的会议往往开得比较务实、简单和节约。而现在随着召开会议的目的越来越多元化,大量的会议除了要满足以上提到的最基本的需求外还要满足如作秀、休闲等需求,如新品发布会、年会等。此外,会议越来越多地和休闲娱乐联系在一起,与会者在会议期间的休闲娱乐、游览观光活动无疑会给会议企业带来可观的收入。

目前会议行业的联动效应越发显著,越来越多的企业重视运用奖励旅游的形式贯彻企业文化、培养团队精神、激励员工的工作热情。开展奖励旅游就要把员工聚到一起,顺带开个会议也是顺其自然。此外,很多社团会议都将旅游项目、会伴计划作为会议的卖点。娱乐休闲活动与会议的结合可以有效提高传统会议形式的竞争力。

四、针对北京会议市场的发展建议

近些年来,我国会议产业发展很快,成绩显著。会议组织者正走向专业化,会议策划与组织的效果越来越好;会议中心与会议酒店硬件设施快速改善,服务水平也进一步提高;作为第三方的专业会议公司更是有了突飞猛进的发展,行业发展水平不断提升。综合来看,我国会议产业目前正处于发展的转型时期。

（一）政府机构监督管理和指导

作为会展业的一个重要组成部分，会议行业的发展与展览、奖励旅游和节事活动的发展息息相关。因此，与其建立一个专门负责监管和指导会议行业发展的机构不如建立一个统筹会议业发展的机构，从而可以有效地安排会议业相关事宜。

1.建立会议业风险基金

会议业具有前期投资巨大、成本回收周期较长、不确定因素较多三大特点。这三个特点决定了举办会议的风险非常大，会面临自然灾害、社会动乱、环境污染、食品安全、交通状况以及诸多难以预料的事件。这些都可能导致前期投资数百万、经营了好几年的会议项目中途夭折或者出现巨额亏损。潜在的风险还会导致会议企业在投资的时候瞻前顾后、畏首畏尾，不利于品牌会议的建立，进而不利于会议行业的发展。

导致会议失败的各种因素就单个会议来讲是偶然性的，但是就北京会议市场来说，从大多数定律可以看到有一定的概率和规律可循。北京市作为我国的政治、文化、国际交往和科技创新中心，国际影响较大；人员分布集中，会议的举办可能造成局部地区的交通拥堵以及潜在的社会安全、环境污染等问题；同时，会议举办的审批流程相对复杂烦琐。相关部门可以通过会议企业和政府共同出资的形式发起设立会议行业风险基金，缴纳了风险基金的会议企业因为非经营管理不善而造成的损失可以获得风险基金的补偿，这样会大大降低会议企业的风险。由于展览和节事活动也和会议一样风险较大，因此他们也可以加入到这个风险基金中来。参与主体越多，基金数额越大则大数法则和规模效益越明显，对于风险基金的健康发展越有利。

2.加强业内企业竞争行为的监管与引导

面对激烈的市场竞争，目前大部分会议企业把如何在竞争中胜出、如何在当下和未来拥有更多的市场份额放在了首位，当一家会议企业以透支会议行业未来发展潜力的恶劣手段进行市场竞争的时候，其他会议企业会立刻以更恶劣、更危害会议行业的手段进行竞争，这对于整个行业来说，是非常不利的。为了避免恶性竞争对会议行业的伤害，有关部门必须对会议企业的市场竞争行为进行必要的监管和引导，保障会议行业在业内企业的竞争与合作中在正确的道路上发展。

3.科学制订北京会议业发展规划

北京市拥有大量的国内一流高校，拥有一批国内知名的学者，拥有许多从业经验丰富的会议企业，这些内在和外在因素都为政府制定北京会议业科学有效的政策提供了有利条件。政府应该根据北京市的经济社会状况、未来的发展目标以及北京市会议行业的现状和内在优势，在广泛征求企业和专家学者意见的基础上制定出科学的、完善的、可执行的行业发展规划和战略。

4. 打造北京会议业品牌优势

北京的会议企业在国际上受到新加坡、首尔、东京、吉隆坡等城市的严峻挑战，在国内同样面临与上海、广州、深圳、香港等城市的激烈竞争。因此，如何使北京的会议市场在激烈的竞争中凸显出来，这需要政府相关部门对北京市会议及相关行业的整体形象进行有效的宣传。

相关部门可以依据北京市会议行业的发展战略，依托北京会议行业和产业优势，采用丰富多样的宣传手段为北京的会议行业塑造良好的、独特的形象。根据实际情况的变化，历年的宣传内容和主题可以有所不同，但是每年的主题和内容必须具有传承性，必须要紧紧围绕北京的特色。

（二）发挥会议业行业协会作用

会议企业涉及酒店、会展公司、公关公司等不同类型、数量庞大的企业和组织。政府部门在制定政策的时候不可能和他们一一进行沟通，这么多企业的沟通、交流和协调也很难在政府的主导下有效地进行。为了解决这一问题，行业协会的建立就显得十分重要。

行业协会的作用主要体现在如下方面：制定行业规范，进行行业间的协调和管理；对业内单位的资质进行评定，实现行业自律；推动国内外会展信息交流和调研，提高会展市场的透明度；进行专业人才培训，提高会议的组织水平和管理水平；对行业的统计数据进行公正审核，向国家统计部门、宏观管理部门和经济研究部门提供真实的数据统计。

（三）加大会议专业人才的培养

对于会议专业人才的培养，需要从如下三个方面入手。

1. 加强在职人员专业技能培训

加强对在职人员的培训是提高会议从业人员素质的最有效手段。对于一线员工主要需要加强技能方面的培训，而对于项目经理或处在类似管理岗位上的员工则需要注重项目管理方面技能和知识的培养，对于会议企业的高管最主要的是加强经济学、管理学等学科的理论知识的培训，提高会议企业高级管理人员的战略决策水平以及对企业发展在宏观上进行把握的能力。

为了避免过高的员工流动率给会议企业带来的负面影响，同时也是为了解决优秀员工被挖走的后顾之忧，企业在对员工进行培训之前可以签订竞业禁止的协议。签订了协议的员工在接受培训之后一定年限内不得辞职去其他相关同类企业工作。

2. 扩大高校会议或者会展专业的招生规模

北京市作为高校和企业并行集中的城市，资源非常丰富。随着会议及会展行业的迅猛发展，政府及高校应当增加此类行业的招生规模。为了支持会议行业的发展，在北京市的高校中多开设一些与会议相关的专业，适当扩大这些专业的招生规模是十分有必要的，同时也扩大了学生的选择方面。目前各大高校开设会展专业的情况日益增多，应保持此趋势，多多吸纳人才并培养，形成良性循环。

3. 引进其他行业人才

北京会议企业要重视从其他行业吸引优秀人才从事会议工作。古话说"他山之石可以攻玉"，来自于其他行业的优秀人才以其独特的专业视角来研究会议行业，可能会产生很多独特的富有建设性的想法，这些想法可付诸实践。此外，在其他行业拥有资深经验的人才进入会议企业工作，也有助于会议企业开拓业务。因为会议企业的客户来自于各种各样的行业，不同的行业对于会议的组织都可能有自己独特的需求，因此如果会议企业的员工在此行业拥有广泛的工作经历无疑十分有助于会议企业理解客户的需求，提供最细致、最周到的服务。

参考文献

[1] 北京市统计局. 22-2 会议及展览活动情况.2008 北京统计年鉴. http://www.bjstats.gov.cn/nj/main/2008-ch/index.htm.

[2] 北京市统计局. 22-8 会议及展览活动情况.2009 北京统计年鉴. http://www.bjstats.gov.cn/nj/main/2009_ch1/index.htm.

[3] 北京市统计局. 22-10 会议及展览活动情况.2010 北京统计年鉴. http://www.bjstats.gov.cn/nj/main/2010_ch/index.htm.

[4] 北京市统计局. 22-10 会展业活动情况.2011 北京统计年鉴. http://www.bjstats.gov.cn/nj/main/2011_ch/index.htm.

[5] 北京市统计局. 22-10 会展业活动情况.2012 北京统计年鉴. http://www.bjstats.gov.cn/nj/main/2012_ch/index.htm.

[6] 北京市统计局. 22-9 会展业活动情况.2013 北京统计年鉴. http://www.bjstats.gov.cn/nj/main/2013_ch/index.htm.

［7］北京市统计局.22-9会展业活动情况.2014北京统计年鉴.http://www.bjstats.gov.cn/nj/main/2014_tjnj/index.htm.

［8］北京市统计局.22-11会展业活动情况.2015北京统计年鉴.http://www.bjstats.gov.cn/nj/main/2015-tjnj/zk/indexch.htm.

［9］北京统计局.22-9会展业活动情况.2016北京统计年鉴.http://www.bjstats.gov.cn/nj/main/2016-tjnj/zk/indexch.htm.

［10］ICCA.ICCA Statistics Report_2016. http://www.iccaworld.com/,2017-06.

［11］2016中国会展业十大新闻.http://wb.qdqss.cn/html/qdrb/20170217/qdrb226157.html. 2017-02-17.

［12］李智玲,周遊,王春才.北京会议产业集聚区的形成与发展研究.经济纵横,2009,12:73-75.

2016年北京展览业发展报告

刘 畅,臧立杰

前 言

2016年,中国展览市场开始由数量扩张向质量提升转变,展览业发展水平呈稳步提升态势。北京、上海、广州作为全国展览业的领头羊,始终引领全国展览业发展。多年来,北京积累了深厚的展览业资源,特色展会形成了强大的品牌影响力,然而,受场馆规模限制、非首都核心功能疏解等一系列因素影响,北京展览业进入发展瓶颈,在京津冀协同发展与雄安新区规划建设的背景下,北京展览业机遇与挑战并存。

本报告通过对2016年北京展览业发展现状、问题的分析,明确北京在全国范围内和京津冀区域范围内的定位,归纳总结北京展览业的发展趋势,在此基础上,提出北京展览业的发展建议。北京市应明确展览业发展思路,发挥京津冀展览业协同效应,理顺体制机制,破解瓶颈制约,提升展览业综合竞争力。

一、北京展览业发展概况[①]

2016年,北京市共举办经贸类展会264场,约占全国展览会总量的10%。从办展数量上来看,排名仅次于上海,列第二位。北京市展览会总面

[基金项目] 2016年北京旅游发展研究基地自设项目:四个中心建设背景下北京会展产业整合提升战略研究(LYFZ16C003)。

[作者简介] 刘畅(1987—),女,经济学博士,北京第二外国语学院经贸与会展学院讲师,研究方向为会展经济、消费经济,E-mail: echocharlotte@163.com。臧立杰,北京第二外国语学院旅游管理学院2014级学生。

① 本报告中所涉及的数据,除非特别说明,均来自中国国际贸易促进委员会发布的《2016中国展览经济发展报告》。北京市展览业数据统计对象为经贸类展览会。

积为586万平方米,约占全国展览会总面积的7%,排名在上海市和广州市之后,居于全国第三位。

(一)办展数量

2016年,北京市共有10个会展场馆举办了经贸类展会,其中中国国际展览中心(老馆)、国家会议中心、中国国际展览中心(新馆)、全国农业展览馆和北京展览馆五个场馆使用频率较高,五大场馆办展数量合计占比达到北京市办展总量的97%。

如图1所示,中国国际展览中心(老馆)办展85个,占北京市办展总量的32.2%;国家会议中心举办展会74个,占北京市办展总量的28.03%;中国国际展览中心(新馆)办展42个,占北京市办展总量的15.91%;全国农业展览馆举办展会27个,占北京市办展总量的10.23%;北京展览馆举办展会27个,占北京市办展总量的10.23%。此外,北京国际会议中心举办展会3个,北京九华国际会展中心举办展会2个,北京八达岭国际会展中心举办展会2个,国贸国际会展中心(光耀东方广场)举办展会1个,国贸国际会展中心(蟹岛)举办展会1个。

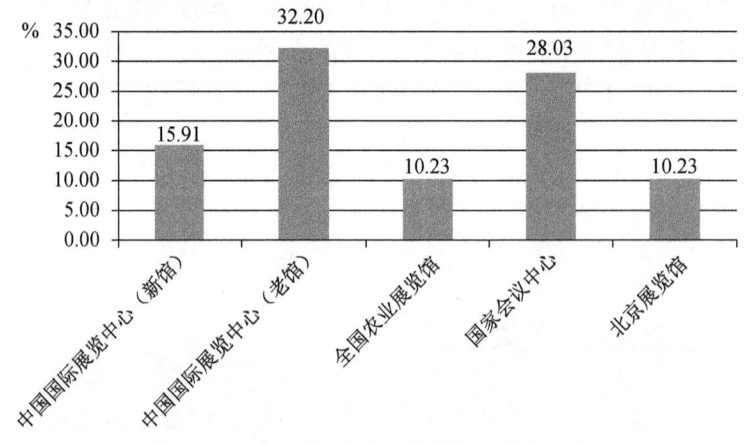

图1 2016年北京各主要展馆展会数量占比

(二)办展规模

2016年,北京市展览会总面积为586万平方米,较2015年增加了约66万平方米(见表1)。虽然办展规模有所增加,但对比上海、广州的情况可以发现,北京市展览面积的增长仍弱于其他两大会展城市,在展会总面积上与上海、广州的差距越来越大。

表1　2016年北上广办展规模

单位：万平方米

城市	2016年	2015年	增加值
北京	586	520.1	65.9
上海	1583	1511.55	71.45
广州	986	861.7	124.3

2016年，北京市大规模展会的承办能力较2015年持平，举办10万平方米以上展会10个（如表2所示），在大展举办能力上，与广州、上海的差距也在不断加大。2016年，全国共有31个20万平方米以上的展览会，其中上海市有11个，广州市有14个，北京市没有；158个10万平方米以上的展览会，其中上海市37个，广州市21个，深圳市14个，北京市仅有10个。

表2　2016年北京市10万平方米以上展会

序号	展会名称
1	2016第二十三届京正·北京孕婴童产品博览会
2	2016第十三届中国国际机床工具展览会
3	第二十一届中国（北京）国际墙纸墙布窗帘暨家居软装饰展览会
4	CIDE-2016第十五届中国国际门业展览会
5	2016第二十三届中国（北京）国际建筑装饰及材料博览会
6	2016中国国际云计算技术和应用展览会
7	2016（第十四届）北京国际汽车展览会
8	2016第22届中国国际汽车用品展览会
9	2016中国（北京）国际建筑工程新技术、新材料、新工艺及新装备博览会
10	第二十七届"国际制冷、空调、供暖、通风及食品冷冻加工展览会"

（三）行业类型

2016年，北京市所举办的展会项目以工业和服务业展会为主，服务业展会数量最多，为103个，占总量的39.02%；轻工业和重工业展会数量分别为85个和62个,分别占总量的32.20%和23.48%;农业展会和专项展会数量较少,分别为9个和5个,占总量的3.41%和1.89%(见图2)。

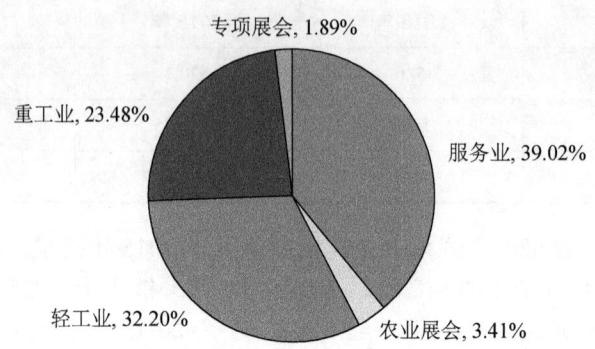

图2 2016年北京市展会产业分布

细分行业中,体育休闲娱乐、食品饮料和消费品类展会项目最多,数量分别为33个、26个和21个,第二梯队的展会项目为医疗健康(15个)、建筑建材(13个)、交通物流(13个)和机电类(11个)展会,展会项目数均超过了10个(见图3)。与往年相比,2016年,北京市食品饮料和消费品类展会占比较大的特征延续了传统的展会行业分布规律,不同之处在于化工/能源、工业/机械类展会数量及所占比重较往年呈下降趋势。可见,在北京市城市功能和产业定位不断明确的背景下,展会的行业呈现出相应的变化特征;另外,受制于场馆条件限制,需要10万平方米以上大型会展场馆支撑的展会项目离开北京,现有的展会及其行业分布是展会与城市双向选择的结果。

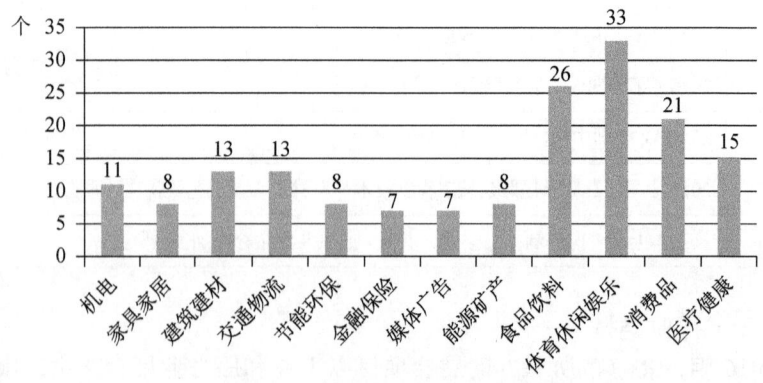

图3 2016年北京市主要细分行业展会数量

北京市所具备的较强的国际影响力和市场辐射力优势依然存在,未来展会的"服务业展会化"导向将日趋明朗,文化创意类、教育培训类、高端消费品行业类、医疗类等类型的展会将逐渐取代重工业类展会成为主流。

(四)场馆利用

如表3所示,北京市10个举办经贸展会的场馆中,仅有中国国际展览中心(新馆)可租用面积达到了10万平方米,该场馆的展会平均面积达到60 186平方米,其他场馆所举办的展会平均面积均在2万平方米以下。北京九华国际会展中心虽然可租用面积达到了7万平方米,但使用率较低,全年仅有两场医疗保健类展会。北京国际会议中心由于可租用面积仅有5500平方米而只能承办小规模展,该场馆所举办的3个展会平均面积仅为4500平方米。

表3 2016年北京市会展场馆办展情况

序号	场馆名称	可租用面积(平方米)	展会数量	展会平均面积(平方米)
1	北京展览馆	30 000	27	15 923
2	国家会议中心	40 000	74	19 607
3	全国农业展览馆	25 000	27	12 643
4	中国国际展览中心(老馆)	60 744	85	17 226
5	中国国际展览中心(新馆)	106 800	42	60 186
6	北京国际会议中心	5500	3	4500
7	北京九华国际会展中心	70 000	2	14 000
8	北京八达岭国际会展中心	10 000	2	10 000
9	国贸国际会展中心(光耀东方广场)	16 000	1	5000
10	国贸国际会展中心(蟹岛)	40 000	1	7000

对比2015年情况可以发现,中国国际展览中心(老馆)办展数量占比基本没有发生变化,保持在30%以上,国家会议中心和中国国际展览中心(新馆)办展数量占比较上年有较大提升,在北京展览格局中的重要程度有所增强(见表4)。全国农业展览馆办展数量所占比重由2015年的14.46%下降到2016年的10.59%,是五大场馆中唯一一个办展数量下降的场馆。

表4 北京市主要展览场馆展会数量占比

	2016	2015
中国国际展览中心（老馆）	33.33%	31.33%
国家会议中心	29.02%	19.76%
中国国际展览中心（新馆）	16.47%	8.67%
北京展览馆	10.59%	7.71%
全国农业展览馆	10.59%	14.46%

（五）时间分布

2016年，北京市展览会仍体现出较强的"季节性"特征，即1—2月、12月办展数量较少，分别为7个、5个和7个，而在3月到7月、9月到11月出现两个办展数量高峰期，全年办展数量最多的月份是6月（见图4）。结合2015年的情况比较分析发现，两年间，办展时间分布存在以下相同之处：第一，1—2月、12月为办展淡季；第二，8月办展数量出现大幅减少；不同之处在于，2016年1月和12月办展数量明显低于2015年。

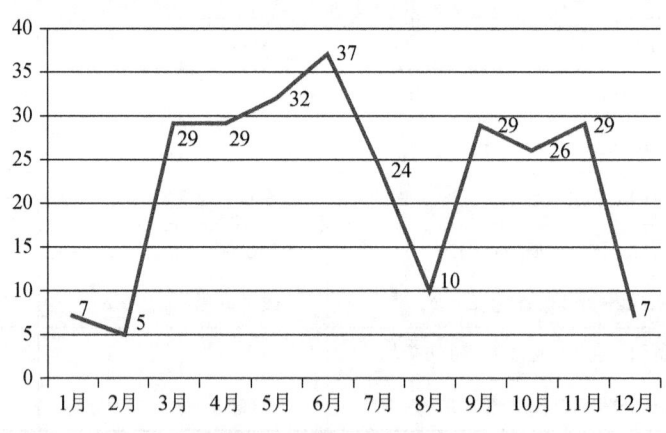

图4 2016年各月北京市主要展馆展览会数量

就各场馆展会月份分布情况来看（见表5），1月和12月仅有国家会议中心和全国农业展览馆有展会举办，2月国家会议中心、中国国际展览中心（新馆）和北京展览馆有展会举办，其他各月五大场馆都有展会举办。总体看来，北京市办展的"淡旺季"特征延续以往规律，3月到7月、9月到11

月办展数量平稳,值得注意的是,冬季市场惨淡的现象有所加剧,随着北京市所举办展会"综合性""服务化"程度的提高,这一现象将有望打破。

表5 2016年北京市主要展馆各月展会数量

单位:个

月份	1	2	3	4	5	6	7	8	9	10	11	12	合计
国家会议中心	3	2	10	8	8	13	8	1	7	6	2	6	74
中国国际展览中心	0	0	8	8	7	11	11	4	11	12	13	0	85
中国国际展览中心(新馆)	0	2	8	4	9	4	2	1	5	4	3	0	42
北京展览馆	0	1	1	2	5	5	2	3	3	1	4	0	27
全国农业展览馆	3	0	2	7	3	2	0	1	1	2	5	1	27

(六)国际影响力

经过多年的资源积累和品牌培育,在京举办的国际汽车、机床工具、工程机械、服装服饰、冶金铸造、石油石化、制冷设备、信息通信、建筑材料、灯光音响乐器展等一批专业技术展览会已成为亚洲乃至全球的行业名展。北京的UFI认证(经全球展览业协会认证)企业机构数居全国首位,UFI认证展会数量在全国名列第二位,展现出北京展览业较强的国际影响力。

2016年,中国内地共有UFI认证会员100家,其中29家是北京的企业或机构,北京市是全国UFI认证机构最多的城市,在办展组织能力上具有绝对优势(见表6)。

表6 2016年北京市UFI认证企业或机构

序号	企业或机构名称
1	北京亚洲机械国际会议展览公司
2	北京国际会议展览业协会
3	北京国际展览中心
4	北京振威展览有限公司
5	资本展览服务
6	中国贸促会建材分会

续表

序号	企业或机构名称
7	中国贸促会化工行业分会
8	中国展览馆协会（CAEC）
9	中国国际会展杂志
10	中国国际展览中心（集团）有限公司（北京）
11	商务部投资促进事务局
12	中国国家会议中心（CNCC）
13	中国国际展览和会议中心
14	高美爱博（中国）
15	美国克劳斯公司—北京
16	中国轻工业展览中心
17	艾特怡国际会展服务（北京）有限公司
18	京慕国际展览有限公司
19	科隆国际展览有限公司（北京）
20	励展博览集团
21	励展博览集团大中国区总部
22	励展博览集团ISG中国
23	励展光合展览有限公司
24	励展华博展览（北京）有限公司
25	励展华群展览有限公司
26	国药励展展览有限公司
27	励展旅游展览有限公司
28	博闻中国（北京）
29	雅森国际展览有限公司

资料来源：中国会展经济研究会，2016年中国展览数据统计报告。

2016年，全国共有UFI认证展会80个，其中北京市有UFI认证展会14个，排名位于上海（20个）之后，位列全国第二（见表7）。

表7 2016年北京市UFI认证展会项目

序号	展会项目名称
1	北京国际航空展
2	中国（北京）国际工程机械建材机械及矿山机械展览与技术交流会
3	北京国际印刷技术展览会
4	中国国际服装服饰博览会
5	北京汽车用品展
6	中国国际机床工具展览会
7	中国国际安全生产及职业健康展览会
8	中国（北京）国际商务及会奖旅游展览会
9	中国石油化工技术装备展览会
10	国际医疗仪器设备展览会
11	中国国际铸造博览会
12	中国国际信息通信展览会
13	国际电力设备和技术展览会
14	中国国际集约化畜牧展览会

资料来源：中国会展经济研究会，2016年中国展览数据统计报告。

二、北京展览业发展问题

数据分析显示，北京市办展数量虽然稳居全国城市排行榜的第二位，但是北京市展会总面积和展会平均面积较小，承办大展能力较弱，部分展会流失，展览经济缺乏新的增长点。造成上述现象的原因主要可以归结为以下两个方面。

（一）场馆设施不完善

2016年，北京会展场馆的规模与设施条件较2015年相比没有任何改善。

会展场馆规模小，配套设施不健全已经成为导致北京市所举办的展览会平均面积较小，难以吸引大展入驻的一个主要原因。

如前所述，北京展览场馆普遍单体规模较小，仅中国国际展览中心（新馆）总可租用面积超过了10万平方米。然而，中国国际展览中心（新馆）位于顺义区，距离市中心较远，场馆周边住宿餐饮、休闲娱乐设施配套不健全，给参展商和观众带来了较大不便，对举办大型综合会展活动尤其是国际展形成较大制约。全国农业展览馆、北京展览馆等传统展馆在设施条件和服务能力等方面均不适应现代化展览的要求。国家会议中心、中国国际展览中心（老馆）等旺季档期紧凑，展会需提前一两年预订场地，一些知名展会由于难以落实展览场馆或场馆档期安排不理想，不得不转移到其他城市。

（二）政策体制不健全

首先，展览业行业主管工作机制不明确。会展业一直未作为一个独立的行业进行管理，没有形成统筹协调的会展业管理体制，没有明确管理的牵头部门。北京会展业目前仅有贸促会及有关机构成立的北京国际会议展览业协会。实际工作中，对展会实行分类管理和分级管理相结合的办法，由商务、科技、文化、教育等多部门及贸促会分别对经贸、科技、文化、教育等领域的展会进行审批，工商、公安、消防、城管等多个部门从各自职能角度参与事中监管。各部门间缺乏必要的沟通和协调机制，政策把握和审批标准不尽一致。会展业管理体制不明确导致无法推行有效的行业规范。

其次，展览业管理服务政策欠缺。上海、广州等地区已经颁布实施了会展行业的地方性法规措施，但北京在投资建设场馆、改善会展环境、设立专项资金支持等方面的扶持政策不完善，奖励扶持资金落实时间相对滞后，行业发展活力不足。

三、北京展览业发展定位

（一）北京在全国的定位

北京在全国范围内办展能力仍处于第一梯队，但受制于会展场馆规模较小限制，北京市大展承办能力较弱，且展览业增长潜力不足。

在办展总量上和场馆数量上，北京市都紧随上海之后，位列全国第二。2016年，上海市举办经贸类展会390个，北京市举办经贸类展会264个；

上海市拥有会展场馆 11 个，北京市拥有会展场馆 10 个。但从增长水平上来看，北京市呈现出明显的劣势，北京市 2016 年举办经贸类展会数量较上年减少 16 个，与此同时，上海市举办展览会数量较上年增加 8 个，这也使得北京市办展数量与上海市办展数量的差距开始拉大。

北京市会展场馆规模较小，北京市仅有的 10 万平方米以上场馆——中国国际展览中心（新馆）在全国范围内规模排在第 16 位，缺乏大规模场馆导致北京市大展承办竞争力薄弱。从展馆总可租用面积上来看，上海市展览馆室内可租用总面积约为 86 万平方米，占全国总量的 9%，居于首位；广州市展览馆室内可租用总面积约为 66 万平方米，占全国总量的 7%，居于次席；北京市展览馆室内可租用总面积约为 40 万平方米，约占全国总量的 4%，居第三位。受制于场馆规模，北京市所举办的展会平均面积为 2.4 万平方米，远低于上海市的 4.0 万平方米和广州市的 4.9 万平方米。展会总面积也与上海、广州存在较大差距，2016 年上海市展览会总面积约为 1583 万平方米，广州市展览会总面积约为 986 万平方米，北京市展览会总面积约为 586 万平方米，不及上海的 40%。

中国会展经济研究会对 120 个行业类别的 TOP3 展览统计分析显示出类似的结果，376 场各类别 TOP3 展会中有 99 场在上海市举办，占总量的 26.3%，41 场在北京市举办，占总量的 10.9%。在 TOP3 展会数量上，北京市仅次于上海，排名第二位。但从面积上来看，上海举办的各细分行业 TOP3 展会面积最高，为 1008 万平方米，占比 29.7%，广州紧随其后，展会面积为 746 万平方米，占比 22%，北京市展会面积为 301 万平方米，占比 8.9%，同样印证了北京市在大规模展会承办能力上所展现出的弱势。

（二）北京在京津冀的定位

北京展览业在京津冀范围内首位特征明显，体现在以下两方面。

1. 京津冀地区会展场馆情况

如图 5 所示，北京市中心城区会展场馆分布密集度最高。虽然北京市存在缺乏大规模展馆，既有展馆规模较小的问题，但在京津冀范围内，北京在展馆数量和规模上仍表现出明显的优势。2016 年，北京市使用中的会展场馆共 10 个，总可租用面积 40.4 万平方米。河北省会展场馆的单体规模普遍小于北京市。河北省共有 10 个会展场馆，分布在廊坊市、石家庄市、沧州市、唐山市、邯郸市、衡水市 6 个城市。10 个展馆的总可租用面积 16.22 万平方米，其中可租用面积在 2 万~3 万平方米的展馆 4 个，可租用面积在 1 万~2 万平方米的展馆 3 个，可租用面积 1 万平方米以下展馆 3 个。最大的廊坊国际会议展览中心可租用面积3万平方米,最小的任丘会展中心可租用面积仅为2000平方米。较小的场馆规模决定了河北省不具备承办大规模展会的能力。天津市会展场馆的特征体现为场馆总量少但单体面积大,天津市有会展场馆3个,总可租用面积22.5万平方米,其中梅江会展中心可租用面积15万平方米,天津滨海国际会展中心可租用面积4万平方米,天津国际展览中心可租用面积3.5万平方米。

图5　京津冀会展场馆分布情况

2. 京津冀地区展览会情况

2016年,北京市举办经贸类展会264场,是天津市办展数量的5倍多。长期以来,京津冀展览业以北京为集聚中心的特征并未改变。天津市、廊坊市、石家庄市处于第二梯队,2016年分别举办经贸类展览会50场、35场和32场。沧州市、唐山市、邯郸市、衡水市构成京津冀展览业的第三梯队,沧州市和唐山市2016年各举办经贸类展会6场,邯郸市、衡水市2016

年分别举办经贸类展会 3 场和 1 场（见表 8）。

从京津冀各城市办展规模来看，只有北京市和天津市办展总面积超过了 100 万平方米，但天津市展会面积仅为北京的 36%，河北省各城市中，廊坊和石家庄办展规模较大，办展总面积分别为 54.95 万平方米和 31.79 万平方米。

从展会平均面积上来看，天津市举办的展览会平均面积最大，为 4.2 万平方米，北京市展会平均面积为 2.4 万平方米。在京津冀地区唯一的 15 万平方米会展场馆——天津梅江会展中心的承载力支撑下，天津市具备承接大规模展览的实力。

表8　京津冀城市展览会情况

序号	城市	展会数量	展会面积（万平方米）	展会平均面积（平方米）
1	北京	264	586	23 759
2	天津	50	212	42 480
3	石家庄	35	31.79	9083
4	廊坊	32	54.95	17 172
5	沧州	6	6.54	10 900
6	唐山	6	10.94	18 233
7	邯郸	3	2.5	8333
8	衡水	1	1.5	15 000

四、北京展览业发展趋势

（一）由中心向外围扩展

许玉玲（2014）[1]等认为，在中国国际展览中心（新馆）投入使用之

---

[1] 许玉玲，柳坤，张蕾，郑美丽.北京市展览业时空分异特征［J］.首都师范大学学报（自然科学版），2014（6）：87-94.

前，北京市的会展场馆分布体现为在四环以内的单核集聚结构。随着新国展的落成，北京展览场馆单核结构的特征不再明显。根据朱海森（2004）[①]、王云龙（2005）[②]等学者的研究，随着城市空间扩展，会展资源会由城市中心向边缘地区扩展，呈现由大城市市区向市区外围地带扩散的布局规律。在京津冀协同发展，雄安新区建设的背景下，北京周边地区无论是在交通便利性还是在住宿餐饮、休闲娱乐、物流服务等方面的资源条件都会得到显著提升，将为会展业的发展提供良好的条件。因此，在向内发展空间严重受限的条件下，北京展览业的发展必然要向外扩展，寻求更大的发展空间。

（二）由单核集聚向网络集聚发展

根据张玲（2013）[③]、任国岩（2014）[④]等的研究结果，在一定的区域内，会展业的发展经历"单核心—点轴集聚—网络集聚"的发展阶段。如图6所示，结合展会数量与规模分析发现，除了北京市这一绝对的"集聚中心"外，规模在3万平方米以上的展会都分布在"北京—廊坊—天津"的链条上。北京、廊坊、天津连片发展趋势明显。此外，在河北省南部，石家庄市是办展数量最多的城市，但受周边城市（保定、衡水、邢台）展览业发展水平薄弱的影响，石家庄市展览业突围困难。考虑到未来随着雄安新区的建设，资金流、物流、信息流将快速在北京西南方向集聚，盘活保定乃至石家庄市的资源，未来石家庄市将可能纳入到"北京—雄安—石家庄"的展览业发展链条上。总而言之，北京市的展览业发展格局将由目前的单核集聚向着"网络集聚"的格局转变，京津冀展览网络将沿着"北京—天津""北京—雄安"两个方向布局形成。

---

① 朱海森.海外会展业空间布局的研究及启示——以德国、香港为例[J].人文地理，2014（10）：93-96.

② 王云龙.关于会展经济空间运动形式的分析——以北京、上海与广州三地为例[J].人文地理，2005（4）：26-30.

③ 张玲，邬永强.广州市会展旅游产业集聚过程及形成机理研究[J].人文地理，2013（2）：111-116，153.

④ 任国岩，长三角会展场馆空间集聚特征及影响因素[J].经济地理，2014（9）：86-92.

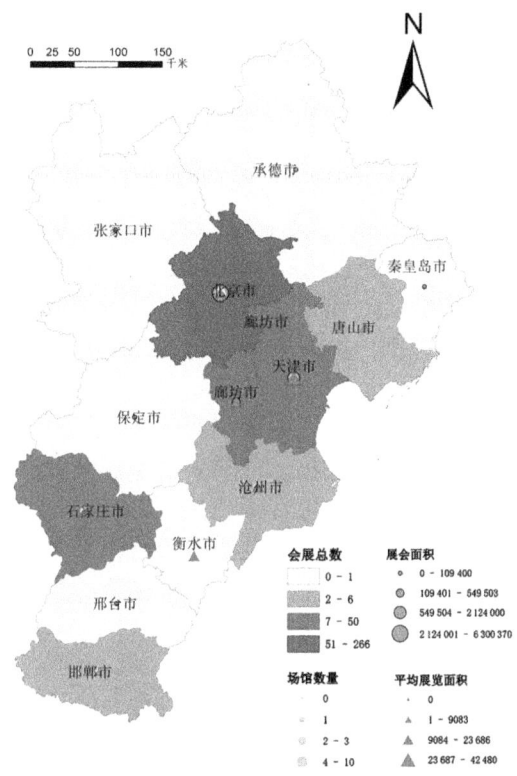

图6 京津冀地区展览会分布情况

五、北京展览业发展建议

(一)明确发展思路

北京展览业的发展应紧密围绕"政治中心、文化中心、国际交往中心、科技创新中心"的城市功能展开。应基于北京展览业的发展水平在全国范围内和京津冀城市群内的定位,明确发展思路。《北京市"十三五"时期旅游和会展业发展规划》提出了"构建国际会展中心城市、中国会展的引领者、京津冀会展业的主导者"的总体定位,依托首都和总部经济优势,北京展览业应向着"高精尖"和"国际化"方向发展,以文化创意类、科技创新类、新兴产业类、教育培训类、高端消费品类、医疗类等展会项目为重点,在"政府引导、市场运作"的原则下,发展高精尖特色会展项目。

借助"一带一路"国家发展战略，开拓国际市场，加速与国际展览集团的合作，提升展会的国际影响力。结合互联网信息技术，整合各新兴渠道手段开展展会营销，加快北京大型品牌展会"走出去"步伐，大幅提升境外组展办展能力。

（二）促进协同发展

2016年10月，在石家庄市召开的"京津冀会展产业协同发展大会"上，北京、天津、河北三省市会展行业协会发起建立京津冀共同打造会展品牌，跨省联动，合作共赢的会展产业平台的倡议。在京津冀协同发展、雄安新区建设的政策背景下，会展业的协同发展已成为必然趋势。北京市会展业应强化在京津冀地区的龙头地位，本着与周边城市"优势互补、错位发展"的原则，整合津冀资源，弥补北京短板。以天津、河北已建和筹建的大型场馆及配套设施缓解会展场馆设施、交通、生态环境及会展成本等因素给北京会展业发展带来的制约，将大规模展览逐渐转出到天津、河北，以此为契机，实现北京会展业的借势转型升级。推进京津冀地区会展业整体发展水平的提升，扩大区域会展业总体容量，加强京津冀会展经济产业集群的整体竞争力。

（三）完善体制机制

坚持以"政府与市场"双重动力共同推动会展业发展。发挥政府引导作用，通过政府购买服务、PPP模式、委托经营等多种方式，扩大会展业供给；加快市场化进程，引入市场机制，综合运用财税、金融、产业等政策鼓励会展经济市场化发展，发挥市场配置资源的基础性作用，调动行业协会和相关企业承办、联办展会的积极性。

借鉴国际认证模式，加快建立完善会展认证评估体系，提升会展业发展质量。充分利用政府资源和社会资源，为展会活动提供公共交通、一票通、公益广告、交通标识等全方位服务。建立专业化的行业服务体系和企业服务体系，搭建行业服务平台，做好服务和协调工作，提升展前、展中、展后的系列化、立体化、多元化服务的质量和水平。

（四）提升硬件水平

积极开展中心城区内展览场馆的改造、升级工程，改善周边环境及服务配套，完善会展服务业态。根据现代化国际化的展览需求，提高场馆的科技含量与信息化水平，为会展活动提供各种高水平的信息化和智能化服务。推动场馆设施实现智能信息服务，搭建"微展厅"，构建展会产品发布平台，提高参展效益。构建展会移动应用平台，整合展商产品信息，建立专业的展会信息实时交流平台，提供新型的信息化服务，帮助客户获取会展信息、管理观展行程，提供展馆周边及馆内的地图导航服务，提供社交分享交流平台，提供移动电子商务功能，为展商提供精确营销服务，以智慧会展推进北京会展业的转型升级。

参考文献

［1］中国国际贸易促进委员会.2016中国展览经济发展报告.2017.

［2］中国会展经济研究会.2016年中国展览数据统计报告.2017.

［3］北京市旅游发展委员会，北京市发展和改革委员会.北京市"十三五"时期旅游和会展业发展规划.2016.

［4］许玉玲，柳坤，张蕾，郑美丽.北京市展览业时空分异特征.首都师范大学学报（自然科学版），2014（6）:87-94.

［5］朱海森.海外会展业空间布局的研究及启示——以德国、香港为例.人文地理，2014（10）：93-96.

［6］王云龙.关于会展经济空间运动形式的分析——以北京、上海与广州三地为例.人文地理，2005（4）：26-30.

［7］张玲，邬永强.广州市会展旅游产业集聚过程及形成机理研究.人文地理，2013（2）:111-116，153.

［8］任国岩.长三角会展场馆空间集聚特征及影响因素.经济地理，2014（9）：86-92.

第五板块——专项篇

我国医疗旅游行业发展报告

雷 铭,邓素葭,张 超

一、引言

随着社会人口老龄化问题加剧以及医疗成本的飞涨,民众的保健意识不断增强,由健康和观光结合在一起的医疗旅游(Medical Tourism)正在全球掀起新一轮热潮。根据世界卫生组织的预测,到2022年,旅游业将占到全球GDP的11%,健康产业占到12%。旅游业和健康产业在未来发展中对人类生活以及整个经济发展起着关键作用,医疗旅游则是这两大产业的有机结合。目前,全球医疗旅游市场总体约为600亿美元,每年市场消费约为210亿美元(Pafford, 2009),年增长率为20%~30%(Macready, 2007)。医疗旅游游客消费约为一般游客的两倍以上,是全球成长最快的行业之一。作为一项高收益的专项细分市场和利基市场(Connell, 2006, 2013),医疗旅游即将成为我国未来健康产业的重要组成部分和新的经济增长点之一。为了促进我国医疗旅游发展,国家和地方层面都在积极布局。2016年颁布的《"健康中国2030"规划纲要》提出要"制定健康医疗旅游行业标准、规范,打造具有国际竞争力的健康医疗旅游目的地",致力于加快推进旅游与健康产业的融合发展。北京、上海、海南、云南、广西、陕西等多个地区

[基金项目] 北京市社会科学基金青年项目(15JDJGC008),北京市教育教学改革项目(京津冀养老与健康产业管理人才协同培养机制研究)。本研究报告部分内容已发表于《中国卫生政策研究》。
[作者简介] 雷铭(1984—),河北辛集人,博士,专业硕士生导师,主要研究领域为健康心理学与认知神经科学,主持和参与多项国家级和省部级课题。邓素葭(1994—),湖南怀化人,北京第二外国语学院酒店管理学院硕士研究生,研究方向为:旅游和酒店市场营销。张超(1976—),江苏常熟人,博士,教授,主要研究领域为旅游经济学、健康经济学、市场营销。

也相继推出了促进医疗旅游发展的政策。

国内外关于医疗+旅游的表述很多，包括医疗旅游（medical tourism）、健康旅游（health tourism）等。相对而言，健康旅游的范畴更广，即"任何可以使自己或家人更健康的旅行方式"，如海水浴、温泉浴、按摩、美容等都属于这一内容。概括起来，健康旅游可分为医疗旅游和养生旅游两大市场。医疗旅游是在健康旅游中演化出来的一个细分市场，在内容上侧重于侵入性手术、医疗诊断等内容，也包括减肥、抗衰老等项目。本文采用世界旅游组织（World Tourism Organization）对医疗旅游的界定：以医疗护理、疾病与健康、康复与休养为主题的旅游服务。具体来说，指人们由于常住地的医疗服务不够完善或者太昂贵，在异地（尤其是异国）实惠、特色的医疗、保健、旅游等服务或活动的吸引下，到异地接受医疗护理、疾病治疗、保健等医疗服务与度假、娱乐等旅游服务的过程（刘庭芳，等，2016；张文菊，杨晓霞，2007）。

我国拥有丰富的旅游资源和世界级的医疗资源，并且传统中医药优势明显，具有发展医疗旅游得天独厚的优势。但是，目前我国医疗旅游发展却相对落后。虽然中医旅游开拓了部分市场，但尚处于混乱、无序的发展状态，缺乏明确的细分市场定位和消费需求调查，未能推出有针对性的产品开发和营销策略，医疗旅游利益相关者如中介组织等待培育，标准规范和法律法规体系不健全等问题凸显。为此，本研究试图在全面了解国内外研究现状，特别是在对医疗旅游市场特征和消费需求进行科学分析的基础上，提出有针对性的建议，以促进我国健康医疗旅游产业的良性发展。

二、我国医疗旅游发展现状

目前全球已有100多个国家和地区开展医疗养生旅游，美国斯坦福研究机构2012年的调查数据显示，预计到2017年医疗旅游产业将带来6785亿美元收入，占世界旅游总收入的16%。我国是旅游资源大国，同时又拥有以中医药为特色的极为丰富的医疗资源。目前中医药已经传播到183个国家和地区。国家旅游局、国家中医药管理局2016年7月下发《关于开展国家中医药健康旅游示范区（基地、项目）创建工作的通知》，目标是用3年左右时间，在全国建成10个国家中医药健康旅游示范区，100个国家中医药健康旅游示范基地，1000个国家中医药健康旅游示范项目。

随着我国经济快速发展，国民收入增加，带薪年假制度的落实，旅游发展逐步从单纯的观光旅游转型为观光、休闲、度假复合体验旅游，加之新医改的出台，这些都为我国医疗旅游的发展提供了良好的条件和坚实的保障。目前，北京、海南、广东、四川等地已经在全国范围内率先探索医疗旅游的发展，例如，海南提出了打造国家级中医康复保健旅游示范基地的计划，并开始打造"医疗健康养生天堂"。医疗旅游的市场规模从2010年的139亿元激增到2014年的408亿元（见图1），预测到2020年中国健康服务业总规模将达到8万亿元，成为新的经济增长点。浙江省提出将会大力发展医疗旅游这一新业态，力争将海宁市打造成医疗旅游的领航者。2017年6月8日，经国家卫计委会同国家发展改革委、财政部、国家旅游局、国家中医药局研究，拟同意海南三亚市、海南博鳌乐城国际医疗旅游先行区等13家单位，开展首批健康旅游示范基地创建工作。13家全国首批健康旅游示范基地分别为天津健康产业园、河北秦皇岛市北戴河、上海新虹桥国际医学中心、江苏泰州市姜堰区、浙江舟山群岛新区、安徽池州市九华山、福建平潭综合实验区、山东青岛崂山湾国际生态健康城、广东广州南沙新区、广西桂林市、海南三亚市、海南博鳌乐城国际医疗旅游先行区、贵州遵义市桃花江。

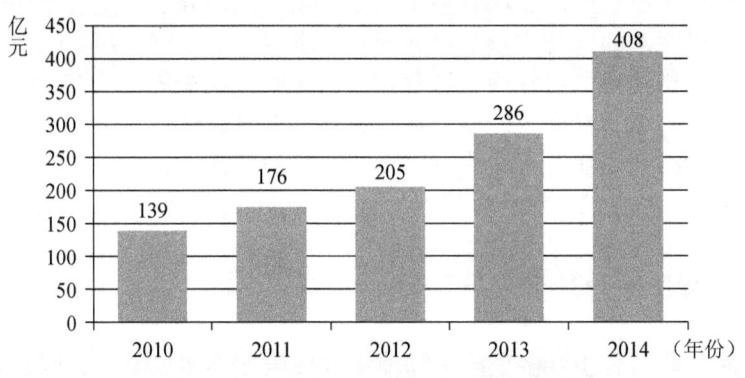

图1　2010—2014年中国医疗旅游市场规模

资料来源：中投顾问产业研究中心。

近几年来，各政府部门也相继出台了《关于加快发展旅游业的意见》《关于进一步鼓励和引导社会资本举办医疗机构的意见》和《关于促进旅游业改革发展的若干意见》等重要政策（见图2），同时"十三五"期间我国面临着加快推进旅游产业转型升级的问题，发展以康复疗养为主要内涵的医疗保健旅游新型产业，将成为未来旅游产业发展的一个重要趋势。

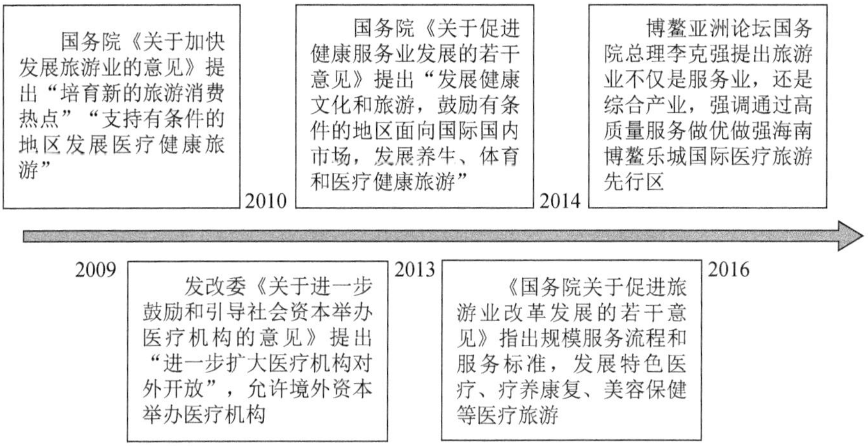

```
┌─────────────────┐  ┌─────────────────┐  ┌─────────────────┐
│ 国务院《关于加快 │  │ 国务院《关于促进 │  │ 博鳌亚洲论坛国务 │
│ 发展旅游业的意见》│  │ 健康服务业发展的 │  │ 院总理李克强提出 │
│ 提出"培育新的   │  │ 若干意见》提出    │  │ 旅游业不仅是服务 │
│ 旅游消费热点"   │  │ "发展健康文化和  │  │ 业,还是综合产业, │
│ "支持有条件的   │  │ 旅游,鼓励有条件  │  │ 强调通过高质量服 │
│ 地区发展医疗    │  │ 的地区面向国际国内│  │ 务做优做强海南博 │
│ 健康旅游"      │  │ 市场,发展养生、  │  │ 鳌乐城国际医疗旅 │
│                │  │ 体育和医疗健康旅游"│  │ 游先行区        │
└─────────────────┘  └─────────────────┘  └─────────────────┘
                        2010                   2014
─────────────────────────────────────────────────────────────→
2009                    2013                  2016
        ┌─────────────────┐  ┌─────────────────┐
        │ 发改委《关于进一步│  │《国务院关于促进  │
        │ 鼓励和引导社会资 │  │ 旅游业改革发展的 │
        │ 本举办医疗机构的 │  │ 若干意见》指出规模│
        │ 意见》提出"进一步│  │ 服务流程和服务标准│
        │ 扩大医疗机构对外 │  │,发展特色医疗、  │
        │ 开放",允许境外   │  │ 疗养康复、美容保健│
        │ 资本举办医疗机构 │  │ 等医疗旅游      │
        └─────────────────┘  └─────────────────┘
```

图2　2009—2016年国家出台促进医疗旅游市场的主要政策文件

近年来我国相继出台了一个法和四个规划,即中医药法和《中医药健康服务发展规划(2015—2020年)》《中药材保护和发展规划(2015—2020年)》《中医药发展战略规划纲要(2016—2030年)》《中医药"一带一路"发展规划(2016—2020年)》。特别是2016年国家推进"一带一路"建设工作领导小组通过的国家《中医药"一带一路"发展规划(2016—2020年)》,成为新时期指导中医药全面参与国家"一带一路"战略的纲领性文件。中医药发展正迎来"天时地利人和"的战略机遇期,我国依托传统中医药发展医疗旅游有着巨大优势。

三、北京市医疗旅游发展现状

北京是中国的政治中心、教育中心和文化中心,集中了北京大学、清华大学、北京协和医学院、首都医科大学、中国中医科学院、北京中医药大学等著名院校和科研机构,医疗资源最为丰富。由香港艾力彼医院管理研究中心及社会科学文献出版社共同出版的首部医院蓝皮书《中国医院竞争力报告(2016)》指出,顶级医院以北京实力最强,共有17家医院进入百强,医院竞争力指数最高。同时,作为首都,北京还拥有丰富的中医药资源,有三级甲等中医医院22家。此外还有众多的中医诊所、国医大师,以及众多国家级、市级名老中医和老字号的历史文化资源,因此,北京具有发展医疗旅游的巨大潜力。

从 2014 年开始，北京市旅游委和北京市中医局联合开展中医药健康旅游示范基地认定、中医国际医疗服务包评定等工作，初步形成了北京中医药健康旅游的产品体系。2015 年底，北京市中医管理局在全国首推中医国际医疗旅游服务特色项目——北京中医药国际医疗服务包。该项目主打中医科学养生概念，通过医疗+旅游平台，为国际人士提供中医服务，它也是目前北京中医国际医疗旅游唯一官方推介平台。在 2017 北京国际服务贸易交易会上，北京市中医管理局发布了首批 30 个北京中医药国际医疗旅游服务包项目，涵盖失眠中医综合治疗、头痛针灸综合治疗等，服务包单位包括中国中医科学院广安门医院、首都医科大学附属北京中医医院等 15 家。2017 年 5 月 30 日，北京精诚中医药国际服务中心与中国人才科学研究院签约，将在北京房山国际人才港青龙湖区域创建中医药健康旅游示范基地。该基地将接受北京市中医管理局、北京市旅游委的指导，并依托北京中医药国际医疗服务包，为来京的国际游客、医疗旅游患者及家属提供中医药医疗及保健养生服务。该基地将充分依托北京在中医药资源和专业化人才上的优势，面向国际，以旅游区为载体，整合中医保健养生、教育、旅游及文化传播等资源，充分利用青龙湖自然环境和北京市旅游资源，逐步将该基地打造成具有中医药文化的国际健康文化产业示范区。

四、医疗旅游的业态类型

目前，医疗旅游企业界和学术界公认的可以将医疗旅游分为以医疗服务为主的重医疗旅游和以康复疗养为主的轻医疗旅游两类。重医疗旅游与医疗服务、医疗诊断、生活方式服务关系更加密切，轻医疗旅游更多的指的是以休闲和疗养为主的旅游活动。国外 Bookman 等将医疗旅游分为侵入性手术治疗、医疗诊断和生活方式医学三类（Bookman，Bookman，2009）。国内梁湘萍等人将医疗旅游需求分为"治"为主和"疗"为主两大类，"治"为主的医疗旅游可分为基本无生命危险的项目、有生命危险且医疗资源较为稀缺的项目（如器官移植手术）、客源国尚未开发或被法律禁止的医疗项目（如堕胎等）三大类；以"疗"为主要目的的医疗旅游需求主要有康复理疗类项目（如医疗检查、美容等）（梁湘萍，甘巧林，2008）。

从我国实际出发，医疗旅游目前可分为三种形式：以"治"为主的西方医学技术主导型，如手术治疗等；兼顾"治"和"疗"的中国传统医学旅游；以"疗"为主的康复疗养旅游，如温泉治疗、森林治疗等。孙静等针对青岛外籍游客的旅游需求研究发现，大多数外籍游客（62.8%）有医疗旅游的需求，其中需求类别主要分为西医治疗、中医治疗、康复疗养、中药购物和健康体检（孙静，王蜀平，沈贵荣，2013）。杭州师范大学医学院的吴之杰和郭清从医学的角度出发，将健康旅游分为医疗旅游和保健旅游两类（吴之杰，郭清，2014），其中医疗旅游按照疾病的发展进程分为早期诊断为目的、疾病治疗为目的和疾病康复为目的。总体来说，目前旅游研究者和医学研究者对医疗旅游的业态分类基本达成共识，具体到各地不同的情况，医疗+旅游的结合模式则依据旅游目的地的特色而变化，如印度提供的关节置换旅游、泰国提供的眼部手术旅游、韩国提供的整容旅游等。

五、医疗旅游宏观市场层面的研究

截至 2015 年 12 月，通过中国知网的主题词和关键词搜索"医疗旅游"的文章，经过筛选，共检索文献 234 篇。在数据库 Web of Science 搜索标题"Medical Tourism"，共检索文献 267 篇。从中文文献来看，医疗旅游的研究报道起源于 2004 年，2010 年之后关于医疗旅游的研究大量涌现，成为研究热点。从英文文献来看，2004 年之前的研究报道仅为 10 篇，2010 年之后关于医疗旅游的研究也逐渐增多（见图3）。

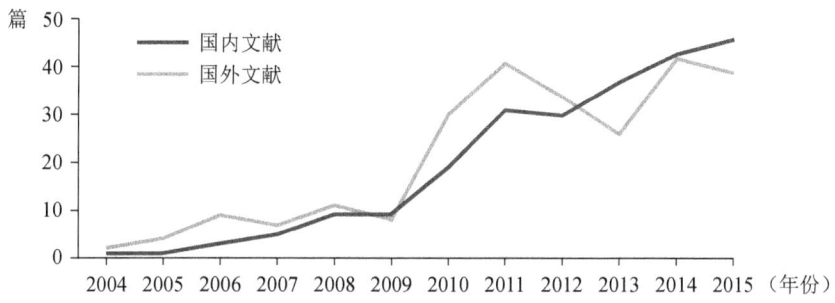

图3　2004—2015年国内外医疗旅游研究文献分布

从国内外相关文献来看，针对医疗旅游的研究最早集中在宏观市场层面，主要采用案例分析、国际比较、SWOT 分析等定性研究方法。随着医疗旅游市场的扩大，国内外学者开始使用定量研究方法分析微观个体层面的行为和认知特征。本研究将从宏观市场层面和微观个体层面两个角度出发，对国内外医疗旅游的文献进行总结和分析，既包括宏观层面的医疗旅游影响因素、效应分析、市场分析和资源及产品开发分析,也包括微观层面的医疗旅游者动机、态度、决策、体验等相关研究。

(一)医疗旅游的影响因素

医疗旅游的产生和发展是众多因素共同作用的结果。表1总结了近年来国内外对医疗旅游发展影响因素的研究。总体来说,内部驱动因素包括客源国人民医疗服务需求的增长、医疗资源供需的矛盾、客源国与目的地医疗技术和医疗服务质量的差异、医疗服务费用的差异、医疗等候时间差异、医疗保险的覆盖等方面,外部驱动因素主要包括世界政治经济一体化、网络等信息技术的发展、交通的便捷等。阻碍因素主要包括医疗技术和专家的缺乏、政府支持、服务质量低、语言障碍、宗教、政策法律、伦理等方面。尽管影响医疗旅游发展的因素很多且复杂,但是最核心的影响因素还是医疗旅游目的地的医疗技术及相关的医疗服务及花费,这是影响医疗旅游者决策的最重要因素。

表1 医疗旅游发展的影响因素

年份	作者	影响因素
2007	Smith and Forgione	国家层面:经济条件、政治环境、干预政策 机构层面:花费、医院认证、服务质量、医师培训
2007	张文菊,等	内部动力:医疗服务价格差异、发达国家医疗保险局限、发展中国家医疗技术的发展、医疗服务的优良、旅游业的发展 外部动力:世界一体化、网络等通信技术发展、航空等交通方式发展
2008	梁湘萍,等	医疗服务价格差、医疗资源供需矛盾、新的医疗旅游需求日益增长
2010	高静,等	医疗费用、治疗时效、医疗质量与服务、医疗保险覆盖与项目承保、旅游等额外收益、特殊需求满足、货币兑换率、世界经济一体化、互联网发展、航空旅游费用降低、专业医疗旅游中介机构发展、政府推动、医疗服务外包等
2010	Heung et al.	需求因素:宣传渠道(代理机构、家人朋友、医院声望、网络、媒体)、国家层面(经济条件、政治条件、干预标准、属性、距离、空中交通)、医院层面(花费、认证、声望、医师训练)、医师层面(专门知识、声望、推荐) 供给因素:基础设施(医院、诊所、私人参与、公众参与)、宣传(市场策略、卫生/医疗部门、外事/旅游部门、委员会、国外和国内宣传)、质量(资格鉴定、审核认证)、交流(语言和网络)

续表

年份	作者	影响因素
2010	宋玉芹,等	社会因素：人口老龄化、生活方式的改变、替代性旅游的产生、苛刻的医疗系统 发达国家因素：医疗服务价格高、医疗资源供不应求、医疗保险的局限 发展中国家因素：新技术和医疗技能的发展、人性化服务、交通成本的降低、互联网的发展 限制性因素：国内限制进入外来医疗服务供给者、国内监管约束力、市场竞争、技术和医疗服务质量等
2011	Heung et al.	障碍因素：旅游政策、政府支持、花费、营销、承受容量、语言和沟通、基础设施、当地社区的医疗服务需求
2013	Connell	医疗服务质量、医疗服务可及性、经济因素、文化因素
2013	宁德煌,等	促进因素：客源国（高成本费用、较长等候时间、带薪休假的延长、收入的提高）、目的地国（费用低、医疗服务水平的提高、具有地方特色的治疗方式、政府支持）、客观因素（互联网发展、医疗保险公司的支持、医疗旅游中介服务机构的兴起、国际卫生保健标准的提高与认证机构的兴起） 阻碍因素：缺乏先进的医疗技术和专家、低服务质量、语言限制、宗教信仰的限制、政治政策的不稳定、伦理道德的约束
2014	吴鸿,等	需求因素：经济的发展、医疗保险的覆盖、等候时间长、价格差 供给因素：低价格、高品质设施和服务、专业医疗人员、语言、国际认证 社会经济环境：交通技术发展、信息技术发展、贸易环境发展
2015	李萍,等	内部因素：国际医疗技术的差异、医疗服务质量的提高、医疗服务价格差、医疗资源的供需矛盾、新的医疗旅游需求增长 外部因素：世界政治经济一体化进程、网络信息技术发展、交通方式的便捷
2016	刘建国,等	经济因素、医疗旅游资源、医疗旅游需求、医疗服务水平、医疗旅游营销途径、伦理道德风险

（二）医疗旅游的市场分析

全球医疗旅游的市场正在飞速发展。最初，发展中国家的患者到发达国家高端的医疗中心寻求医疗服务，之后随着发展中国家医疗水平的提高，低廉的医疗费用和交通旅游费用、更快的就诊服务、互联网的发展等因素吸引着越来越多的发达国家患者前来发展中国家就医。最后，发达国家和发展中国家医疗旅游者之间相互流动。目前国际医疗旅游产业流向，主要是中东、美国、加拿大、西欧等发达国家的医疗旅游患者前往印度、泰国、马来西亚、新加坡等南亚、东南亚国家。

医疗旅游的市场分析主要包括客源国分析和目的地分析两方面。客源国方面研究发现，医疗旅游客流主要由5类构成，包括对医疗价格敏感者、医疗保险或承保项目缺失者、不愿在国内长期等待者、特殊医疗需求者以及倾向于通过生活方式改善健康状况者（高静，刘春济，2010）。目前医疗旅游者主要来自三类国家，一是医疗费用高昂的国家，如美国；二是医疗社会化和保险有局限的国家，如加拿大、英国等；三是医疗技术水平落后的国家，如柬埔寨、缅甸等。从全球范围来看，欧洲、中东、美国、加拿大、日本等是重要的医疗旅游客源国。不过，近来特定区域医疗旅游的快速发展，使得客源国的游客更加分散。

目的地方面，发达国家如新加坡、韩国、美国等依靠自身的领先医疗技术吸引了众多医疗游客；发展中国家如泰国、印度、马来西亚等依靠低廉的价格、缩短排队等候时间、高质量的医疗技术和服务、独具特色的医疗资源成为受欢迎的医疗旅游目的地国。同时，国内学者对目的地市场进行了大量的案例分析和研究，包括对医疗旅游发展较好国家的分析借鉴，如印度、新加坡、泰国等，也包括对国内医疗旅游市场的分析和对策建议，包括北京、西安、上海、厦门、三亚、桂林、天津、重庆、吐鲁番、南京、大连、长沙等。国内医疗旅游目的地建设较早的地区是海南省，但是医疗旅游的市场尚未形成规模。一项针对海南医疗旅游市场的调查报告显示，尽管三亚中医院是国内较早从事医疗旅游服务的医院，吸引了一些俄罗斯和中东国家的患者，具有一定的国内外知名度，但是海南医疗旅游市场尚未形成。外地游客仍主要将海南作为传统旅游的目的地，而非改善健康状况的医疗旅游目的地，游客构成仍以国内游客为主，国际医疗旅游游客构成很低。未来，我国高水平的医疗服务质量、低廉的医疗服务价格、具有中国特色的医疗服务可以吸引更多的国际医疗旅游者加入。

（三）医疗旅游的效应分析

国内外研究发现，医疗旅游的发展不仅为客源国和目的地国带来诸多积极效应，其带来的消极效应也不容小觑。表2总结了近年来国内外对医疗旅游发展带来的正负效应的研究。简单来说，医疗旅游的发展解决了客源国存在的医疗体系问题，如医疗等候时间过长、花费过高等，满足了客源国居民日益增长的对医疗服务的需求，同时促进了目的地国经济的发展和相关产业收入的提高（Johnston, Crooks, Snyder, Kingsbury, 2010）。

Naranong 和 Naranong 的研究发现，泰国医疗旅游的收入大约占到全国 GDP 的 0.4% 左右（Naranong, Naranong, 2011）。此外，医疗旅游发展还能促进目的地国医疗技术水平和服务水平的提高，吸引更多高技术人才，医疗体系投资和就业岗位增加，增强全球交流和互动，上述因素都是各国政府大力推动医疗旅游发展的动力。

表2 医疗旅游发展效应分析

年份	作者	积极效应	消极效应
2010	高静等	—	客源国：对医疗体系的冲击、客源流失、医疗服务价格提高、术后并发症、副作用及康复的责任、客源国的传染病控制和公共健康的潜在影响 目的地国：当地居民利益受损、公共医疗投资不足、医护人员向私立机构流失、外来游客即时就医而本国游客需要排队等待。 社会问题：医疗旅游项目的合法性、科学性及伦理问题、医疗旅游者的权益保障
2010	Johnston et al.	解决客源国医疗体系问题、促进目的地国收入增长、促进目的地国医疗服务标准化	降低客源国医疗收入、加剧目的地国医疗服务不平等
2011	Naranong and Naranong	促进目的地国经济增长、提高医疗业及旅游业等相关产业的收入	医生资源短缺、医疗费用上涨、卫生不公平加剧
2011	宋玉芹等	目的地国：可观的经济收入、增强旅游目的地的吸引力、提高旅游收入、增加就业岗位、带动医疗旅游中介公司发展	客源国客源的流失、目的地医疗资源分配失衡导致当地居民利益受损、投资流向医疗旅游领域致使公共医疗投资不足
2012	张彩霞	—	法律风险：医疗旅游相关立法空白、缺乏专门机构监管、保险市场缺失、沟通和知情权问题、抢占当地卫生资源并加剧卫生不公平、规避客源国法律、医疗旅游合同不规范易导致医疗纠纷

续表

年份	作者	积极效应	消极效应
2013	宁德煌等	促进目的地经济发展、提高社会效应、增进全球互动、促进全球性知识交流、促进医疗和旅游业发展、促进就业	目的地国：激烈的行业竞争、加重目的地有限资源的负担、管理和伦理道德问题、人才流失、本地人享受医疗服务质量下降、对目的地国家医疗系统和医疗服务产生消极影响 客源国：病人流失、医疗收入减少、术后并发症及各种副作用和康复的责任加大 社会问题：特殊医疗项目带来伦理和法律争议、医疗质量和病人安全问题、医疗事故相关法律不健全、游客利益受损很难维权
2013	Snyder et al.	目的地国：经济发展、外汇流入、国内医疗体系的国外投资增多、医疗业人力资源的增加、优质医疗人员外流的减少 客源国：国民医疗需求得到安全有效的满足	增加医疗游客的健康风险、增加客源国患者的伦理风险、提高医疗服务的私有化、降低目的地国医疗服务的可及性
2014	吴之杰、郭清	目的地国家：提升本国整体医疗服务质量、医疗服务的收益可以提高本国居民生活质量、吸引本国留学生回国工作、促进旅游业的发展 客源国：解决医疗费用过高和医疗等候时间过长问题、解决医疗设备和治疗手段落后问题	目的地国家：占用国家公共资源、高水平医疗卫生人员向私人医疗机构流动，加剧卫生不公平现象、医疗卫生服务价格升高、可及性变差、西方的医疗机构评审标准使本国机构失去特色。 客源国：高水平医疗和护理服务需求加重本国医疗体系负担、并发症和感染及康复治疗转嫁给客源国医疗体系
2014	詹丽等	——	旅游者的权益保障风险、目的地国居民利益受损、医学伦理道德风险
2015	耿松涛	经济效益、社会效益、环境效益	影响目的地的医疗秩序、目的地居民医疗成本增加、盲目推崇医疗旅游产业

但是，医疗旅游的发展也给客源国和目的地国带来了不小的挑战。对客源国来说，医疗旅游的发展使本地医疗体系收入降低、客源流失（Naranong, Naranong, 2011），而且一般游客在目的地国接受医疗服务后会回到客源国，相应的术后并发症、副作用及康复治疗都转嫁给客源国医疗

体系。由于各国法律法规和伦理道德的区别，医疗旅游者的权益保障存在问题，而且某些医疗旅游项目的合法性和道德性也受到质疑。此外，Cohen等人的研究发现，医疗旅游对客源国的传染病控制和公共健康都带来潜在影响（Cohen et al., 2010）。医疗旅游的发展对目的地国带来的负面效应更加突出。一般来说，医疗旅游者的支付能力高于目的地国本地居民，造成了高水平的医护从业人员向从事医疗旅游的机构流动，从而出现了本地医生资源短缺和医疗费用的上涨，降低了本地居民医疗服务的可及性，加剧了卫生不公平现象。同时，由于发展医疗旅游，各国医疗机构均向西方评审标准看齐，本国的医疗服务将失去特色。医疗旅游的发展给客源国和目的地国带来极大的机遇和挑战，因此，各国在制定医疗旅游相应的政策时，需要全面考虑利弊，争取在不损害本国居民医疗和旅游权益的同时，享受医疗旅游带来的经济和社会效益。

（四）医疗旅游的资源、产品开发和发展模式分析

准确的医疗旅游产品定位，在于突出其特色的医疗服务资源，吸引更多的游客前来参加，同时达到发展医疗和旅游的多重目的。因此，许多作者在分析区域资源或者建议产品开发时，都会提出一些适合本地开拓的医疗旅游产品。德国、新加坡等发达国家医疗旅游的发展突出以高质量的医疗服务、较好的医疗信誉和较低的医疗价格来吸引游客；印度、泰国、马来西亚等发展中国家则突出其特色的医疗服务，如SPA等，以及医疗服务产品的物美价廉；葡萄牙利用其地理优势，大力发展温泉旅游项目。

针对我国具体情况，张广海等在分析我国医疗旅游资源类型基础上，将我国医疗旅游划分为东部现代医疗旅游区、西部中医治疗旅游区、中部医疗购物旅游区以及东北养生休闲旅游区四类（张广海，王佳，2012）。周翀燕提出，在医疗旅游产品的开发层面上，要致力于改善和丰富我国医疗旅游产品的内涵，树立创新意识，注重医疗旅游一系列产品和项目的开发（周翀燕，2015）。国内多地学者结合西安、北京、长沙等地实际情况，提出了医疗旅游产业发展的新模式和特色医疗旅游产品的开发方法。

六、医疗旅游微观层面的研究

近年来国内外医疗旅游研究重心由宏观层面的定性研究开始向个体层面量化研究转移，研究集中在医疗旅游相关的个体，如医疗旅游者、医疗旅游服务提供者和陪伴者以及医疗旅游中介等。尽管医疗旅游微观层面的

量化研究还不太多，但这些实证的研究对我们明确医疗旅游者的行为特征、制定有针对性的政策和建议起到重要作用。

（一）医疗旅游者的研究

根据心理学的行为理论，行为的产生首先来源于个体的动机，之后个体产生行为的意向，做出行为的决策，最终出现某种行为，并伴随相应的体验。本研究从医疗旅游者的动机、意向和态度、决策以及体验等四个方面来总结针对医疗旅游者的研究。

1. 医疗旅游者的动机

根据马斯洛的需求层次理论，医疗旅游动机产生的根本原因在于医疗旅游者的需求。根据表1对医疗旅游影响因素的分析，国内外学者较为一致的观点认为，医疗旅游者的需求包括更高的医疗服务质量、更短的医疗等候时间、更便宜的医疗费用、医疗隐私以及某些受限制的医疗项目等。一项2011年针对赴港进行医疗旅游的大陆游客研究发现，逃避"独生子女"政策是游客赴港生子的最主要动机（Ye，Yuen，Qiu，Zhang，2008）。孙静等针对青岛外籍游客的旅游需求研究发现，大多数外籍游客（62.8%）有医疗旅游的需求，其中需求类别主要分为西医治疗、中医治疗、康复疗养、中药购物和健康体检（孙静 et al.，2013）。针对南京市中老年人对医疗旅游期待的研究发现，由于中老年疾病大多是慢性病，因此，只有18%的中老年人期望通过医疗旅游彻底治愈疾病，近一半的中老年人期望医疗旅游可以缓解身体不适症状，25%的中老年人期望医疗旅游可以起到预防疾病的作用（朱昕婷，徐怀伏，2015）。可以看出，对健康的需求是消费者进行医疗旅游的最大动机，但是医疗旅游者的个性特征及需求差异导致他们的动机多种多样，针对医疗旅游不同群体需求和动机的研究是未来研究应该加强的内容。

2. 医疗旅游者的意向和态度

根据Ajzen提出的计划行为理论（Theory of Planned Behavior，TPB），个体的行为可以通过行为意向进行预测，行为意向包括三个维度：行为态度、主观规范以及对知觉行为的控制。Martin等利用TPB理论设计了医疗旅游意向的调查问卷，包括29个条目，行为态度、主观规范和对知觉行为的控制三个维度（Martin，Ramamonjiarivelo，Martin，Hall，2011）。Reddy等利用TPB理论调查美国大学生对医疗旅游的态度和意向，发现大学生对赴发展中国家接受医疗服务的意向很低（Reddy，York，Brannon，2010）。Lee等应用TPB理论调查日本游客赴韩国进行医疗旅游的意向，发现健康治疗意向和美容治疗意向的影响因素不同，其中口碑的信息传播和参与者的反馈对消费者的医疗旅游意向起到重要的影响（Lee，Han，Lockyer，2012）。此外，文化也会影响医疗旅游者的感知和意向。一项针对中国、日本、韩国三国游客的研究发现，不同的文化背景影响游客对医疗旅游目的地的选择、对不便性的感知和对青睐的医疗旅游产品的选择。目前中国正处在医疗旅游发展的初期阶段，真正接受过医疗旅游的消费者并不多，因此，研究潜在消费者的医疗旅游意向，把握其影响因素，是现阶段医疗旅游研究的重中之重。

3. 医疗旅游者的决策

Sarwar 等通过对相关资料的归纳总结，提出医疗旅游目的地的选择受到花费、医疗服务质量、服务类型、医疗服务可及性和医疗旅游地营销冲击五个因素的影响（Sarwar，Manaf，Omar，2012）。Cohen 认为医疗旅游者的决策受到距离、文化认同、语言、医疗专业化程度、广告、医疗设施水平的影响，医疗旅游目的地更倾向于选择通过 JCI 认证的医疗机构和在美国受过专业教育的医护人员（Cohen et al.，2010）。Kumar 等认为医疗旅游者的决策受到花费、医疗服务安全性、医疗旅游者的种类和地区等因素影响（Kumar，Breuing，Chahal，2011）。一项在马来西亚全国范围内发放的问卷调查显示，在马来西亚进行医疗旅游的大部分消费者曾受到亲朋或者医生的推荐（Yeoh，Othman，Ahmad，2013）。另一项针对在伊朗进行辅助生殖医疗旅游的游客调查显示，除了花费、距离、医疗服务水平、旅游吸引力之外，法律、道德和宗教因素同时影响游客对医疗旅游目的地的选择（Moghimehfar Nasr-Esfahani，2011）。

4. 医疗旅游者的体验

一项针对医疗旅游体验的综述报告显示，绝大部分关于游客体验的报告来自媒体，科学研究中仅有 5 篇文献采用实证研究方法（Crooks，Kingsbury，Snyder，Johnston，2010）。医疗旅游服务的质量、服务提供者的态度等影响消费者的体验和满意度。Han 等的实证研究发现，感知到的医疗旅游服务质量会影响医疗旅游选择意向，而对服务的满意度和信任度作为中介变量调节医疗服务质量和重游意向的关系（Hallem，Barth，2011）。一项针对突尼斯整形美容的医疗旅游研究发现，顾客体验的感知价值包括功能价值、社会价值、认知价值三个维度（Hallem，Barth，2011）。国内关于医疗旅游者满意度的研究并不多见，张维亚等基于心境理论的研究发现，心境状态对医疗旅游者的期望、体验和满意度的形成有显著影响（张维亚，等，2013）。

综上可见，国外关于医疗旅游者层面的量化研究已逐渐增多，但国内对医疗旅游者的定量研究尚在起步阶段。医疗旅游者的动机、意向、决策和体验均是医疗旅游研究的重要领域。此外，医疗旅游者具体的消费行为，如停留时间、花费行为、医疗与旅游的结合等也是未来研究的重要方向。

（二）医疗旅游利益相关者的研究

医疗旅游利益相关者，如医疗旅游服务提供者、陪同者、中介机构、投资者等也是医疗旅游活动重要的参与者，研究者针对这部分人群也做了相关研究。Qadeer 等在印度对医生的研究发现，大部分医生认为印度医疗旅游市场前景广阔，但是仅少部分医生希望在其所在医院开展医疗旅游，可能的原因是医疗旅游导致的公立医院资源的缺乏和私立医院资源的倾斜（Qadeer, Reddy, 2013）。Casey 等认为医疗旅游的陪同者同时起到知识中介（促进医疗旅游者和服务提供者的信息传递）、看护者（生理和情绪上的照顾）、引导者（处理文件和协调行程等）三重作用，在医疗旅游活动中起到重要作用（Casey, Crooks, Snyder, Turner, 2013）。Peters 等针对医疗旅游中介机构的研究发现，绝大部分中介机构认为医疗旅游市场将继续扩大，医疗旅游的花费、服务质量、服务提供者的经验及声望、旅行距离及候诊时间会影响中介机构及其客户对于医疗旅游目的地的选择（Peters, Sauer, 2011）。一项针对希腊 337 家五星级酒店的研究发现，高星级酒店因其接待能力和相应设施较好，大部分愿意发展医疗旅游业务（Sarantopoulos, Vicky, Geitona, 2014）。目前国内尚未开展医疗旅游利益相关者方面的研究。

七、对我国医疗旅游实践的启示

（一）提高医疗服务质量，增强旅游者的满意度

医疗旅游服务的质量以及服务提供者的态度影响消费者的体验和满意度。同时，医疗旅游口碑信息的传播和医疗旅游参与者的信息反馈进一步影响潜在医疗旅游者的选择意向和态度。在此基础上，为了进一步促进医疗旅游的发展，应提高我国医疗技术水平和服务质量，促进全国范围内尤其是旅游资源丰富的地区医疗技术的发展，同时增强医疗旅游服务提供者的服务意识，改进服务态度，增强医疗旅游者的满意度，从而促进我国医疗旅游良性循环发展。

（二）促进医疗旅游的国际化

医疗服务的国际化认证程度和服务质量是影响消费者决策的重要因素，

但是目前我国医疗卫生机构在申请国际化认证方面不够重视。因此，未来相关医疗卫生机构应当研究并建立一整套与国际接轨的诊疗服务流程和医疗技术标准，创建国际化的医疗服务质量管理体系，同时引入专业的服务管理人员，如专业的酒店管理人员来管理医院，提高管理水平，以吸引国外医疗旅游者。

（三）推出特色医疗旅游产品

医疗旅游服务的产品类型影响旅游者的决策行为，同时文化等因素影响潜在医疗旅游者的意向和态度。中国具有丰富的中医药资源和历史悠久的中医文化。中医药不仅在疾病治疗方面具有独特的疗效，在养生保健、疾病预防方面也具有明显的优势。为此，我国医疗旅游目的地应提供特色的医疗旅游服务，促进高新科技和传统医学的融合。近年来，随着屠呦呦获得诺贝尔生理学或医学奖，美国飞鱼菲尔普斯在巴西里约奥运会上进行拔罐理疗，中医疗法在西方的影响力逐渐加强，在法国和美国有医生获得了中医疗法的职业许可。因此，实践中应利用我国传统的中医药优势，开发特色旅游产品，打造中西结合的国际医疗旅游品牌。同时，国内各地应研究独具地方特色的个性化医疗旅游服务和产品，吸引来自不同国家和文化背景的消费者，避免扎推发展。

（四）加强政府宏观管理，完善医疗旅游政策法规

特色医疗旅游品牌的建立离不开政府的宏观指导及旅游产业、健康产业的共同努力。应以发挥市场的决定性作用基础上的医疗旅游企业为创新主体，满足医疗旅游者和潜在旅游者的消费需求，政府进行引导和制定行业准入和退出规则，行业协会、非政府组织等提供辅助支持，进一步完善医疗旅游业的配套法律法规，以促进其健康有序发展。此外，通过文献梳理可以看出，医疗旅游的发展对社会和经济产生正效益的同时，也不可避免地带来了负效益。因此，我国在制定医疗旅游相应的政策时，需要全面考虑利弊，争取在不损害本国居民医疗和旅游权益的同时，享受医疗旅游带来的经济和社会效益。

（五）加强医疗旅游营销和品牌管理

医疗旅游口碑的信息传播、过往医疗旅游参加者的信息反馈、医疗旅游地营销、医疗旅游地品牌等均影响消费者对医疗旅游地的选择。因此，应促进医疗旅游地的营销和推广，除了借助传统媒体推广以外，互联网技术的发展带动的网络营销、顾客点评、参与者的社群互动等均可以用来促进医疗旅游的发展。但是，目前我国规定公立医院提供特需服务的比例不超过全部医疗服务的10%，并限制了公立医院的广告营销，这就导致掌握

了我国大部分医疗资源的公立医院难以开展相关的医疗旅游业务。未来随着医疗旅游政策的进一步完善，我国医疗旅游业应加大宣传和推广力度，以突出我国医疗旅游特色，加强健康服务业的良性发展。

（六）发挥医疗旅游利益相关者的作用

医疗旅游中介机构、投资者也是医疗旅游活动重要的参与者，对医疗旅游的发展起到重要作用。国外医疗中介公司随着医疗旅游的兴起而发展起来，成为医疗旅游不可或缺的部分。虽然我国有些地区已成为重要的医疗旅游目的地，但是大多数游客通过医疗机构的网站宣传和口碑效应而来。因此，我国医疗旅游发展需要正规、专业的医疗中介公司，成为医疗机构和游客之间沟通的桥梁。此外，医疗旅游投资者的作用也不容小觑。高星级酒店因其接待能力和相应设施较好，大部分愿意发展医疗旅游业务。因此，可以利用酒店的投资资源，建立专门的医疗旅游酒店。韩国首尔等地发展的医疗旅游酒店就是其中的典范，在吸引游客方面发挥着重要的作用。

八、医疗旅游企业典型案例

（一）三亚市中医院

1. 三亚市中医院旅游发展现状

三亚市中医院中医药旅游的发展还处在探索向成熟发展间的过渡阶段。三亚市中医院拥有良好的硬件设施基础，丰富的医师资源，外加得益于三亚得天独厚的地理优势气候环境以及三亚发展势头强劲的旅游业，三亚市中医院的发展前景十分乐观。

三亚市中医院成立了国内三亚名医工作站，把全国的名老中医大师请到三亚来针对客户做一些定期的问诊，还推出了"冬病夏治"等活动来扩大其客户群。三亚市中医院主要面向国外客源市场，目前中医院和俄罗斯等国家企业进行合作寻求客户群体，且正在积极开拓欧洲市场。中医院目前已经接待过别斯兰事件中的受害儿童到疗养院进行疗养，在世界上（特别是俄罗斯）拥有较好的口碑。

三亚市中医院由三部分组成，即中医院、中医疗养院以及旅行社。中医疗养院和旅行社是独立的机构，但又依附于三亚市中医院。三亚市中医院为游客提供"一条龙"的服务。疗养院主要负责为客人提供中医的疗养服务，此外还包括中医文化体验服务；中医院主要还是以接待病人，提供诊疗服务为主；旅行社负责国内外游客的接待、接送、旅游景点游览等服务。三者相互支持，形成了一个良好的生态圈。三亚市中医院是进入中医药旅游行业最早的医院之一，接待了国内外大量游客，同时也在逐步建立和完善自己的生态圈，这也是选择三亚市中医院作为中医药旅游研究对象的重要原因。

2. 三亚市中医院中医旅游发展中存在的问题

一般认为，旅游系统架构包括客源市场系统、出行系统、目的地系统以及支持系统。本文将从这四个方面来探讨三亚市中医院在发展中医药医疗旅游中遇到的问题。

（1）客源市场系统——目标人群局限

从目前了解到的情况来看，中医院医疗旅游项目主要针对的顾客群体是海外游客，国内游客相对较少，从整体的发展方向上来看，这使该项目处于一个被动而又局限的地位。首先，海外客源非常不稳定，国际客人是否会选择来到三亚进行医疗旅游受到多方面因素的影响。通过访谈了解到，从2015年开始，俄罗斯客人的数量明显下滑，一方面是因为卢布贬值、经济危机，另一方面也与其他市场（如泰国、越南等）的竞争优势加大有关，三亚市过高的消费水平也对三亚医疗旅游的国际竞争十分不利。同时西方发达国家的经济受世界经济形势的影响更加剧烈，空间距离较远，且交通不便，使得这部分客源的不确定性更大，并且西方国家的医疗体系已经发展得非常成熟，因此西方客人对三亚医疗旅游的需求相对较少。近年来，我国与日韩及东南亚国家之间摩擦不断，国际关系也成为这些国家的游客在选择旅游目的地时的一个考虑因素，同时这些国家自身也在发展医疗旅游，形成了各自的竞争优势，印度等国家甚至比我国发展要早得多。因此，过度依赖海外客源为三亚医疗旅游的发展注入了很大的风险。

其次，过分追求医疗旅游的国际化而忽略了国内市场的拓展，这是极其不明智的。海外市场存在着诸多不确定性，如果没有一个稳定的基础来给予支持，企业就相当于进行一场没有底牌的博弈，而这一基础就是国内市场。

（2）出行系统——宣传与交通问题

游客在出行前必会做旅游信息的收集，游客搜集的信息是影响游客做出出行决定的重要影响因素，因此，宣传对三亚市中医院的发展显得尤为重要。经了解，三亚市中医院主要通过网络平台宣传。例如在自家管理运营的微信公众平台发送推文进行宣传，同时在美团APP上上架中医院的产品，使消费者在搜索相关产品时也能达到一个宣传的效果。除此之外还参加国外的一些推介会，以及邀请国外政要来医院疗养。但三亚市中医院目前阶段采取的前两种宣传方式的实际宣传效果非常有限。想要通过微信公众平台达到宣传医院的目的有一个必要条件，就是潜在的消费者要能够看到公众平台所发出的推文。这看似是非常主动的宣传方式，实则非常被动。一般而言，潜在消费者通常通过关注公众号来阅读推文以及阅读朋友圈的分享来了解中医院。第一种情况对公众号的关注量有很高的要求，只有在公众号有较高的关注量的时候才能达到比较不错的宣传效果。第二种情况和第一种大致相同，潜在消费者要在没有关注公众号的前提下看到宣传推文，首先要有人将宣传推文分享至朋友圈。然而消费者不关注公众号就看不到推文，且一般来说只有去过中医院接受诊疗才有机会了解到中医院的微信公众平台。如果仅靠医院内部员工去转发推文，其宣传效果是远远达不到预期的。

三亚市中医院的中医药旅游产品现主要面向欧洲国家的顾客，在开发国外市场时除了面临宣传的问题之外，还面临着客源市场到旅游目的地交通不便的问题。通过访谈了解到，欧洲许多国家没有直飞三亚的航班，这对游客的出行便利造成很大影响，怕麻烦的游客会选择出行更加便利的旅游目的地而不会选择来到三亚旅游。

（3）目的地系统——冬夏资源分配不均

由于地理位置的原因，三亚旅游一直以来都是淡旺季分明，呈现出旺季短、淡季长的鲜明特征，冬季游客较多，应接不暇，而夏季则空房率较高。三亚市酒店业在淡季通过低价策略竞争，导致酒店亏损严重。三亚地处中国最南端，属于热带海洋性季风气候，全年温和湿润，冬季平均温度为27℃，天气凉爽，非常有助于人的健康，因此有许多北方客人来此过冬，同时进行一些健康养生活动。而夏季平均温度为28℃左右，最高气温不超过36℃，早晚气温相对较低。游客们大多认为三亚因为地处热带，所以夏季非常炎热，因此不愿意在夏季来此进行医疗旅游，然而事实并非如此。从目前中医院夏季面临的游客不愿来的情况来看，目前最重要的问题是如何在夏季吸引更多的游客。

（4）支持系统——人才短缺

人才培养主要有两个环节，一个是学校为行业培养具有符合该行业要求的专业技能的人才，再一个是公司根据自身需求对招进来的员工进行培训，使其满足岗位的要求。三亚市中医健康旅游协会会长陈小勇认为高校培养只是一个平台，是高中时代到步入社会的准备阶段，复合型人才要通过自身的实践积累以及社会的洗礼来培养。

本研究认为复合型人才指的不是知识与能力（销售、人际交往等）的复合，而是专业技能复合，例如管理+外语的复合型人才，这都是能在学校习得的基本技能。学校的主要任务是教授学生专业知识,学生练的是基本功。至于综合素质则需要个人在实践中去体会,社会中的学习更多的是掌握某种或多种能力。想要搞清楚人才培养的关键点在哪里,无非就是基本功和能力的重要性排序的问题。我们认为基本功与能力经验同样重要,经验容易积累,但进入社会后就没有很多的时间来恶补基本功了,所以在人才的培养上,学校仍然是非常重要的一个环节。

通过访谈了解到,刚刚起步的三亚市中医院面临着比较严峻的人才短缺问题。三亚市中医院目前主要缺乏复合型人才,其中包括旅游人才、管理人才以及语言人才。此外,较低的薪资也很难吸引技术型人才,复合型人才和专业技术人才短缺也是整个中医药医疗旅游所面临的问题。在人才的培养上,中医院做的工作也比较少,对员工的培训一般持续3~5天。培训时间过短,无法让新员工熟悉适应中医院的工作流程,也无法在短期内胜任自己的工作。人才短缺的问题日后会成为中医院发展的一大阻碍。

3. 三亚市中医院中医药旅游发展建议

(1)平衡国内外市场的开发

随着国民经济的增长,国人对健康养生的关注度越来越高,对医疗旅游的需求也越来越多,我国众多的人口造就了一个潜在的庞大市场,而且相较于国外,国人当然更愿意选择不出国门便能享受到医疗旅游。由此可见,当前国内市场的形势还是十分有利的。为平衡国内及海外市场的发展,形成相对稳定的收益来源,本研究提出以下建议。

通过实际调研发现,目前来三亚进行医疗旅游的国内游客大多来自中国北方以及三亚本地,而中部地区的游客对此鲜有耳闻,如何对这部分游客产生巨大的吸引力成为了发展国内市场的一个关键点。当务之急是在国内形成一个相对成熟的市场,在市场建立之初就占据一个稳定的市场份额,这就需要加大宣传力度,同时借助其得天独厚的地理优势,设计出更加符合国人需求的医疗旅游产品。当然这并不意味着忽略海外市场的开拓,只是着重点需要从国外转向国内。

在海外市场方面,差异化是制胜的关键。吸引海外顾客的不是高端的医疗设备,而是中医的调养和保健作用以及相关的中医文化,只有这些才是我国独有的特色。正如印度的瑜伽、日本的温泉一样,中国医疗旅游的核心竞争力就是自己的中医传统文化。在重医疗同质化竞争的环境下,轻医疗的开发吸引了越来越多的关注。

(2)多途径宣传以及增加航线

中医院想要很好地达到广告宣传的目的就要找准自己的产品定位和目

标客户群体，根据它们来决定宣传的方式和途径，避免宣传上的浪费。

通过对中医院的环境、设施以及服务等方面的调研访谈，我们建议中医院定位中高端市场。对此，本研究提出了以下建议：一是在高档社区、酒店投放广告。投放广告是最直接的宣传方式，应针对中医院中高端的市场定位，确定高档社区和星级酒店为广告投放点。根据不同小区的物业管理办法来制作有针对性的宣传品。二是与星级酒店合作。除了在酒店投放广告，中医院也可以和当地的星级酒店进行合作，将酒店里有疗养需求的客人引荐到中医院来体验中医疗养项目，相当于将中医院健康疗养产品作为酒店的特色服务外包给中医院。三是找到适合自身的微信营销方式。前面提到过，微信宣传要达到宣传效果就要有一定的订阅基数，目前阶段微信宣传的重点就在于如何赢得关注量，其基础是推文的内容和质量。

此外，想要解决客源地和目的地之间交通不便的问题，只要开通两地之间的直航航线即可。可以与海南当地的航空公司海南航空合作，也可以通过政府的层面来加强客源地和目的地的交通交流。还有，最近兴起的邮轮旅游也成了热门的出行方式，三亚市中医院也可以考虑与邮轮旅游公司合作。

（3）开发适合淡季出行的旅游新产品

到三亚进行医疗旅游的客人基本集中在冬季，而这段时间仅仅只占一年的1/4。一个好的旅游产品，其最终目的在于全年创收，只有这样才能保持其良性循环发展。三亚医疗旅游目前最亟待解决的就是淡季客源过少的问题，结合其先天的地理环境，本研究给出以下建议。

首先需要改变的就是人们对于三亚炎热夏季的固有印象，这需要较大力度的宣传，应以"清凉三亚"为主题，向人们展示一个全新的面貌。同时不能忽略的一点就是，夏季确实是四季中最为炎热的时节，因此做好降温措施是十分必要的。当然这不仅仅局限于室内的空调等设备，还有各类活动时间和地点的选择。早晚气温较低，适宜进行户外活动，游客可以在此时去景区参观游览，而中午则可以进行室内的中医疗养体验，如诊疗、针灸、推拿及中医文化讲解等，当然也可以选择五指山等较为凉爽的景区。三亚中医院也在推行"清凉一夏"的概念，以期走出夏季游客渐少的困境，值得借鉴的是，他们借助中医药行业的名医效应，邀请名医坐诊，吸引了许多慕名而来的游客。

夏季气温较高这一自然条件固然不能改变，那就应该充分利用它。冬病夏治是我国传统中医药疗法中的特色疗法，近年来，全国各地掀起了一股冬病夏治的热潮。每年到了夏季三伏天都会有许多人去医院接受中医诊疗，即贴三伏贴。中医院可以抓住这一用户需求，通过推出类似的中医药医疗旅游产品来在淡季吸引游客。尽管夏季有较高的气温，但先进的中医理疗水平以及优美的自然环境，使得三亚具备了夏季养生的有利条件，若能充分利用这一点进行设施配备、产品开发和有力宣传，定能在夏季也保持稳定的客源。

（4）注重人才培养

人才的引进和培养与企业的发展阶段和规模有直接的关系，人才培养体系随公司的发展而发展，虽然前期的人才短缺是一个普遍存在的问题，却也要在当前阶段找到缓解人才短缺问题的方法。为了解决发展过程中面临的人才短缺的问题，本研究提出了以下几个建议。

提高绩效管理水平，通过加薪的方式来吸引人才。通过访谈了解到，除了复合型人才难求，技术型的人才也很难招，最主要的原因就是医院薪资水平较低。虽说中医院是一家公立医院，在平时的管理中要体现公立医院的公益性，但是公立医院的运营要体现公益性并不代表医院不盈利。加之现在公立医院改革，医院的运营和人才引进都更加市场化，中医院也要跟进改革步伐，提高绩效管理水平，制订适合自身的管理方案。若提高薪资水平，技术型员工的招聘难问题就会得到缓解。

延长员工入职培训的时间，建立自己的人才发展体系。刚入职的员工对工作环境、工作流程等都还不熟悉，短时间的培训对于刚入职的员工显然不够，想要达到培训的目的和目标效果，就应该延长员工的培训时间。此外，还应建立起自己的一套人才培养体系。对入职的员工进行特色化的、更加专业化的教育和培训，让员工在巩固加强原有的技能的同时，学习到新的技能，实现员工的自我提升，也使员工更加符合医院岗位的要求。人才的培养计划应该根据自身的发展阶段来定，不能一蹴而就。想要一开始就有一套完整的人才培养体系是比较难以实现的，人才培养体系的建立和完善应该符合当下医院对目标人才的需求，要抓住需求的痛点，优先解决最紧迫的问题。

加强和高校的合作，让高校为医院培养人才。经了解，中医院和广州某高校有合作，学校会定期安排学生来医院实习，这是获取人才的一个很好的方法。但是简单的合作还不够，医院应该进一步加深和高校的合作。现如今，学校越来越注重复合型人才的培养，采取专业复合的教学方法来提升本校学生在就业市场上的竞争力，这对于渴求复合型人才的中医院是一个很好的机遇。医院应该与能为自己培养出合适人才的高校合作，通过去学校宣传、邀请参观实习、为毕业生提供就业便利等方法来招到自己需要的人才。

4. 总结

三亚的旅游业发展势头强劲，这对于依托于旅游业发展的中医医疗旅游来说是一个非常有利的发展基础。旅游系统包括客源市场系统、出行系统、目的地系统以及支持系统。三亚市中医院在目前发展过程中，在四个系统中都面临着各种问题，每一个问题都或多或少制约着三亚市中医院的发展。三亚市中医院要能够及时发现自身存在的问题并着手解决。同时，三亚市中医院案例中存在的问题具有一定的普遍性，例如企业在发展过程中一般都会遇到人才短缺、定位不准、营销环节薄弱等问题。但从其所处城市的地理位置和气候条件等来说，三亚市中医院案例又具有一定的特殊性，例如三亚市旅游业旺季短暂和淡季漫长。在研究某个特定城市的中医药旅游或者更大的旅游业的时候要能够做到具体情况具体分析。从国际市场上来看，中国在传统的西医医疗旅游发展上不占优势。中国要发展本国的医疗旅游则需另辟蹊径，要充分利用中医药文化，发展具有中国特色的医疗旅游，此时中国的医疗旅游基本等同于中医药旅游。

（二）海南博鳌乐城国际医疗旅游先行区

海南博鳌乐城国际医疗旅游先行区位于博鳌镇乐城，博鳌亚洲论坛年会所在地的中心地带，规划面积约20.14平方公里，总建设用地规模9.96平方公里，投资将达到数百甚至上千亿元。海南博鳌乐城国际医疗旅游先行区是一个集康复养生、节能环保、休闲度假和绿色国际组织基地为一体的综合性低碳生态项目，将以低碳生态环境为基础、以发展高端医疗养生产业为方向、以可持续发展为标准，实现三大发展战略定位：国际医疗旅游先行区、21世纪新的国际组织聚集地和全球领先的低碳低排放生态社区、全国独一无二的国际医疗旅游先行区。海南博鳌乐城国际医疗旅游先行区以"打造成国家高端医疗旅游实验区、示范区、医疗人才聚集区和健康领域国际交流平台""打造成领先的国家医学科研基地""打造成低碳医疗、生态医疗的示范区"为功能定位；规划定位为海南省参与"一带一路"国家发展战略的新平台、国际一流的医疗旅游目的地、医疗旅游先行示范区，是海南国际旅游岛建设的重要支撑点。海南博鳌乐城国际医疗旅游先行区将以万泉河为生态廊道，形成"一河两心、一区四镇"的整体空间结构。"一河"指万泉河生态绿廊；"两心"指在万泉河左、右两岸分别设置的公共服务中心；"一区"指先行区左岸北侧以特许医疗、医疗研究为主导功能的综合性组团；"四镇"指先行区的右岸和左岸，以特色治疗、康复疗养、健康管理、养生等为主导功能，以特色小镇为城市风貌的四个疗养主题组团。

到目前为止，国际医疗旅游先行区全国仅此一家，海南对建设海南博鳌乐城国际医疗旅游先行区充满信心和期待。

海南博鳌乐城国际医疗旅游先行区旨在建设以医疗服务业为重点的新兴产业园区，吸引国际高端医疗、研发机构进入，发展旅游性医疗和康复性医疗等。同时，将以健康检查、慢病治疗康复、中医养生保健、整形美容、先进医疗技术研发和孵化为重点，这些都透露出潜在的巨大医疗旅游市场。

此外，博鳌乐城国际医疗旅游先行区将享受政府为其"量身定做"的9条政策，包括在先行区内将允许境外资本举办医疗机构，并逐步取消中外合资和合作医疗机构对境外资本股比的限制。同时，海南博鳌乐城国际医疗旅游先行区还将开展前沿医疗研究项目。除此之外，海南博鳌乐城国际医疗旅游先行区将围绕大产业展开，未来除了重点发展高端医疗产业，还将同步发展多元有机农业、环保产业（绿色建筑）、国际事业及其相关的配套产业，并按照循环经济打造产业链，促进地区产业升级，力争规划期末核心产业实现年总产值140亿~200亿元。

2012年1月，海南省提出集康复养生、节能环保、休闲度假和绿色国际组织基地为一体的综合性低碳生态项目，即博鳌乐城国际医疗旅游先行区的前身"万泉乐城国际医疗示范区"项目。

2012年3月30日，时任国务院副总理的李克强听取了国际医疗旅游先行区项目汇报，给予了高度肯定，指出这一项目是博鳌亚洲论坛的"第二乐章"，设想有创意，而且方向正确、路径合理，应该得到国家层面的支持，并建议将"万泉乐城"更名为"博鳌乐城"。

2012年4月1日，"医疗旅游与国际合作圆桌会议"在博鳌举行。澳大利亚前总理霍克等4位前政要向中国政府和海南省政府递交了《关于在万泉乐城国际医疗旅游先行区创建健康旅游国际组织倡议书》。

2012年6月5日，琼海市人民政府正式批准项目名称由"万泉乐城"变更为"博鳌乐城"。

2012年7月10日，根据国务院领导的批示，由国家发改委牵头的十几个部委开展了联合调研和充分论证，一致同意创建博鳌乐城先行区。

2013年2月28日，国务院正式批复海南设立博鳌乐城国际医疗旅游先行区，同时发布关于支持博鳌乐城国际医疗旅游先行区的九项政策，标志着先行区上升为国家战略。

2013年4月初，博鳌亚洲论坛2013年年会新闻发布会宣布，中国首个国际医疗旅游先行区战略规划出台并落户海南博鳌乐城，这一项目将分为

"保健养生"和"医学治疗"两大部分，目标是建设成为世界养生胜地。

2015年9月，为贯彻落实《国务院关于同意设立海南博鳌乐城国际医疗旅游先行区的批复》，加快推进海南博鳌乐城国际医疗旅游先行区建设，培育和发展先行区国际医疗旅游产业，海南省政府特出台《海南博鳌乐城国际医疗旅游先行区医疗产业发展规划纲要（2015—2024年）》。

2015年12月29日，海南博鳌乐城国际医疗旅游先行区7个落地项目集体开工仪式在琼海市博鳌镇康祥路09单元恒大项目地块隆重举行。这7个项目包括博鳌恒大国际医学中心、瑞达法珀赛尔国际康复中心、博鳌济民国际医学抗衰老中心、博鳌一龄抗衰老中心、中国干细胞集团海南博鳌附属干细胞医院、美丽田园博鳌医疗抗衰老中心、海南省肿瘤医院成美国际医学中心等。

2017年3月6日，笔者了解到，海南博鳌乐城国际医疗旅游先行区中的博鳌恒大国际医学中心、中国干细胞集团附属医院、博鳌济民国际医学抗衰老中心等项目的建设都在有序进行中。相关负责人介绍，海南省肿瘤医院成美国际医学中心和博鳌一龄生命养护中心项目都已建设完毕，其中博鳌一龄生命养护中心已经具备营业条件，先行区管委会已经对接高端医疗健康项目92个，其中正式受理项目57个，通过医疗技术评估项目33个，已开工项目20个，完成投资22.1亿元。开工项目主要产业内容涉及肿瘤防治、整形美容、抗衰老、干细胞应用、健康管理、康复疗养等，总投资额198亿元，建成后年产值可达150亿元，税收12亿元，提供就业岗位1.5万个。

2017年6月8日，国家卫计委同国家发改委、财政部、国家旅游局、国家中医药局研究，拟同意三亚市、博鳌乐城国际医疗旅游先行区等13家单位开展首批健康旅游示范基地创建工作。

（三）七修养生酒店

新绛七修养生酒店位于京南廊坊经济技术开发区，占地10万平方米，为新中式汉唐风格建筑，是华北地区最大的以养生为主题的酒店。七修养生酒店以中医文化为基础，七修养生理论为核心，身心健康为目标，立志做七修生活方式的引导者，将德、食、功、书、香、乐、花七种养生方式融入酒店的饮食、起居、会议、活动、娱乐等经营业态中，在帮助宾客实现保养和疗愈目的的同时，建立健康的生活方式，致力于打造具有中国传统文化特色的养生酒店。酒店将全面展现中国养生文化精粹，传播中国生活方式智慧，立志成为世界级的健康养生酒店的运营服务商。酒店拥有360间风格迥异的客房，大小20多个设备齐全的会议室，6个不同风味的主题餐厅，以及小剧场、游泳池、花时间中医SPA等康乐设施。通过七修客房、七修廊、七修堂、七修斋等设施，将"七修养生理念"巧妙融合到食、宿、赏、购、文化修习中，让宾客收获精神与身体上的健康养成体验。七修客房设计融合了传统的中式风格，同时设有七修频道，包含七修的视频课程，让宾客在休息放松的同时充分感受到传统文化特色。在饮食方面，除了大排档、家宴以外，有最具特色的七修斋止语餐厅，以止语养心，以食素养身。相比身体上的愉悦，七修酒店更要成为一个让宾客心灵温暖的地方，酒店的康体娱乐中心、七修堂、七修廊、七修书院等独具特色的娱乐和学习设施，更为宾客的精神愉悦提供良好的氛围。

酒店定位为大众化体验型养生酒店，客户定位为健康生活方式体验客户，市场定位为七修体验型养生。

养生在中国有着非常悠久的历史和文化积淀，从最开始的足疗、食疗发展到现在，养生服务业已经成为一个新兴的朝阳产业，正在快速发展，而在当今，养生作为一种公认的健康生活的标志，已经成为席卷社会的时尚风潮，人们也越来越愿意为家人和健康投入更多。七修养生酒店正是看到了这一历史机遇，把养生理念融入到酒店文化之中，让人们能够在轻松度假的同时享受健康的生活方式。

关于对七修养生酒店未来的展望，酒店方面表示，将坚持初衷，在保持现有良好服务水平的同时，继续保持这种传统文化特色，为传统文化的传承贡献一份微薄之力，同时，酒店在服务方式、经营方式上也会继续探索改进，多多吸收顾客的意见建议，为顾客创造更加完善、更加舒适的体验。

参考文献

[1] Bookman M Z, Bookman K R. Medical tourism in developing countries [J]. University of Toronto Medical Journal, 2009 (86).

[2] Casey V, Crooks V A, Snyder J, Turner L. Knowledge brokers, companions, and navigators: Qualitatively examining informal caregivers' roles in medical tourism [J]. International Journal for Equity in Health, 2013 (12).

[3] Cohen I G, Alstott A, Boucher D, Blum G, Blum J, Brewster R, Clark B, Cortez N, Faulhaber L, Frakes M. Protecting patients with passports: Medical tourism and the patient protective-argument [J]. Iowa Law Review, 2010 (95): 1467-1567.

[4] Connell J. Medical tourism: Sea, sun, sand and … surgery [J]. Tourism Management,

2006 (27): 1093-1100.

[5] Connell J. Contemporary medical tourism: Conceptualisation culture and commodification [J]. Tourism Management, 2013 (34): 1-13.

[6] Crooks V A, Kingsbury P, Snyder J, Johnston R. What is known about the patient's experience of medical tourism? A scoping review [J]. Bmc Health Services Research, 2010 (10): 266.

[7] Hallem Y, Barth I. Customer-perceived value of medical tourism: An exploratory study—the case of cosmetic surgery in Tunisia [J]. Journal of Hospitality & Tourism Management, 2011 (18): 121-129.

[8] Johnston R, Crooks V A, Snyder J, Kingsbury P. What is known about the effects of medical tourism in destination and departure countries? A scoping review [J]. International Journal for Equity in Health, 2010 (9): 1-13.

[9] Kumar S, Breuing R, Chahal R. Globalization of health care delivery in the United States through medical tourism [J]. Journal of Health Communication, 2011 (17): 177-198.

[10] Lee M, Han H, Lockyer T. Medical tourism - attracting Japanese tourists for medical tourism experience [J]. Journal of Travel & Tourism Marketing, 2012 (29): 69-86.

[11] Macready N. Developing countries court medical tourists [J]. Lancet, 2007 (369): 1849-1850.

[12] Martin D S, Ramamonjiarivelo Z, Martin W S, Hall C M. MEDTOUR: A scale for measuring medical tourism intentions [J]. Tourism Review, 2011 (66): 45-56.

[13] Moghimehfar F, Nasr-Esfahani M H. Decisive factors in medical tourism destination choice: A case study of Isfahan, Iran and fertility treatments [J]. Tourism Management, 2011 (32): 1431-1434.

[14] Naranong A, Naranong V. The effects of medical tourism: Thailand's experience [J]. Bulletin of the World Health Organization, 2011 (89): 336-344.

[15] Pafford B. The third wave—medical tourism in the 21st century [J]. Southern Medical Journal, 2009 (102): 810-813.

[16] Peters C R, Sauer K M. A survey of medical tourism service providers [J]. Journal of Marketing Development & Competitiveness, 2011 (5): 117-126.

[17] Qadeer I, Reddy S. Medical tourism in india: Perceptions of physicians in tertiary care hospitals [J]. Philosophy Ethics & Humanities in Medicine, 2013 (8): 20.

[18] Reddy S G, York V K, Brannon L A. Travel for treatment: students' perspective on

medical tourism[J]. International Journal of Tourism Research, 2010(12): 510–522.

[19] Sarantopoulos I, Vicky K, Geitona M. A supply side investigation of medical tourism and ICT Use in Greece[J]. Procedia – Social and Behavioral Sciences, 2014(148): 370–377.

[20] Sarwar A A, Manaf N A, Omar A. Medical tourist's perception in selecting their destination: A global perspective[J]. Iranian Journal of Public Health, 2012(41): 1–7.

[21] Ye B, Yuen P, Qiu H, Zhang V. Motivation of medical tourists: An exploratory case study of Hong Kong medical tourists. Paper presented at the Asia Pacific Tourism Association (APTA) Annual Conference, Bangkok, Thailand, 2008.

[22] Yeoh E, Othman K, Ahmad H. Understanding medical tourists: Word-of-mouth and viral marketing as potent marketing tools[J]. Tourism Management, 2013(34): 196–201.

[23] 高静, 刘春济. 国际医疗旅游产业发展及其对我国的启示[J]. 旅游学刊, 2010(7).

[24] 梁湘萍, 甘巧林. 国际医疗旅游的兴起及其对我国的启示[J]. 华南师范大学学报: (自然科学版), 2008(1).

[25] 刘庭芳, 等. 国际医疗旅游产业探析及其对中国的启示[J]. 中国医院, 2016(20): 1–6.

[26] 孙静, 王蜀平, 沈贵荣. 青岛市外籍游客医疗旅游意愿调查分析[J]. 齐鲁医学杂志, 2013(3): 23.

[27] 张广海, 王佳. 中国医疗旅游资源及功能区划研究[J]. 资源科学, 2012(34): 1325–1332.

[28] 张维亚, 陶卓民, 蔡碧凡. 基于心境理论的医疗旅游者满意度研究[J]. 社会科学家, 2013(1).

[29] 张文菊, 杨晓霞. 国际医疗旅游探析[J]. 桂林旅游高等专科学校学报, 2007(18): 736–740.

[30] 周翀燕. 论我国医疗旅游产品开发体系的构建[J]. 商业经济, 2015(7).

[31] 朱昕婷, 徐怀伏. 南京中老年人医疗旅游发展现状调查[J]. 现代商贸工业, 2015(36): 32–34.

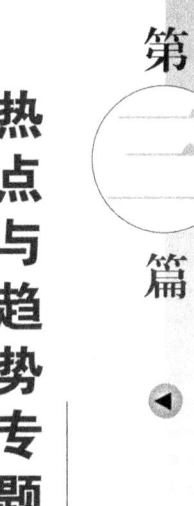

第二篇 热点与趋势专题

第一专题——城市空间与功能调整影响

京津冀地区可达性与旅游经济联系空间分析

邹统钎，杨丽端

一、前言

交通可达性概念由 Hansen 首次提出，他将其定义为交通网络各节点之间相互作用机会的大小（Walter et al, 1959）。此后可达性研究在定义、评价方法和应用方面都得到了学者们的广泛关注。定义中比较有代表性的有：可达性是指在一定的交通系统中，到达某一地点的难易程度（Johnston, 1995）；可达性是指不同空间分布的点或区域之间相互影响的潜力；Kwan 将可达性分为个体可达性（personal accessibility）和地方可达性（place accessibility）两类，前者是反映个人生活质量的一个很好的指标，后者是指所有人口容易到达的区位或地方所特有的属性，即某一区位"被接近"的能力（Kwan, Murray, et al, 2003）。可达性评价方法主要考虑到了所使用的交通工具（如飞机、汽车和火车）、距离变量（如实际距离、时间距离、交通花费）、主观感知（如感知效用、可获得机会）等因素，最终形成的评价方法包括最短旅行时间、加权平均旅行时间以及日常可达性、平均通行时间、重力模型等指标（吴威等，2002；王美霞，2014）。学者们在指标运用时多采取多指标综合比较的方法，如曹小曙等（2015）基于陆路交通网络，利用重力模型分析丝绸之路经济带可达性和城市空间联系格局特征。周芳

[基金项目] 北京社会科学基金项目（15JDJGA006）。
[作者简介] 邹统钎（1964—），男，江西吉安人，博士生导师，主要研究方向为旅游目的地开发与管理、遗产旅游，E-mail: ztq64@126.com。杨丽端（1991—），女，山东菏泽人，硕士研究生，主要研究方向为旅游目的地开发与管理，E-mail: 1115603093@qq.com。

如等（2016）选取了平均通行时间、最少通行成本和点度中心度指标研究中国重要入境旅游城市的交通可达性。Gutiérrez（2001）采用加权平均旅行时间、重力模型和日常可达性等指标研究高速铁路的修建对未来区域可达性的影响。

交通是区域间联系的纽带，区域间的经济联系研究在可达性研究的基础之上得到发展。学者们测度区域城市间经济联系的方法有城市流模型（徐慧超等，2013；刘建朝等，2013）、投入产出模型（石敏俊等，2006）、引力模型（孙鼎新，2014；焦利民等，2016），其中引力模型的应用范围最广。由于传统的引力模型测定的空间联系不能反映联系的功能性，学者们分别从对原有模型的直接改进即对参数、距离或者质量指标的改进和借助其他方法如社会网络分析法、主成分分析法等进行改进两个方面对引力模型进行修正。如尹鹏、李诚固等（2014）采用时间距离修正引力模型的直线距离或交通线距离，关晓光、刘柳（2014）使用主成分分析法对引力模型进行修正，分析了京津冀城市群的空间联系强度。

已有研究大多采用单一的交通方式分析发达地区省际城市或地级城市之间的经济联系（王妙妙、曹小曙，2016），综合不同的交通方式测度的城市经济联系研究较少。此外，已有研究大多侧重于旅游交通可达性定量分析，将可达性与旅游经济联系结合起来研究的也很少。而京津冀一体化建设作为国家战略，研究其区域间城市可达性和旅游经济联系极具现实意义。本文以京津冀地区为研究区域，综合考虑不同交通方式测度可达性，结合交通可达性和旅游经济联系的分析，旨在厘清京津冀地区城市间的可达性和旅游经济联系格局，为各城市实现京津冀区域一体化的发展策略提供参考。

二、研究方法与数据来源

（一）交通可达性

根据本研究的目的，以区域内某城市到其他各城市的平均通行时间来衡量该城市的交通可达性。平均通行时间指在当前交通线路网络中，某城市到区域内其他城市所用最短时间的平均值，其值越小，说明该城市的旅行时间可达性越好（周芳如，2016）。其计算公式为：

$$A_i = \sum_{j=1}^{n} T_{ij}/n \tag{1}$$

式中，i、j 为区域内的城市；T_{ij} 为区域内的城市 i 通过交通网络到达城市 j 的最短通行时间；n 为城市个数，此处取 13；A_i 为城市 i 的平均通行时间，其值越小，表明该城市的可达性越好，即该城市到达区域中其他城市越方便快捷，反之则越差。

为更准确地测算各城市的综合可达性水平，根据不同的交通方式赋予不同的权重系数，构建综合平均通行时间模型。由于京津冀地区水路运输的交通功能较低，本文以公路交通、铁路交通和航空交通作为区域综合交通可达性的构成指标，计算公式为（陈刚，2013）：

$$A_i' = w_g A_g + w_t A_t + w_h A_h \tag{2}$$

式中，A_i' 表示京津冀地区中的 i 城市到区域内其他城市的综合平均通行时间；A_g 表示 i 到各城市间通过公路方式所花费（国道和省道等）的平均通行时间；A_t 表示 i 到各城市间通过铁路方式（高铁和动车等）所花费的平均通行时间；A_h 表示 i 到各城市间通过航空方式所花费的平均通行时间。W_g、W_t 和 W_h 分别表示公路客运量、铁路客运量和航空客运量占 i 城市总客运量权重，其中 $W_g + W_t + W_h = 1$。

为揭示各城市在整个区域内交通网络中的地位，可采用可达性系数来反映各城市可达性水平的相对高低。表达式为（尹鹏等，2014）：

$$A_i'' = A_i' \Big/ \left(\sum_{i=1}^{n} A_i' \right) / n \tag{3}$$

式中，A_i'' 是可达性系数，$A_i'' < 1$，说明城市可达性水平高于区域平均水平，$A_i'' > 1$，说明城市可达性水平低于区域平均水平；n 是区域内的所有城市数，此处取 13。

（二）旅游经济联系模型

引力模型作为测度城市经济联系紧密程度的常用指标而被广泛应用（陈刚，2013；史琴琴等 2016）。旅游经济联系是根据引力模型修正而来，应用于区域旅游经济联系的测度，其计算公式为（张洪，夏明，2011；陈刚等 2012）：

$$R_{ij} = \frac{\sqrt{P_i V_i} \sqrt{P_j V_j}}{D_{ij}^2} \tag{4}$$

$$C_i = \sum_{i=1}^{n} R_{ij} \tag{5}$$

（4）和（5）式中：P_i 为 i 城市旅游接待总人数，V_i 为 i 城市的旅游总收入，D_{ij} 为 i 城市到 j 城市的综合最短旅行时间距离。R_{ij} 的大小反映了城市之间旅游经济联系程度和紧密度，C_i 为 i 城市的旅游经济联系度的总和，反映了城市在区域旅游中的地位和作用的大小。

（三）数据来源与处理

本文的原始数据中，公路交通的最短通行时间来自于百度地图自驾选项下的城市间最短时间，铁路交通最短通行时间来自于中国铁路客户服务中心网站，航空交通的最短通行时间来自于携程网；北京、天津的旅游收入和旅游接待总人数来自《北京统计年鉴2015》《天津统计年鉴2015》，河北各地级市的旅游收入和旅游总接待人数来自于河北统计简报，其他数据来自于《中国城市统计年鉴（2015）》。

三、结果分析

（一）可达性呈现以北京、廊坊、保定、天津为核心递减特征

运用式（1）~式（3）计算综合平均通行时间和可达性系数（表1），京津冀地区的13个城市中，平均综合通行时间为3.42h。可达性水平最高的是北京，综合平均通行时间为2.41h，可达性系数为0.70，充分展示了国家级枢纽城市的核心地位。最差的是张家口，综合平均通行时间为4.83h，是平均水平的1.41倍。从可达性系数来看，京津冀地区中可达性高于平均水平的城市有8个，占比61.5%，低于平均水平的有5个，占比38.5%。

表1 京津冀地区可达性水平

城市名称	A_i'/h	A_i''	城市名称	A_i'/h	A_i''
北京市	2.41	0.70	衡水市	3.28	0.96
天津市	2.60	0.76	秦皇岛市	3.88	1.13
廊坊市	2.81	0.82	邢台市	3.89	1.14
保定市	2.84	0.83	邯郸市	4.18	1.22
沧州市	2.99	0.87	承德市	4.38	1.28
唐山市	3.16	0.92	张家口市	4.83	1.41
石家庄市	3.26	0.95			

注：A_i'、A_i'' 分别代表综合平均时间和可达性系数。

为更直观地了解京津冀地区可达性空间分异特征，采用ArcGIS 10.0地统计模块对京津冀地区13个城市的综合平均通行时间进行普通克里金插值。

由图1可知，核心区由北京、廊坊、天津、保定四个城市组成，综合平均通行时间在2.40~2.90h。核心区以北的城市，综合平均通行时间等值线相较核心区以南明显要稠密，证明南部交通可达性优于北部，可达性最差的是核心区西北和东北地区包括承德和张家口在内的城市，综合平均通行时间在4.30~4.90h。总体而言，京津冀地区综合平均通行时间从中部向西、南、北三面四周逐渐增大，形成以北京、廊坊、天津、保定为核心向外围逐渐递减的核心—边缘分布特征。

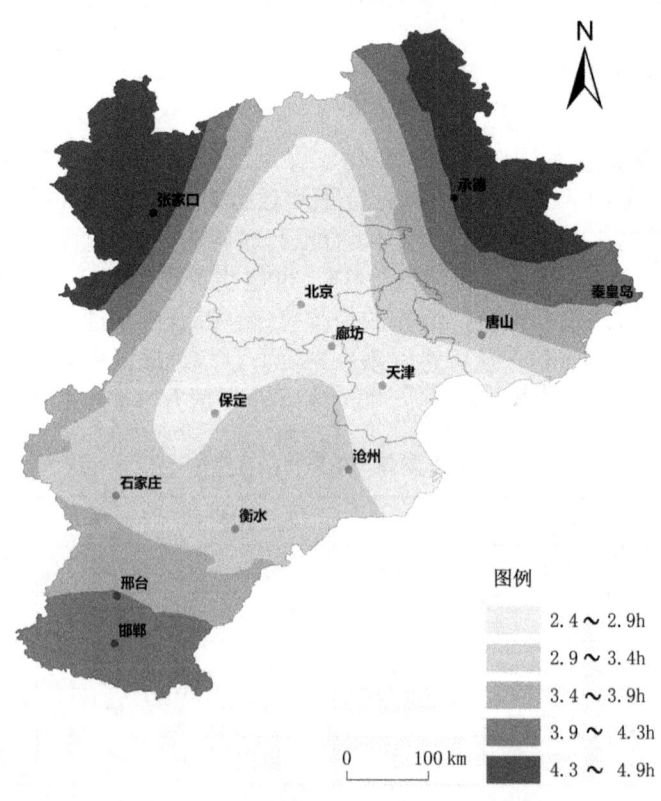

图1 京津冀地区可达性空间格局

（二）旅游经济联系分析

1. 联系强度

根据式（4）~式（5）计算京津冀地区各城市间的旅游经济联系强度 R_{ij} 和每个城市的旅游经济总联系度 C_i，运用 ArcGIS 10.0 将各城市的旅游经济联系总和和城市间的旅游经济联系可视化（图2），按自然断裂法将各城市按旅游经济总联系度分为3个等级：58.07~264.00，264.00~579.21，579.21~3162.70，分别命名为一级、二级、三级（图2a.总体旅游经济联系）；将城市间的旅游经济联系强度分为5个等级：0~44.76，44.76~126.73，126.73~231.25，231.25~530.09，530.09~1252.53，分别命名为五级、四级、三级、二级、一级；由图2a.总体旅游经济联系可知，总体旅游经济联系度为一级的城市为北京和天津，二级城市为石家庄、保定、廊坊、唐山，其他为三级城市。

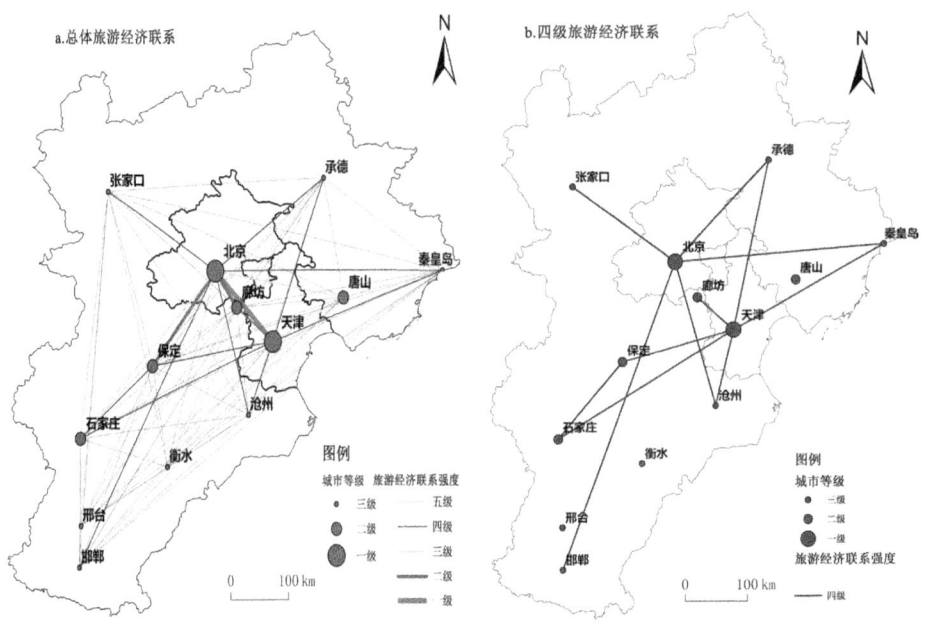

图2　京津冀地区旅游经济联系

从城市间的旅游经济联系强度看①，旅游经济联系强度为一级的是北京—天津；旅游经济联系强度为二级的为北京—保定，北京—廊坊；旅游经济联系强度为三级的为北京—石家庄，北京—唐山，唐山—天津，天津→保定，廊坊—天津。旅游经济联系为四级的城市联系格局可分为三种类型（图2b.四级旅游经济联系），第一种直线型，如北京—张家口，北京—邢台，廊坊—天津；第二种三角形，如石家庄—保定—天津，承德—北京—沧州；第三种V形，北京—秦皇岛—天津—沧州。其他城市与城市之间的旅游经济联系为五级联系。

综合来看，京津冀地区旅游经济联系格局形成了以北京、天津为轴的包括廊坊、保定、唐山在内的城市圈，但廊坊与保定、廊坊与唐山的旅游经济联系强度较弱。此外保定、石家庄和天津，北京、承德和沧州，北京、秦皇岛、天津和沧州也分别形成了次一级的旅游经济联系城市圈。

2. 以北京为核心的城市辐射格局

将每个城市旅游经济联系强度最大的城市作为首位旅游经济联系城市，并将结果可视化（见图3）。京津冀地区中成为其他城市的首位经济联系城市的为北京、天津和邯郸。其中，以北京首位旅游经济联系城市占到京津冀地区的70%，即京津冀地区12（除北京外）个城市中，9个城市首位旅游经济联系城市是北京，由图3可知，这些城市以北京为中心呈放射状分布，辐射最远的直到邯郸。剩下的三个城市中，唐山和沧州的首位旅游经济联系城市都为天津，邢台的首位旅游经济联系强度城市为邯郸。

（三）综合分析

结合京津冀地区可达性和旅游经济联系结果，将可达性和旅游经济度的总和两个指标分别作为X轴和Y轴，分别以城市群可达性和旅游经济联系度的总和的中位数为交点坐标，构造出城市可达性和旅游经济联系强度分布象限（见图4），将京津冀地区13个城市分为四类（见表2）。

---

① —为双向联系，→为单项联系。

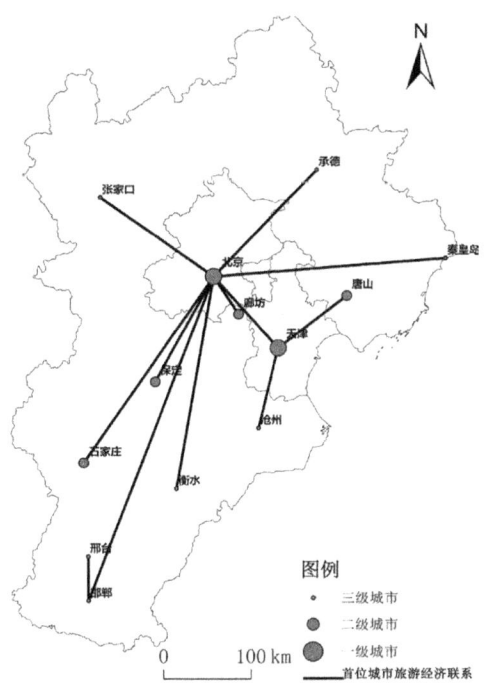

图3 首位旅游经济联系强度城市

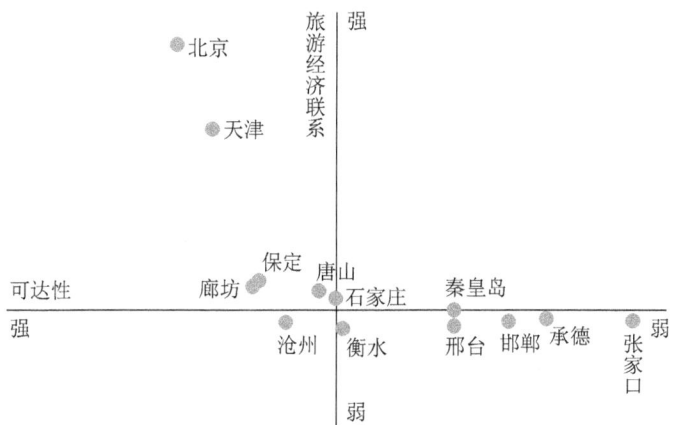

图4 京津冀地区可达性和旅游经济联系强度分布象限

表2 京津冀地区城市类型划分

类别	代表城市	所在象限	特征	发展建议
强强城市	北京，天津，廊坊，保定，唐山	第二象限	可达性和旅游经济联系都很强	发挥区域带动作用
强弱城市	沧州	第三象限	可达性强，旅游经济联系弱	发展旅游业
弱弱城市	邢台，邯郸，张家口，承德	第四象限	可达性和旅游经济联系都很弱	加强交通基础设施建设和旅游业
其他城市	石家庄，衡水，秦皇岛	—	可达性或旅游经济联系属于中等水平	—

强强城市，即可达性和旅游经济联系都很强的城市，最具有代表性的城市是北京和天津，其次是廊坊、保定和唐山。

强弱城市，即可达性强而旅游经济联系弱的城市，京津冀区域内具有代表性的城市是沧州。

弱弱城市，即可达性和旅游经济联系都弱的城市，京津冀区域内属于此类的城市为邢台，邯郸，张家口，承德。

其他城市，京津冀区域中，石家庄，衡水，秦皇岛基本落在坐标轴上，说明这些城市可达性或者旅游经济联系强度在京津冀地区中属于中等水平。如石家庄属于可达性中等，而旅游经济联系较强的城市。秦皇岛在京津冀区域中属于旅游经济联系中等，可达性弱的城市。最后，衡水属于可达性中等，旅游经济联系较弱的城市。

将四类城市进行类别可视化（见图5），可以看出强强城市群位于河北中部，弱弱城市群位于河北北部和南部，而强弱城市和其他城市位于二者的过渡地带，同样满足以强强城市群为中心向外围递减的核心—边缘分布特征。

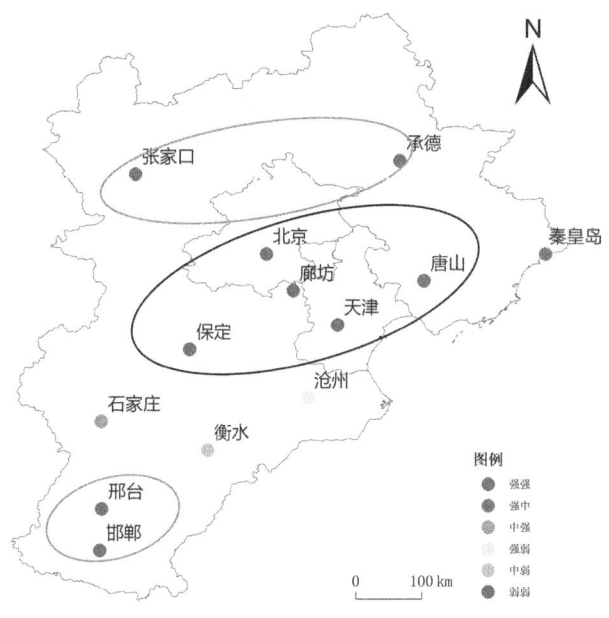

图5 京津冀地区可达性和旅游经济联系格局

四、结论和建议

基于京津冀地区交通和旅游统计数据，分别运用综合平均通行时间模型和引力模型测算京津冀地区可达性和旅游经济空间联系，得出的结论主要有以下几点。

（1）京津冀地区可达性呈现以北京、廊坊、保定、天津为核心向外围递减的核心边缘特征。京津冀地区的13个城市中，平均综合平均通行时间为3.42h，北京的可达性最好。核心区由北京、廊坊、天津、保定四个城市组成，核心区南部交通可达性优于北部，可达性最差的是包括承德和张家口在内的核心区西北和东北地区，综合而言京津冀地区综合平均通行时间从中部向西、南、北三面四周逐渐增大。

（2）京津冀地区旅游经济联系：北京和天津的综合旅游经济联系最强，为一级城市，以北京、天津为轴包括廊坊、保定、唐山在内形成京津冀地区旅游经济联系最紧密的城市圈，而保定、石家庄和天津，北京、承德和沧州，北京、秦皇岛、天津和沧州也分别形成了不同空间结构的次一级旅游经济联系城市圈。此外根据首要旅游经济联系城市分布格局，京津冀地区基本形成了以北京为核心的城市辐射格局。

（3）以可达性和旅游经济联系为基础的京津冀地区四类城市划分。结合京津冀地区可达性和旅游经济联系指标，将区域内13个城市划分为强强城市、强弱城市、弱弱城市和其他城市四类，其布局满足以强强城市群为中心向外围递减的核心—边缘分布特征。

在京津冀一体化进程中，强强城市，即北京和天津、廊坊、保定和唐山需要发挥中心城市的区域带动作用；强弱城市，即沧州在以后的发展过程中需要借助交通优势，发展旅游业。弱弱城市，即邢台，邯郸，张家口，承德，此类城市需要同时加强交通基础设施建设和发展旅游业。其他城市，如秦皇岛需要完善交通基础设施建设。与之相反，石家庄则需要优先发展旅游业。最后，衡水属于旅游经济联系较弱的城市，在一体化建设中需要重点推动旅游业的发展。

参考文献

［1］曹小曙，李涛，杨文越，等.基于陆路交通的丝绸之路经济带可达性与城市空间联系［J］.地理科学进展，2015，34(6): 657–664.

［2］陈刚，黄翔，刘大均等.湖北省旅游交通可达性及旅游经济联系空间分析［J］.旅游论坛，2012，5(6).

［3］陈刚.湖北省交通可达性与旅游经济联系空间关系分析［D］.华中师范大学，2013.

［4］关晓光，刘柳.基于修正引力模型的京津冀城市群空间联系分析［J］.城市问题，2014(11):21–26.

［5］焦利民，唐欣，刘小平.城市群视角下空间联系与城市扩张的关联分析［J］.地理科学进展，2016,35(10): 1177–1185.

［6］刘建朝，高素英.基于城市联系强度与城市流的京津冀城市群空间联系研究［J］.地域研究与开发，2013,32(2)：57–61.

［7］石敏俊，金凤君，李娜，等.中国地区间经济联系与区域发展驱动力分析［J］.地理学报，2006,61(6):593–603.

［8］史琴琴，康江江，鲁丰先，等.山西省县域可达性及城市经济联系格局［J］.地理科学进展，2016,35(11): 1340–1351.

［9］孙鼎新.高铁对京津冀旅游交通可达性及旅游经济联系影响的研究［D］.燕山大学，2014.

[10] 王美霞,蒋才芳,王永明,等.基于公路交通网的武陵山片区旅游景点可达性格局分析[J].经济地理,2014,34(6):187-192.

[11] 王妙妙,曹小曙.基于交通通达性的关中—天水经济区县际经济联系测度及时空动态分析[J].地理研究,2016,35(6): 1107-1126.

[12] 吴威,曹有挥,曹卫东,等.开放条件下长江三角洲区域的综合交通可达性空间格局[J].地理研究,2002,26(2): 391-402.

[13] 徐慧超,韩增林,赵林,等.中原经济区城市经济联系时空变化分析——基于城市流强度的视角[J].经济地理,2013,33(6): 53-58.

[14] 尹鹏,李诚固,陈才.东北地区省际城市可达性及经济联系格局[J].经济地理,2014,34(6): 68-74.

[15] 周芳如,吴晋峰,吴潘,等.中国主要入境旅游城市交通通达性对比研究[J].旅游学刊,2016,31(2):12-22.

[16] Gutiérrez J. Location, economic potential and daily accessibility: An analysis of the accessibility impact of the high-speed line Madrid-Barcelona-French border [J]. Journal of Transport Geography, 2001,9(4):229-242.

[17] Johnston R J.Dictionary of human geography [J]. Geografiska Annaler, 1995, 77(2):152.Transportation Statistics Annual Report (TSAR). Bureau of Transportation Statistics, US Department of Transportation, 1999.

[18] Kwan M P, Murray A T, O'Kelly M E, et al. Recent advances in accessibility research: Representation, methodology and applications [J]. Journal of Geographical Systems, 2003,5(1):129-138.

第二专题——冬奥会感知与意向研究

居民对2022年冬奥会的感知差异及参与意向研究

——以北京居民与张家口居民为例

许忠伟,曾玉文

一、前言

大型活动是指观众容量大,花费成本高,且备受瞩目的活动,它能够在短时间内吸引来自世界各地的参赛者、活动爱好者及游客聚集到举办城市(Kim and Walker, 2012)。在经济方面,大型活动能够促进举办地经济发展,吸引投资,带动旅游、酒店、建筑等相关产业的发展(Deccio and Baloglu, 2002),进而为当地居民提供更多就业机会并且提高居民个人收入(Gursoy and Kendall, 2006)。在社会方面,有助于增加举办地的城市形象,提高知名度(Getz, 1997),改善城市环境,提高公共服务水平,完善基础设施(Fangying Chen and Lihao Tian, 2015),增加当地居民的民族自豪感等等。在文化方面,大型活动的举办丰富了当地居民的休闲娱乐活动,加强地区的价值观念和传统(Hall, 1989),促进居民与旅游者之间的文化交流。

2015年7月30日,中国北京以最多的得票数成功击败挪威奥斯陆、哈萨克斯坦阿拉木图、乌克兰利沃夫以及波兰克拉科夫成为2022年冬奥会的举办城市,其中北京承办所有冰上比赛项目,张家口崇礼太子城则作为雪上项目的比赛地点。这是北京作为世界知名的大城市,同时作为中国的政

[作者简介] 许忠伟,北京第二外国语学院副教授,博士,硕士研究生导师,主要从事节事活动与旅游企业研究。曾玉文,北京第二外国语学院会展管理专业研究生。

治、经济、文化和科技中心,继成功申办第 11 届亚洲运动会、2008 奥运会、2010 园林博览会及其他各项大型赛事之后,获得 2022 冬奥会的举办权。受到与其他地区不同的认知水平、认知因素和当地文化传统的影响,北京市居民对 2022 年冬奥会的感知及参与意向与张家口市居民会存在一定差异。与北京、张家口同时提出申请举办 2022 年冬奥会的城市——波兰的克拉科夫,正是因为在举办地的公投中有将近 70% 的市民持反对态度而导致克拉科夫退出了申办。因此,研究两地居民对大型活动的感知及参与度是十分必要的。

二、居民感知及行为意向文献综述

居民感知理论的基础是利益相关者理论。利益相关者需具备影响力、合法性和紧迫性这三个条件,并以此为依据被分为三类:确定型利益相关者、预期型利益相关者和潜在利益相关者(Mitchell,1997)。社区居民具备了利益相关者影响力、合法性和紧迫性三个条件,故其属于潜在利益相关者。因而在大型活动举办前调查居民对感知及行为意向是十分必要的。

目前国内外关于居民感知及行为意向的研究主要集中在三个方面:居民的感知与态度、居民感知与态度的影响因素和对应的对比研究。感知是态度形成的第一阶段,而且当态度一旦形成,感知、情感及行为等三项因素是呈一致性和持续性的(卢小丽,2012)。态度是指一个人以肯定或否定的方式估价某些抽象事物、具体事物或某些情况的心理倾向,社区依恋、社区关注、社区参与、旅游影响感知会影响社区居民旅游发展态度(王纯阳等,2014)。在 1996 年亚特兰大夏季奥运会上,虽然亚特兰大居民的支持率一直很高,但是由于居民的参与度低造成随着奥运会举办时间的接近支持率不断降低的情况发生(Mihalik and Simonetta,1998)。因此,感知是建立态度的基础,大型活动能否成功举办离不开当地居民的支持和参与。

Deccio、Baloglu 最早研究居民感知和支持的影响因素,用社会交换模型研究非举办地居民对 2002 年冬奥会感知和支持的各种因素,结果表明,居民对 2002 年盐湖城冬奥会的支持度受可得到的机会、经济收益和资源使用的积极影响,而受生态态度的消极影响。后来基于此的研究越来越多,比如,以社区依附、生态态度、社区关心、感知成本、感知收益、支持度的 6 变量模型研究 2002 年盐湖城冬奥会(Gursoy、Kendall,2006),以收益感知、成本感知、社区依附感知、参与度感知和准备度感知 5 个维度研究北京奥运会(王起静,2010),以及最近的 Kim、Junetal 用经济利益、社区自豪感、社区发展、经济成本、交通拥堵以及社区安全6个维度研究F1韩国大奖赛。虽然不同学者对居民感知的维度划分不太一致，但是仔细分析各个维度的内容不难发现，居民对事件影响的感知可分为感知价值和感知成本两大维度，即居民对事件影响的感知的积极影响和消极影响。

居民感知对比研究可以分为两类，一类是同一人群在大型活动前与大型活动后的感知差异，另一类是分析不同地居民对同一大型活动的感知差异，即时间上的纵向比较和空间上的横向比较。

前一类研究主要在于分析居民对大型活动的感知差异及影响这种差异的影响因素。Mihalik和Simonetta（1999）对1996年亚特兰大奥运会进行了长期深入的居民感知调查，发现当地居民更加注重无形利益而非经济影响，并且居民对于奥运会始终持支持态度，参与反对活动的居民在不断减少，居民提出的消极感知因素应通过法律手段得到解决；Waitt（2003）分别于1998年和2000年对居民在奥运会举办前和举办期间对2000年悉尼奥运会的支持度进行调查，研究了居民支持度的变化和影响因素；Kim、Gursoy和Lee（2006）研究了居民对2002年韩日世界杯举办前后的感知差异，发现居民在世界杯举办后所得到的实际利益低于预期值，在赛事进行过程中产生的消极感知也远低于赛前预期值。许春晓、柴晓敏和付淑礼（2007）分别在2006年杭州休闲博览会举办前和举办期间两次对居民进行抽样调查，通过对比发现居民的感知是存在变化的，积极感知逐渐减弱，消极感知逐渐增强。

后一类是分析不同地居民对同一大型活动的感知差异。不同地居民分为两个层次。其一是基于地区层面。如戴林琳、盖世杰（2011）以京郊江水河村和长哨营村为例研究了节事旅游对乡村聚落影响的居民感知差异，研究发现在乡村节事举办地中，居民感知除了受到当地旅游发展水平的影响之外，很大程度上受到节事活动可参与程度、节事举办地特征、节事与节事举办地资源适配性的综合影响，因此为提高节事活动的运行绩效，应丰富节事内容和形式，提高节事组织的公众参与度；完善节事物质空间，改善区位交通条件，提高节事举办地的社会经济水平；尽可能依托节事举办地资源，选择在内涵上与当地具有较高关联度的节事，从而获得当地居民更广泛的支持和参与。其二是基于国家地区层面上，Ljudevit、Lidija（2012）通过调查发展中国家居民对事件的态度，对比研究了发展中国家和发达国家居民对事件态度的不同。他发现发达国家在基础设施和公共服务方面已经完善，而发展中国家的基础设施的数量和质量都比较落后。因此，发展中国家居民对节事活动举办能够改善基础设施的期望更高。

三、研究方法

（一）问卷设计

本文的研究目的是考察两举办地居民对于大型活动的感知及态度差异，问卷设计基于前人的研究成果，参考了国内外研究居民感知和支持度的重要文献。调查问卷共包括三个部分：第一部分是对居民感知度及其影响因素的调查；第二部分是对居民参与意向及其影响因素的调查；第三部分是对居民个人基本信息的收集。第一部分：居民对2022年冬奥会的感知。本部分采用李克特5点量表尺度按顺序由1分到5分代表非常不同意、不同意、不知道、比较同意和非常同意。其中居民对2022年冬奥会的感知共设计了18个问题，所选取的18个因素指标主要来自国内外已有研究成果对于居民感知的研究，并结合北京、张家口自身特征进行了补充和修改。主要体现了经济方面肯定与否定感知（增加就业机会及个人收入、吸引投资、促进相关产业发展、增加生活成本）、社会方面肯定与否定感知（改善城市环境、完善基础设施、提高公共服务水平、增加民族自豪感、提升国际形象、造成交通拥堵）和文化方面肯定与否定感知（丰富休闲娱乐活动、促进文化交流）等三大层面。第二部分：居民支持度及参与意向的评定。此部分就居民是否支持并参与冬奥会的态度设计了8个问题，采用李克特5点量表依序为非常不同意、不同意、不知道、比较同意和非常同意。第三部分：居民的基本资料。该部分采用类别尺度，包括性别、年龄、受教育程度、职业、个人月收入、居住地及居住时间等选项。

（二）数据收集

本研究采用随机抽样的方式获取数据，于2017年3月30日至2017年4月18日进行了为期20天的问卷发放，并以2022年冬奥会举办地北京、张家口市作为案例地。发放地点选择在北京市、张家口市区的学校、社区、中心商圈等人流密集的场所，以确保样本的随机性，同时对于一些时间不便的受访者采用电子问卷的方式来获取信息。此外，结构方程模型要求样本容量不得少于问卷指标的5倍，且不多于问卷指标的20倍。本文所用问卷共有26个指标，因此问卷数量应不少于130份。考虑到问卷的回收率及有效率问题，调研的样本最终确定为300份。本次调查共发放问卷300份，回收有效问卷270份，有效率为90%。

(三)研究方法

研究采用主成分因子分析法研究影响居民感知的各类因素。特征值大于 1、因子载荷和共同值大于 0.4 的指标可以包括在最终因子结构中,然后用因子分析法把支持度的 4 个指标综合成一个指标,用信度检验确保影响因子和支持度的内部一致性,最后用斯皮尔曼(Spearman)等级相关系数来确定支持度和影响因素之间的关系。

四、结果与讨论

(一)被调查人口统计特征

表 1 显示了两地区被调查者的统计信息。可以看出,两地区被调查者在性别、年龄和居住时间上呈现出类似的特征:女性被调查者数量多于男性;在年龄组成上,北京主要以 20~29 岁为主,占比 74.8%,而张家口被调查样本年龄主要由 20~29 岁及 40~49 岁两部分组成;在受教育程度上,北京被调查样本的受教育程度大部分为本科,占比 88.6%,张家口则主要集中在本科、大专及以下。从被调查者所从事的职业看,北京地区被调查者中以学生数量最多,占本地区全部被调查者的 76.0%;其次是企业职工,占 10.2%;张家口地区被调查者中企业员工数量最多,其次是学生,分别占本地区全部被调查者的 38.5% 和 25.9%。在居住时间上,5 年及以下和 10 年及以上所占比例最高。

表1 样本的人口统计学特征统计表

		北京	张家口
性别	男	28.3%	44.0%
	女	71.7%	56.0%
年龄	20 岁以下	14.6%	1.1%
	20~29 岁	74.8%	39.6%
	30~39 岁	3.9%	16.7%
	40~49 岁	4.3%	34.8%
	50 岁及以上	2.4%	7.8%

续表

		北京	张家口
受教育程度	大专及以下	8.3%	33.3%
	本科	88.6%	55.9%
	研究生及以上	3.1%	10.8%
职业	政府机构或事业单位	6.3%	14.8%
	企业职工	10.2%	38.5%
	学生	76.0%	25.9%
	农民	1.2%	1.5%
	退休人员	0.8%	2.6%
	其他	5.5%	16.7%
月收入	4000元以下	76.8%	40.7%
	4000~6999元	12.6%	22.2%
	7000~10 000元	7.0%	23.3%
	10 000元以下	3.6%	13.8%
在当地居住时间	5年以下	28.3%	18.5%
	5~10年	3.9%	7.8%
	10年以上	67.8%	73.7%

（二）因子分析

首先对支持度影响因素做因子分析。按照因子分析的前提要求，采用Bartlett球形检验及KMO取样适当性量数检验各变量观测值之间的相关性。利用SPSS18.0软件处理数据，北京地区居民、张家口地区居民KMO的检验值分别为0.920、0.939。两地居民Bartlett球形检验相伴概率P=0.000，说明统计数据适合做因子分析。

结果显示，北京市居民和张家口居民的因子分析存在较大差异。北京市居民感知中，积极影响感知因子有5个、消极影响感知因子1个，分别命名为当地居民社区依附度、对冬奥会了解程度、冬奥会参与度感知、冬奥会经济利益感知、冬奥会文化和公共服务利益感知、冬奥会成本感知，累计方差贡献率为72.10%。

张家口居民感知中，积极影响感知因子有2个、消极影响感知因子1个，分别命名为经济和文化利益感知、社会利益感知、冬奥会成本感知，累计方差贡献率为66.19%。对提取的各公因子进行信度分析，信度系数均较高（见表2和表3）。

表2　北京市居民样本数据因子分析结果

感知因子	均值	载荷	特征值	方差累计贡献率(%)	信度
F1：当地居民社区依附度	4.14		9.35	37.32	0.92
我非常关心和在意北京未来的发展	4.23	0.87			
我不愿意离开北京到其他地方居住	4.11	0.83			
我对北京有很强的情感和归属感	4.19	0.86			
在北京居住时间	4.02	0.81			
F2：对冬奥会了解程度	4.10		4.85	49.61	0.82
我对冬奥会的相关情况有了解	4.11	0.81			
我对冬奥会中的滑雪、冰球等冰雪项目有了解	4.16	0.76			
我知道冬奥会名人和故事	4.02	0.79			
F3：冬奥会参与度感知	4.15		4.03	59.09	0.84
冬奥会使我愿意了解和参与各种冰雪项目	4.22	0.82			
我愿意配合冬奥会的相关筹备工作	4.15	0.85			
我希望多办冬奥会类似的大型赛事	4.07	0.77			
F4：冬奥会经济利益感知	4.10		3.86	64.93	0.83
举办冬奥会将增加我的收入	3.98	0.82			
举办冬奥会将增加就业机会	4.09	0.84			
举办冬奥会给北京带来更多投资	4.06	0.81			
冬奥会将促进北京相关产业发展	4.26	0.84			

续表

感知因子	均值	载荷	特征值	方差累计贡献率（%）	信度
F5：冬奥会文化和公共服务利益感知	4.22		2.50	69.06	0.82
冬奥会有助于展现北京历史文化底蕴	4.33	0.75			
冬奥会促进不同文化间的交流进步	4.16	0.84			
冬奥会促进北京基础设施建设	4.32	0.86			
冬奥会促进北京冰雪运动设施建设	4.17	0.79			
冬奥会优化北京交通设施和条件	4.08	0.80			
冬奥会提升北京公共服务水平	4.25	0.83			
F6：冬奥会成本感知	3.77		2.11	72.10	0.79
冬奥会使北京商品和服务价格上涨	4.02	0.83			
冬奥会使北京房价上涨	3.77	0.73			
冬奥会使北京交通拥堵加剧	4.12	0.84			
冬奥会使北京社会稳定和治安水平下降	2.67	0.81			
冬奥会使北京污染物和垃圾排放量增加	4.14	0.84			
冬奥会带来大量人群占用公共设施	4.23	0.77			

表3　张家口居民样本数据因子分析结果

感知因子	均值	载荷	特征值	累计方差贡献率（%）	信度
F1：经济和文化利益感知	4.02		5.21	28.94	0.91
举办冬奥会将增加我的收入	3.47	0.83			
举办冬奥会将增加就业机会	3.78	0.82			
举办冬奥会将丰富日常生活	4.17	0.74			
举办冬奥会将促进经济发展	3.76	0.73			
举办冬奥会将增加交流机会	4.21	0.71			

续表

感知因子	均值	载荷	特征值	累计方差贡献率（%）	信度
举办冬奥会将吸引投资	4.34	0.68			
举办冬奥会将增加自豪感	4.41	0.64			
举办冬奥会将带动旅游业发展	3.47	0.63			
F2：社会利益感知	4.38		3.83	50.21	0.87
冬奥会将促进环境保护	4.36	0.82			
冬奥会将改善城市环境	4.37	0.81			
冬奥会将完善基础设施建设	4.41	0.65			
F3：冬奥会成本感知	3.81		2.88	66.19	0.81
冬奥会将增加噪声	3.36	0.85			
冬奥会将增多垃圾和污染物	3.36	0.80			
冬奥会将导致交通拥堵	3.62	0.79			
冬奥会造成商品价格和服务价格上涨	4.26	0.67			
冬奥会造成房价上涨	4.44	0.61			

（三）影响因素对居民支持度的相关性分析

运用 SPSS18.0 计算支持度和影响因素的因子值，计算居民支持度和各影响因素之间的斯皮尔曼相关系数，如表4所示。结果显示北京市居民对冬奥会的支持度与5个影响因素呈显著正相关关系，分别是当地居民社区依附度、对冬奥会了解程度、冬奥会参与度感知、冬奥会经济利益感知、冬奥会文化和公共服务利益感知。北京市居民对冬奥会支持度与居民对冬奥会负面影响感知，即冬奥会成本感知呈不显著的负相关关系。以上研究进一步验证了 Gursoy 和 Kendall 的结论，即支持度与感知收益有显著的正相关关系，而与感知成本有非显著的负相关关系。张家口居民对冬奥会的支持度与2个影响因素呈显著正相关关系，分别是经济和文化利益感知、社会利益感知。张家口居民的负面感知因素，即冬奥会成本感知对冬奥会支持度无显著影响（见表4）。

表4　北京市、张家口市居民支持度与影响因素的相关性

	北京市居民			张家口市居民	
因素	相关系数	P值	因素	相关系数	P值
F1：当地居民社区依附度	0.189	0.000	F1：经济和文化利益感知	0.818	0.000
F2：对冬奥会了解程度	0.482	0.000	F2：社会利益感知	0.631	0.000
F3：冬奥会参与度感知	0.265	0.000	F3：冬奥会成本感知	0.036	0.287
F4：冬奥会经济利益感知	0.203	0.000			
F5：冬奥会文化和公共服务利益感知	0.314	0.000			
F6：冬奥会成本感知	−0.51	0.374			

（四）结论与不足

本文以北京居民与张家口居民为例，分析两地居民参与意向的影响因素，探讨两地居民对2022年冬奥会的感知差异及参与意向。根据以上研究，可得出以下结论。

（1）北京市居民感知中，积极影响感知因子有5个、消极影响感知因子1个，分别为当地居民社区依附度、对冬奥会了解程度、冬奥会参与度感知、冬奥会经济利益感知、冬奥会文化和公共服务利益感知、冬奥会成本感知。张家口居民感知中，积极影响感知因子有2个、消极影响感知因子1个，分别为经济和文化利益感知、社会利益感知、冬奥会成本感知。

（2）北京市居民对冬奥会的支持度与5个影响因素呈显著正相关关系，分别是当地居民社区依附度、对冬奥会了解程度、冬奥会参与度感知、冬奥会经济利益感知、冬奥会文化和公共服务利益感知。张家口居民对冬奥会的支持度与2个影响因素呈显著正相关关系，分别是经济和文化利益感知、社会利益感知。因此促进两地居民积极参与冬奥会的举办，可以通过提高经济、文化和社会等方面的建设实现。如利用冬奥会带来的商机吸引更多投资，同时也能增加就业岗位；利用冬奥会这个舞台提高国际知名度和国际形象；通过举办冰雪项目主题活动和比赛推广冰雪运动，丰富当地居民的休闲娱乐活动等。

（3）居民对大型活动支持度更多地依靠感知收益，而不是感知成本。北京市居民对冬奥会支持度与居民对冬奥会负面影响感知，即成本感知呈

不显著的负相关关系。张家口居民的负面感知因素，即成本感知对冬奥会支持度无显著影响。

但是在提高肯定感知的同时也不可忽视否定感知的存在。双因素理论（赫茨伯格，1959）中提出，保健因子在得到满足时不会造成人们的满意，但是得不到满足则会产生强烈的不满情绪。因此，即使冬奥会带来的物价上涨、交通拥堵、污染物增多等负面感知因子尚未对居民的参与意向造成显著影响，也应该通过政府宏观调控、制定针对冬奥会期间的限行措施、加强环境治理等具体措施减少或避免这些负面因素的产生。

居民对大型活动支持度的影响因素还有很大的研究空间。第一，样本结构有待优化。受时间、资金等客观条件的限制，本文只对在北京市、张家口市区的学校、社区、中心商圈等人流密集的场所进行了调查。因此，本文研究结果的普适性还有待进一步考证。第二，本文只研究支持度和影响因素之间的简单相关关系，应该尝试采用适合的模型来模拟支持度和影响因素之间的关系。第三，本文属于横向研究范畴，而居民的态度和感知会随着事件的发展而发生变化，因此应该加强纵向研究。

参考文献

[1] Deccio C, Baloglu S. Nonhost community resident reactions to the 2002 winter Olympics: The spillover impacts [J]. Journal of Travel Research, 2002, 41 (1): 46-56.

[2] Gursoy D, Kendall K W. Hosting megaevents: Modeling locals' support [J]. Annals of Tourism Research, 2006, 33 (3): 603-623.

[3] Getz.Event Management & Event Tourism [M]. 1997, 16: 4-16.

[4] Fangying Chen, Lichao Tian. Comparative study on residents' perceptions of follow-up impacts of the 2008 Olympics [J]. Tourism Management, 2015, 51: 263-281.

[5] Mitchell R K, Agle B R, Wood D J. Toward a theory of stakeholder identification and salience: Defining the principle of who and what really counts [J]. The Academy of Management Review, 1997, 22 (4): 853-886.

[6] 卢小丽.居民旅游影响感知、态度与参与行为研究 [J]. 科研管理, 2012, 12: 138-144.

[7] 王纯阳, 屈海林. 村落遗产地社区居民旅游发展态度的影响因素 [J]. 地理学报, 2014, 2: 278-288.

[8] Deccio C, Baloglu S. Nonhost community resident reactions to the 2002 winter

Olympics: The Spillover Impacts [J]. Journal of Travel Research, 2002, 41(1): 46-56.

[9] 王起静.居民对大型活动支持度的影响因素分析——以2008年北京奥运会为例[J].旅游科学, 2010(3): 63-74.

[10] Mihalik B J, Simonetta L.Amidtermassessment of the 1996 Summer Olympics: Support, attendance, benefits and liabilities.[J]. Journal of Travel Research, 1999, 37(3): 244-248.

[11] Waitt G. Social impacts of the Sydney olympics [J]. Annals of Tourism Research, 2003, 30(1): 194-215.

[12] Kim H J, Gursoy D, Lee S-B.The impact of the 2002 world cup on South Korea: comparisons of pre- and post-games [J].Tourism Management, 2006, 27(1), 86-96

[13] 许春晓, 柴晓敏, 付淑礼.城市居民对重大事件的感知变化研究——2006杭州世界休闲博览会期间的纵向研究[J].旅游学刊, 2007, 22(11): 89-94.

[14] 戴林琳, 盖世杰.基于结构方程模型的乡村节事旅游影响的居民感知研究——北京长哨营村为例[J].北京大学学报(自然科学版), 2011, 26(4): 109-114.

[14] Ljudevit pranic, Lidija Petric. Liljana Cetinic.Host population perceptions of the social of impact of sport tourism events in the transition countries [J]. Evidence From Croatia, 2012, 3(11): 236-256.

第三专题——导游管理体制改革

促进我国导游管理体制改革的对策研究

韩玉灵，王业娜

一、引言

随着我国经济社会的发展和旅游业战略地位的确立，旅游逐渐成为国民不可或缺的消费方式，我国的导游地位也经历了体制内人员—旅行社员工—旅行社员工与社会导游并存的发展阶段，担负的任务也由服务于国家政治外交、致力于国家创汇到当下作为市场充分竞争产业的一员服务于广大旅游者的转变。在前两个阶段，导游都完成了特定的历史任务，然而，随着大众旅游和全域旅游的到来，这种依附于旅行社的导游管理模式已不能适应旅游业的发展，甚至成为对旅游业发展的桎梏。因此，导游管理体制改革提上日程。导游管理体制改革的提出最早追溯于《国务院关于促进旅游业改革发展的若干意见》(国发〔2014〕31号)，近几年导游管理体制改革的相关政策梳理如表1所示。

[基金项目] 本研究报告为国家旅游局委托项目"导游自由执业改革试点工作评估"中期研究成果。该研究得到国家旅游局监管司唐兵副司长、导游处黄海亮处长的指导。项目负责人韩玉灵教授，项目组主要成员：熊剑平、魏凯、翟向坤、邓德智、蒋永业、宋斐红、张娟娟、武冰欣、周航、高洁、陈梓拧、侯亚丹、严泽美等。

[作者简介] 韩玉灵，北京第二外国语学院教授，北京旅游发展研究基地学术委员会副主任委员。王业娜，北京经济管理职业学院讲师，曾就职于北京蟹岛度假村任董事长助理。

表1　导游管理体制改革相关政策梳理

序号	文件名/会议	文号/时间	相关内容
1	国务院关于促进旅游业改革发展的若干意见	国发〔2014〕31号	推动导游管理体制改革，建立健全导游评价制度，落实导游薪酬和社会保险制度，逐步建立导游职级、服务质量与报酬相一致的激励机制
2	国务院办公厅关于进一步促进旅游投资和消费的若干意见	国办发〔2015〕62号	大力整治旅游市场秩序，严厉打击虚假广告、价格欺诈、欺客宰客、超低价格恶性竞争、非法"一日游"等旅游市场顽疾，进一步落实游客不文明行为记录制度
3	2016全国旅游工作会议	2016年1月	要深化导游管理体制改革，从行政化、非流动、封闭式管理向市场化、自由化、法制化管理转变，放开导游自由执业
4	国家旅游局关于开展导游自由执业试点工作的通知	旅发〔2016〕59号	导游自由执业试点地区、实施方案及管理办法
5	关于深化导游体制改革加强导游队伍建设的意见	旅发〔2016〕104号	改革准入培训注册制度、改革导游执业制度、健全执业保障体系、健全事中事后监管体制、建立健全导游协会组织、创新导游激励机制
6	国务院旅游工作部际联席会议第四次全体会议	2017年1月	推进体制机制创新，深化导游管理体制改革

二、导游管理体制改革与导游自由执业

各国旅游业发展经验证明，导游职业是旅游业最具代表性的工种之一，然而我国旅游市场的乱象不仅广大旅游者不满意，导游也备受伤害。伴随着我国旅游业发展从景点旅游模式走向全域旅游模式，导游管理体制存在体制性障碍、政策性壁垒、结构性矛盾、封闭式管理等问题亟待改革。导游自由执业作为导游执业的新方式，是满足旅游市场散客化、个性化、专业化，提高服务质量，深化导游管理体制改革的需要，成为导游管理体制改革的重要内容。

《中华人民共和国旅游法》第四十条规定："导游和领队为旅游者提供

服务必须接受旅行社委派，不得私自承揽导游和领队业务"。现实的问题是：

（1）2016年全国27 621家旅行社，营业收入共4189亿元，利润每家平均为6.7万元。旅行社业的弱、小、散、差决定其不可能储备过多的导游。我国持有导游资格证的人员102万，持有导游证的近80万人，与旅行社签约的仅20万，绝大部分成为社会导游，且导游数量逐年增加。以2016年导游资格考试为例，报名人数为157 642人，共计通过41 690人，通过率为26.45%。业内广受诟病的零负团费、低价组团等怪象固然有旅行社低价组团的原因，但僧多粥少迫使导游扮演强迫消费的角色，导致社会形象与职业认可大打折扣不能不说也是其中不能忽视的原因。

（2）随着我国进入大众旅游时代以及互联网带来的消费习惯的改变，游客的主要出游方式由"跟团游"向"自由行"转变。2016年国内旅游40亿人次中，旅行社接待游客比例仅占3.1%。旅游消费带来的个性化、定制化需求以及全域旅游的发展对导游服务质量提出了更高要求，但现有体制不能满足游客需要的高速市场化的需求、散客对导游服务的需求也不能有效地转化成导游的就业机会。导游执业亟待从"必须由旅行社委派"的封闭式管理体制向自由有序流动的开放式管理体制转变。

三、导游自由执业的现状分析

2016年5月，国家旅游局正式启动在江浙沪三省市、广东省的线上导游自由执业试点工作和在吉林长白山、湖南长沙和张家界、广西桂林、海南三亚、四川成都的线上线下导游自由执业试点工作。研究评估小组在前期研究的基础上，于2016年6—8月期间对试点地区的旅游主管部门、导游自由执业平台（线上、线下）、旅游行业组织、游客、导游等进行了跟踪调研。通过访谈、实地观察、评分、问卷调查等方式，对自由执业的现状分析如下：

（一）可行性：舆情分析与认可度

1. 社会公众关注度与认可度较高

导游自由执业试点与民生密切相关，社会公众对此关注度与认可度较高，并期盼改革举措能够落实到位、形成长效机制。根据2016年5月11日至7月29日监测期搜集到的6391条信息及数据分析如下。

（1）关注度。

舆情声量总额趋势（见图1）呈U形态势。2016年5月11日，有关部门释放将开展导游自由执业试点的信息，当天报道量即达150余篇，随后舆情热度逐步降低，但随着相关工作的开展7月22日舆情热度达到最高值。

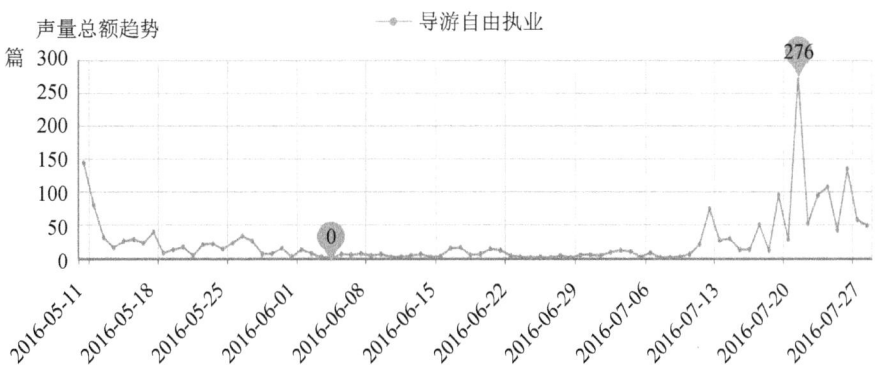

图1　舆情声量总额趋势图

（2）认可度正负声量趋势（见图2）总体呈现为正面舆情声量高于负面舆情声量，正负面声量比为243∶25，正面舆情是负面舆情的9.72倍，可见，对于导游自由执业以进行正面舆论引导为主。

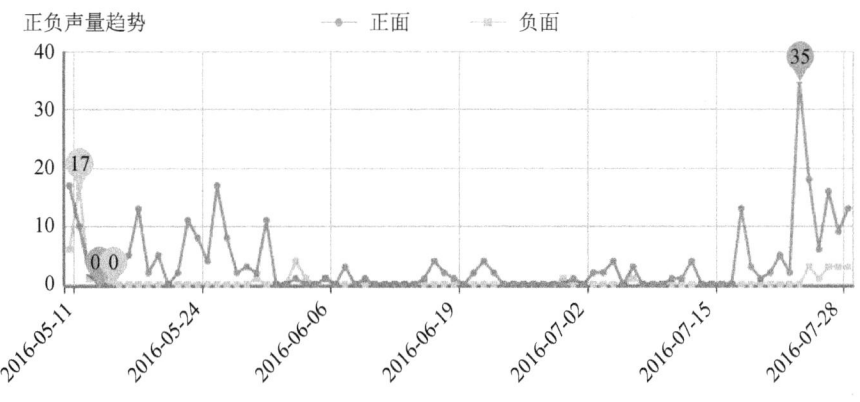

图2　正负舆情声量趋势

2.利益相关者参与意愿强烈

导游自由执业的利益相关者参与意愿强烈。经调研综合分析，包括导游、游客等在内的利益相关者参与意愿强烈,主流在线旅行商参与积极性较高,愿意投入资金。

（1）导游

研究评估小组在试点地区共发放问卷2332份（其中访谈问卷150份、电子问卷2182份），问卷有效率为100%。2332名受访导游中,81%的导游表示愿意支持,其中46%的导游参与意愿强烈。

（2）游客

研究评估小组于2016年6月30日至8月8日,在试点地通过面对面访谈、在"问卷星"（http://www.sojump.com）发放问卷的方式对游客进行调查,回收有效问卷2170份。2170名受访游客中,80.28%的游客选择的出游方式为自由行,其中56.08%的受访者在旅游过程中需要导游服务。

（3）主流在线旅行商

主流在线旅行商如携程、同程、途牛等,有意愿根据市场调研与自身优势,配备专门研发团队、专项经费参与试点。

（二）自由执业的经验

1. 成立工作专班、健全运行机制

自由执业试点启动之后,大多数试点地区在第一时间成立了领导小组、工作专班。①就负责人而言,三亚、长沙市的领导小组规格最高,由市委副书记或副市长挂帅负责（见表2）。②就参与单位或人员而言,成都市的做法值得借鉴,在政府领导小组的基础上成立了涉及相关专家、优秀导游、行业协会或导服公司（中心）、旅行社、法律顾问、媒体、技术服务公司等多方面人士组成的试点工作专班,并使之常态化,从而为试点工作的开展提供更加专业、多元化的人才保障。

表2 导游自由执业试点地区组织机构建设情况一览表

试点地区	组织机构名称	负责人	牵头部门	参与单位
广西桂林	导游自由执业试点工作领导小组	桂林市旅游委分管主任	桂林市旅游委公共服务处	桂林市旅游委公共服务处、导游协会
四川成都	导游自由执业试点工作领导小组、工作专班	成都市旅游局局长	成都市旅游局旅游市场监督管理处	成都市旅游局相关处室、行业组织等

续表

试点地区	组织机构名称	负责人	牵头部门	参与单位
海南三亚	导游自由执业试点推进工作领导小组	三亚市委副书记	三亚市旅游发展委员会	三亚市各职能单位
吉林长白山	导游自由执业试点工作领导小组	长白山旅游局局长	旅游市场行业监督管理处	旅游局相关处室
湖南张家界	改革推进领导小组	张家界市委副书记	张家界市旅游和外事侨务委员会	旅游和外事务委员会相关部门、导游协会、旅行社协会等
湖南长沙	导游自由执业试点工作领导小组	长沙市副市长	长沙市旅游局	旅游局、发改委、工商局、旅游质量监督管理所等
广东省	导游自由执业试点工作领导小组	广东省旅游局局长	广东省旅游局行业管理处	行业管理处、教育培训处、质监所、办公室、旅游协会等
浙江省	导游自由执业试点工作组	浙江省旅游局行业管理处副处长	浙江省旅游局行业管理处	旅游局行业管理处等
江苏省	导游自由执业试点工作领导小组	江苏省旅游局分管副局长	江苏省旅游局行业管理处	各省辖市旅游局（委）、相关处室和线上企业
上海市		上海市旅游局分管副局长	上海市旅游局行业管理处	

除此之外，各地也着手建立健全包含制度建设、经费支持、与服务监管平台的协作、组织协调、投诉处理在内的运行机制，保障自由执业的顺利开展。如制度建设方面，成都、张家界、桂林、江苏、广东等7个地区结合本地区具体情况制定了试点工作细化政策。如成都市制订了《成都市导游创新管理实施方案》，张家界市制订了《导游自由执业试点工作总体方案》和6个实施细则，江苏省制订了《导游自由执业试点工作推进实施方案》。经费支持方面，成立专项经费，为试点工作提供经费保障。如三亚市政府确定财政预算343万元用于支持导游自由执业试点工作的开展；长白山旅游局和浙江省旅游局分别拨付10万元，作为导游自由执业试点启动工作的专项经费。

2. 明确行业组织的角色定位，积极发挥其作用

人是具有社会属性的，自由执业的导游并非是完全"自由"、没有归属的，也需要有可以依赖的组织。此时，导游行业组织的定位和作用尤为重要。在此次导游自由执业中，着重明确了行业组织的地位和作用，2014年国家旅游局发文《关于促进导游行业组织建设的指导意见》（旅发〔2014〕215号），正是为后期的导游体制改革提供组织保障。

例如，成都导游协会、成都旅游导游协会、成都旅行社协会参与成立"成都市导游员等级划分与评定委员会""导游员信息化管理服务中心""导游员调处奖惩委员会"，承担制度建设、平台构建、运营管控、调处纠纷等多方面的具体工作，并在成都市旅游局牵头下，制定了地方标准《成都市导游员等级划分与评定标准》（DB510100/T176-2015）。桂林导游协会承担着导游维权、注册、培训等作用。大多数试点地区的导游行业组织就导游员准入与退出机制、劳动保障机制、薪酬体系、评价与激励机制、培训体系等进行了富有成效的建设。

3. 执业平台开发，调动平台积极性

研究评估小组对试点区域的9个执业平台进行了调研，可将其分为两类：一是传统旅行社类，如中国国际旅行社总社有限公司、中国旅行社总社有限公司、中青旅控股股份有限公司、广州广之旅国际旅行社股份有限公司。二是在线旅游企业OTA类，如同程、途牛、携程、久柏易游、阳光车导。

传统旅行社类，如"广之旅"导游自由执业在线平台——向导同盟在搭建中，功能见表3，并将进一步开设导游预约功能，即主要针对销售端开设导游搜索和导游列表、导游预约抢单和预约确认、订单生成和订单支付等功能。其他执业平台尚未有实质性开展。

表3 向导同盟功能介绍表

功能板块	主要功能	功能描述
导游助手	团队查询	显示导游近期带团列表信息，可通过出发日期、产品名称等维度查询团队列表
	游客名单	显示导游所带的特定团队所对应的游客名单信息（姓名、手机号等）
	最终行程	显示导游所带的特定团队所对应的最终行程信息

续表

功能板块	主要功能	功能描述
导游助手	陪同日志	导游通过APP填写和查看团队的陪同日志信息
	团队进度	显示团队的关键操作记录和进度
	评价信息	显示游客对特定团队导游服务方面的评价
导游知识库	通讯录	查询常用联系人的通讯录信息
我的资讯	我的消息	分提醒、团队、行政三类展示接收到的历史推送消息
个人中心	个人资料	显示导游的个人资料，特定状态下可编辑修改，并显示资料的审核情况
	我的评价	显示游客对导游的综合评价信息及带团的评价记录明细
	个人设置	外部导游注册和资料管理、登录、密码修改等
导游风采展示（官网）	导游频道页	集中展示优秀导游列表（包括资料信息和照片）
	导游个人主页	显示导游个人基本资料、带团经历、获奖经历和照片
游客意见反馈（易起行APP）	客户导游评价	客户自助对导游服务态度和沟通能力进行评价，并可写表扬信

资料来源：广州广之旅国际旅行社有限公司。

OTA的平台搭建情况见表4。OTA平台积极性较高，基本都有专门团队和经费来推进。个别平台如阳光车导注册导游截止评估中期已达2万人，并在导游定价、服务标准、支付功能、保险、退订政策、投诉处理等方面做出尝试性的探索。

表4 部分导游自由执业服务机构平台建设情况一览表

项目	同程	途牛	携程	久柏易游	阳光车导
注册导游	近300人	—	—	2000人	20 000人
导游服务定价	初级：300-350元/天；中级：350-400元/天；高级：400-500元/天；特级：500-700元/天；并根据带团人数、语种、行业经验、是否节假日提升10%-30%不等	成交价格=基准价（市场导价）+15%平台服务费，15%平台服务费=导游责任险+增值税点	服务费200-1000元/天；超时导游按照50元/小时在行程结束时付给导游	—	由两部分组成：1. 基本价格：由带团时间、面试成绩以及旅游局评级决定。2. 浮动价格：由用户的评价决定
服务标准	每日服务时长不可超过9小时，超时需与平台报备，未报备将封号5天	—	服务时长9小时/天（不足9小时按全天计算），服务时间自约定的见面时间开始计算	—	—
支付功能	支持支付宝、微信等主流支付通道，支持境内所有信用卡以及所有银联储蓄卡在线支付	支持支付宝、微信等主流支付通道，支持境内所有信用卡以及所有银联储蓄卡在线支付	自有支付平台	拟委托人力资源公司统筹导游薪资税费，平台收	支持支付宝、微信交易，游客支付费用给第三方平台，确认行程完成，平台向导游支付费用
保险	导游责任险：强制购买；导游意外险：免费提供	导游责任险：强制购买；导游意外险：自愿	导游责任险：强制购买；导游意外险：强制购买	导游责任险：强制购买；导游意外险：自愿	导游责任险：免费提供；导游意外险：免费提供
投诉处理	平台先行赔付（质量纠纷+意外险）	平台先行赔付	建立先行赔付标准，并制订具体投诉追责方案	暂无	实行"退一赔一"双倍赔偿
盈利方式	平台服务费	平台服务费	平台服务费	平台服务费	—

（三）自由执业的问题

1. 法律困境：（试点）改革缺乏法律依据

导游自由执业作为一种新的执业方式，是允许符合条件的导游不经旅行社委派，即可通过执业平台与有需求的游客建立提供服务的合同关系，并依据双方协议提供导游服务的执业方式。但该执业方式与现行《旅游法》《导游人员管理条例》等法律法规[①]"必须经旅行社委派"的规定是冲突的，与党的十五大关于"依法治国"的精神[②]相违背，这就使一方面旅游业的发展亟待导游执业方式的改变，另一方面现行法律法规的规定使改革于法无据。

2. 制度困境：相关主体法律关系尚未明确

新的制度设计必然产生新的法律关系。导游自由执业涉及的相关主体众多，有导游、游客、执业平台、政府、行业组织等。在传统的导游经旅行社委派的方式下，导游不具备独立的民事法律主体资格，其服务产生的后果由旅行社承担，法律关系明晰，相关法律制度的设计也是基于"旅行社委派"。

而导游执业方式改变以后，导游与旅行社、执业平台、游客、行业组织等都有可能产生相关法律关系，且因签约主体不同而产生不同的法律关系。如若执业平台为第三方性质，导游、平台、游客则为民商事合同关系，导游承担主要责任，平台承担有限责任或者连带责任。若执业平台兼具旅行社资质，导游经委派提供服务，则导游与平台之间为劳动合同或劳务合同关系，由平台承担主要责任。相关制度的滞后性使相关主体之间的法律关系并未明晰，纠纷难以厘清、责任难以明确，为导游自由执业工作带来了制度困境。

3. 运行限制：执业平台资源有待规范整合，地方保护壁垒亟待消除

虽然执业平台，尤其是 OTA 的建设速度较快，但也存在诸多不足，例如传统旅行社出于企业经营思维以及传统业务模式的限制，行动偏缓、持

[①]《旅游法》第四十条规定："导游和领队为旅游者提供服务必须接受旅行社委派，不得私自承揽导游和领队业务。"

《导游人员管理条例》第九条规定："导游人员进行导游活动，必须经旅行社委派。导游人员不得私自承揽或者以其他任何方式直接承揽导游业务，进行导游活动。"

[②] 党的十五大报告中高度概括了依法治国的基本内涵："依法治国，就是广大人民群众在党的领导下，依照宪法和法律规定，通过各种形式和途径管理国家事务、管理经济文化事业、管理社会事务，保证国家各项工作都依法进行，逐步实现社会主义民主的制度化、法律化，使这种制度和法律不因领导人的改变而改变，不因领导人看法和注意力的改变而改变。"

观望态度者多。部分OTA类平台不在试点名单之列遭到遏制，从而造成了资源的浪费。如上海市星宇导服公司的"新行家"、苏州旅通平台以及南京市旅游委员会网站为南京市兼职导游服务开设的"我要带团"等。此类试点之外的探索，在一定程度上弥补了导游自由执业市场的服务空缺，丰富了导游自由执业的企业类型，但是目前因为未在试点单位名单，已经暂停发展，亟待在政策方面给予扶持和指导。

同时，试点执业平台去各试点地区宣贯过程中，不同程度地遇到了地方保护壁垒，为导游入驻平台设置了障碍和阻力。

4. 组织困境：导游行业组织尚未健全，作用未充分发挥

一般而言，导游行业组织的发展要经历三个阶段：初期阶段——导游培训型：主要承担导游资格证考试，导游等级考试等培训职能；发展阶段——发展摇篮型：主要着眼于提高导游自身素质、能力，促进导游职业生涯发展；成熟阶段——导游之家型：主要职能是加强导游凝聚力，维护导游合法权益，为导游提供法律援助等。

我国的导游行业组织尚在建立健全中，大部分已经经历了初期阶段，向发展、成熟阶段迈进。各地导游行业组织的建立情况不理想，依附于旅游协会、工会的情况较多，独立的导游行业组织较少。导游行业组织在导游自由执业过程中的作用未充分发挥。

5. 保障困境：相关保险缺失，执业风险难以转移

导游自由执业、不经过旅行社委派以后，其民事法律地位随之发生变化，成为独立的民事主体，所以一旦出现问题，导游很可能需要承担无限责任，成为赔偿主体。但是我国的导游执业保险险种开发不足，加之自由职业在我国还没有具体的法律界定，其基本的社会保险保障也难以实现。导游执业风险难以转移，这都不利于导游、游客权益及社会稳定，为自由执业的开展设置了保障困境。

四、对策建议

（一）依法先行先试，稳妥推进导游体制改革

涉及百万导游从业人员和广大旅游者利益的改革应当是稳妥的，必须先试先行。导游自由执业是导游管理体制改革的重点，改革将催生一系列新制度、新措施，需要行业和游客适应；通过改革、积累经验又会为后续的修改法律、法规积累论证依据。

《中华人民共和国立法法》第十三条规定，"全国人民代表大会及其常务委员会可以根据改革发展的需要，决定就行政管理等领域的特定事项授权在一定期限内在部分地方暂时调整或者暂时停止适用法律的部分规定"，建议全国人大授权，依法暂时停止《旅游法》第四十条在拟设试点区域的适用。

（二）明晰相关法律关系，加大新制度研究力度

实行导游自由执业，将旅行社与游客之间的一种法律关系变成两种或者更多主体之间的法律关系，这就会带来导游的管理主体、对导游服务评价的标准和体系、执业平台和方式、责任承担及其方式、保险种类及其保险金的缴纳等的改变，因而需要有科学合理的设计、验证、总结过程。为保护相关主体的合法权益，建议相关主管部门加大制度的研究力度，厘清主体法律关系，边试点边完善，配套评价、诚信、保险、退出等制度，为导游体制改革提供理论依据、实践保障。

（三）依托市场打造导游执业新平台，鼓励平台间的竞合

导游经旅行社委派为游客提供服务，是旅行社借助自身平台与游客交易；实行导游自由执业，则需依托市场，借助互联网高科技手段打造新的执业平台。建议旅游行政主管部门、工商行政管理部门、网络监督管理部门推动"旅游+"战略，支持在线旅游创业创新，研究制定构建执业平台的条件；鼓励互联网企业利用其技术手段，重新梳理旅游业务流程，研究建立集评价、缴费、责任承担于一体的执业平台以降低交易风险，为导游和游客在新的执业方式下创造便捷、安全、平等、诚信的服务。

一个完善的导游自由执业平台需要较高的前期成本投入，目前试点地区部分非试点执业平台及大部分的试点企业皆在建设或已基本建成排他性的执业平台，各平台之间更多的是竞争关系，属于零和博弈。应破除地方堡垒，鼓励试点及非试点执业平台之间的竞合，降低企业负担以及可能引发的削价竞争，实现双赢的非零和博弈。

（四）建立健全导游行业组织，发挥行业自律作用

导游执业方式的变化对监管力度、范围提出了更高的要求，在强化政府导游服务管理的同时，更应当发挥导游行业组织联系政府、服务会员、促进行业自律的作用。建议旅游行政主管部门、民政部门尽快推动各地导游行业组织的成立与体系完善，鼓励导游行业组织创新。建立健全行业自律管理约束制度，进一步推动导游行业组织建立游客对导游服务的评价制度和优质服务奖励制度，健全导游的诚信体系，维护导游公平执业环境。

（五）顺畅社会基本保险渠道，鼓励建立多层次保险体系

很多发达国家社会保险覆盖面广，尤其是养老和医疗已经基本做到了

全覆盖，正因为完善的社会保障体系，导游无须依赖于旅行社或任何其他组织，为导游自由执业提供了后盾与保障。建议旅游主管部门、社保部门及保险部门明确自由执业导游群体的基本保险投保渠道，并给予政策支持。

同时，应鼓励研发导游执业责任保险和非强制性旅游意外伤害、旅行紧急救援和医疗险等商业保险，由旅游行政管理部门、行业组织牵头，建立以保险公司、保险经纪人为主体，以导游、游客、执业平台为对象的商业保险体系，作为社会保险的补充形式。

第四专题——旅游企业并购重组

2016年中国旅游业并购重组报告

尹美群,李文博

一、引言

"并购重组"是2016年我国旅游市场发展的热词之一,重大事件有:锦江集团83亿元战略投资铂涛酒店,成为国内第一大酒店集团;首旅酒店集团110亿元收购如家酒店集团,一跃成为国内第二大酒店集团;海航集团65亿美元收购希尔顿酒店股份,获得其董事会两个席位;安邦保险65亿美元购入了奢侈酒店Strategic Hotels & Resorts,经营包括华盛顿州四季酒店在内的16家奢侈酒店。随着我国旅游经济呈现爆发式的增长,企业仅仅依靠自身力量获得价值增值往往会错失市场红利。企业并购重组已不是简简单单的"强强联合","并购+整合"成为了旅游类企业占领市场制高点的杀手锏,在旅游市场增长的过程中通过并购重组跑马圈地的企业不在少数,如国旅集团整体并入港中旅,锦江集团收购维也纳酒店及百岁餐饮,加强对中档酒店的渗透。同时,并购重组也是我国旅游企业走出去的重要手段。

2016年我国旅游业并购重组呈现以下特点:其一是大规模并购重组数量增加,例如首旅酒店集团收购如家酒店的成交价达到了110亿元,安邦保险收购海外资产的价格更是达到了65亿美元(440亿元人民币);其二是跨境并购大幅增长,例如海航集团收购希尔顿酒店股份,中国人寿战略投资喜达屋;其三是产业渗透与资源整合。

随着旅游业的持续蓬勃发展及传统行业的投资饱和,未来五年中国酒店业、民航、旅行社等领域还将持续发生大规模并购,最终市场上将形成

[作者简介] 尹美群,北京第二外国语学院国际商学院院长。李文博,北京第二外国语学院国际商学院研究生。

数个大型多元化企业集团，成为中国旅游业持续发展的有力支撑。行业渗透与线上线下的整合热潮依然会延续，此外，随着锦江集团收购铂涛及首旅酒店收购如家的完成，在美国上市的三家中国经济型连锁酒店集团目前只剩下汉庭的母公司华住集团，伴随国资改革，国有资本利用借贷及地产开发优势，通过资本运作整合市场资源的热潮在未来几年会依然持续。

二、制度及经济背景

（一）制度背景

2016年9月9日，证监会发布《关于修改〈上市公司重大资产重组管理办法〉的决定》（以下简称《重组办法》），并配套发布《关于修改〈关于加强与上市公司重大资产重组相关股票异常交易监管的暂行规定〉的决定》《关于修改〈关于规范上市公司重大资产重组若干问题的规定〉的决定》《〈上市公司重大资产重组管理办法〉第十四条、第四十四条的适用意见——证券期货法律适用意见第12号》，以上文件于发布之日起即刻实施。

在此次修订文件中，证监会缩短了终止重大资产重组进程的"冷淡期"，即由原来的3个月缩短至1个月。上市公司披露重大资产重组预案或者草案后主动终止重大资产重组进程的，上市公司应当同时承诺自公告之日至少1个月内不再筹划重大资产重组；3个月内再次启动重大资产重组行为的，应当在再次启动的重组预案和报告书中，重点披露前次重组终止的原因和短期内再次启动重组程序的原因。根据《重组办法》第11条第（一）项规定，上市公司实施重大资产重组，应当就本次交易符合下列要求做出充分说明，并予以披露：符合国家产业政策和有关环境保护、土地管理、反垄断等法律和行政法规的规定。

此次修订文件也对借壳上市造成了影响。针对原借壳标准，实践中规避借壳的手段也主要围绕前述三个条件进行：①论证上市公司控制权不发生变化：这一类手法包括提高原控制人持股比例或者降低新潜在"实际控制人"持股比例，尤其是前者，上市公司原实际控制人往往通过认购募集配套资金的形式来提高持股比例从而避免构成借壳；②论证上市公司收购的资产不是（或不全是）新实际控制人及其关联人这一条线上的资产；③论证收购的资产总额比例不到100%。例如，西藏旅游（600749）重组收购拉卡拉精准控制在93.79%。

上述制度的修订，意味着并购重组将进入博弈更趋复杂、成交更有难度、利益更加均衡、审核更有效率的新时代。2016年旅游业并购重组案例集中在《重组办法》修订之前，享受了政策红利。虽然证监会加大了对借壳交易的监管力度，大量交易尤其是规避借壳及类借壳重组交易被迫终止，但旅游业中借壳情况几乎不存在，因而受政策影响的波动较小。基于旅游市场的增长，2016年后，旅游业并购重组仍会持续升温，届时会有旅游企业本身通过"并购+整合"扩大市场占有率，其他行业也会通过并购重组进军旅游市场。

（二）经济背景

2016年，在国务院、国家旅游局和其他相关部门的政策支持下，国内旅游蓬勃发展，生态旅游、精品旅游、全域旅游百花齐放。2016年全国旅游总收入达4.69万亿元，同比增长13.6%。全年国内旅游人数44.4亿人次，比上年同期增长11.0%，增速连续3年上升。国内旅游收入3.94万亿元，增长15.19%；入境旅游方面，2016年达1.38亿人次，国际旅游收入1200亿美元，分别增长3.8%和5.6%，其中外国人接待人数2815万人次，增长8.3%。出境游呈现良性发展态势，2016年出境旅游人数达到1.22亿人次，同比增长4.3%，入出境总人次超过2.6亿人次，入境游人数超过出境游1600万人次。

据《2016中国旅游投资报告》，2016年我国继续保持世界最大的国内旅游消费市场，世界第一大出境旅游客源国和第四大入境旅游接待国地位。大量社会资本快速投入旅游业，不仅为资本自身找到新商机，同时也进一步丰富了旅游产品，增加了旅游消费多样化选择；互联网时代到来，助推了大众化旅游消费快速发展。企业转型发展和跨界投资速度加快。互联网企业前10位中有9家投资旅游业，5年累计投资达350亿元，线上线下旅游企业渗透与融合加剧，传统旅游格局不断改写。房地产企业前5位全部投资旅游业，投资额达1.7万亿元。国美、中粮等传统企业也纷纷试水旅游业。与此同时，国际品牌加快中国布局进程。全球458家国际酒店品牌中，253家在亚太地区建设，其中在华项目占58%。目前有迪士尼、环球影城、乐天世界、乐高乐园、东方好莱坞等8家世界主题公园在中国建设或规划。

在我国旅游业持续繁荣的经济背景下，酒店、民航、旅游中间服务商及景区资源类旅游企业等领域还将持续发生大规模并购，以多元化或一体化为战略的企业会不断诞生，成为我国旅游市场强有力的支撑。旅游市场对企业的承载力依然存在较大空间，互联网技术和旅游经济的利好促使企业通过并购重组整合线上及线下资源，其他传统企业也更愿通过并购重组踏足旅游市场。

三、中国旅游业2016并购重组分析

(一) 2016中国旅游业A股市场并购重组现状

A股市场中申请并购重组的旅游企业有首旅酒店(600258)、众信旅游(002707)以及北部湾旅(603869),占全体旅游业A股上市公司的比例为8.33%。其中,首旅酒店第一大股东首旅集团向标的方股东(如家主要股东)私募资金3.4亿元,以110亿元的价格收购如家酒店。如家作为合并后的存续主体,成为首旅的全资子公司。

此外,首旅酒店首旅集团作为被纳入北京国企改革的首批试点单位,并被选为集团下试点股权激励的上市公司,成功收购如家后,整个酒店品牌体系得以丰富,成为国内仅次于锦江与铂涛的第二大酒店集团,公司与携程的合作将更加密切。旅游业上市公司的战略重组和并购中不仅有大型央企,也有灵活的民营旅游业上市公司代表,如众信旅游。众信旅游于2016年3月1日发布公告,拟收购华远国旅100%股权,交易作价26亿元。2016年5月,众信旅游收购华远方案即获证监会审批通过。2017年2月2日晚间公告,虽然本次交易已通过证监会审核,但由于关于海外上市公司回归A股上市相关政策尚未明确,加之本次交易已经耗时太长,继续推进本次交易不确定性大,公司决定终止收购华远国旅并撤回申请文件。

由此,我国旅游企业在跨境并购中,除考虑公司业绩、商业战略与溢出效应外,国际政治、区域文化差异、消费习惯也是不可忽视的重要因素。跨境并购目前面临着资产布局上的挑战,但随着我国出入境游占比及居民护照持有率的增加,未来海外并购事件将逐渐增多。

通过并购重组渗透多元化或差异化战略也是2016年旅游业并购重组的独特现象。北部湾旅2016年2月4日晚间公告了修订后的重大资产重组方案,公司拟以20.09元每股的价格非公开发行8213.04万股,作价16.5亿元收购博康智能100%股权。博康智能长期致力于智慧安全、智慧交通两大细分领域的技术研发,是一家利用"图像解析及内容检索关键技术"和"数据管理及挖掘应用关键技术"等两大核心技术开展安全管理与交通管理业务的大数据行业应用公司。收购博康智能除了能为上市公司增加新的利润增长点外,借助博康智能在智慧城市领域的经验,也有利于公司将传统旅游形态向智慧旅游升级,提高旅游服务质量。

表1 2016年旅游业A股上市公司并购重组审批情况

股票代码	公司名称	交易方案	经济行为	估值方法（估值结果）	定价方法	审批结果
600258	北京首旅酒店（集团）股份有限公司	（1）重大现金购买；（2）发行股份购买资产；（3）募集配套资金	首旅酒店拟通过设立境外子公司，以合并方式向如家酒店集团非主要股东支付现金对价，获得如家酒店集团65.13%股权，实现如家酒店集团的私有化。首旅酒店拟向首旅集团等8名交易对方发行股份购买Poly Victory 100%股权和如家酒店集团19.60%股权	市场法（—）	市场法	有条件通过
002707	北京众信国际旅行社股份有限公司	发行股份购买资产	发行股份及支付现金的方式购买华远国旅100%股权并发行股份募集配套资金	资产基础法（—）收益法（—）	收益法	有条件通过
603869	北部湾旅游股份有限公司	本次交易包括发行股份购买资产和非公开发行股票募集配套资金两部分	北部湾旅向博康智能的全体股东发行股份，购买其持有的博康智能合计100%股权；并向新奥控股、新毅德辉、张滔发行股份募集资金不超过100 000.00万元	资产基础法（96883.16）收益法（165083.67）	收益法	有条件通过

（二）2016中国旅游业非上市公司及海外市场并购重组现状

2016年11月24日，携程宣布以14亿的价格收购天巡主要股东持有的天巡全部股份，此外还对天巡剩余股份提出收购要约。携程CEO孙洁表示，随着对天巡网的投资，携程会专注于整合天巡网的业务，进而实现协同效应，确保投资收益。在积极的业绩数据以及越发难遇敌手的内外部环境之下，携程旅行网显然并没有像当年那样故步自封，而是开始主动通过内部整合以及外部并购来进一步巩固领先优势，并弥补国际业务的短板。

2016年10月19日，去哪儿就私有化交易达成最后合并协议，同意被远洋管理有限公司收购，对去哪儿的股权估值约为44.4亿美元。交易完成后，远洋管理有限公司、携程及其他Rollover股东将成为公司实益拥有人。随着去哪儿私有化的推进，其内部也迎来了一轮新的人事流失和变动：去哪儿网原战略及投资者关系高级总监朱小路被任命为首席财务官。

2016年10月9日,同程旅游旗下的同程国际旅行社(集团)宣布将合并重组万达集团旗下的北京万达旅业投资有限公司。万达旅业成立于2013年10月,隶属于万达文化产业集团。三年来,万达旅业先后并购了华北、华南、中部等地区的12家线下旅行社龙头,其中有超过6家被列入国家百强社。通过并购重组,同程的规模会进一步扩大。线下最大的问题就是效率低,没有技术工具;线上最大的问题是服务落地。通过并购整合资源,实现线上线下的协同效应,大幅增加了企业竞争力。

2016年6月,途家与蚂蚁短租达成收购协议,后者成为途家的全资子公司。同年10月20日,途家又宣布并购了携程旅行网、去哪儿网旗下的公寓民宿业务。自此,携程和去哪儿的公寓民宿频道入口、团队和整体业务都将并入途家。

(三)2016中国旅游业并购重组特点

根据并购重组交易数据、市场数据及集团报告,2016年中国旅游业并购重组呈现出的特点有资金规模大、跨境案件多、产业渗透与资源整合现象明显的特点。

表2 2016年中国旅游业并购重组案件概览

并购方	被并购方	交易时间	成交价(亿元)
锦江股份	铂涛酒店	2016年2月	82.69
锦江股份	维也纳酒店	2016年4月	17.49
首旅酒店集团	如家酒店	2016年4月	110.00
岭南控股	花园酒店	2016年8月	15.25
岭南控股	中国大酒店	2016年8月	8.41
安邦保险集团	Strategic Hotel & Resorts	2016年3月	440.00
海航集团	希尔顿酒店	2016年10月	440.00
中国人寿	喜达屋酒店	2016年10月	140.00
易上集团	洛杉矶国际机场假日酒店	2016年7月	3.60
开元产业信托	荷兰假日酒店	2016年7月	2.15

资料来源:http://m.jiemian.com/article/931172.html。

1. 资金规模大

2016年成交价达百亿元以上的旅游业并购重组案件有四期，其中安邦保险及海航集团在海外购置高端酒店 Strategic Hotel & Resorts 及希尔顿酒店的成交价均达到了440亿元人民币（65亿元）。中国人寿收购喜达屋以及首旅酒店收购如家也均达到了100亿元以上。

2. 跨境案件多

在表2披露的数据中，海外并购重组占比50%。海外并购是中国企业走出去的重要手段，例如2016年10月24日，海航集团宣布以总计65亿美元（约440亿元人民币）的价格收购黑石集团所持的希尔顿酒店集团25%股份，并将获得希尔顿董事会的两个席位。此次收购预计将于2017年第一季度完成。届时，海航集团有望成为希尔顿的单一最大股东。除此之外，2016年4月，海航曾宣布收购美国卡尔森酒店集团100%的股权，以及后者持有的瑞德酒店集团51.30%的多数股权。早在2015年2月，海航以4亿美元（约28亿人民币）收购了安缦连锁酒店集团，同年6月又收购了红狮酒店公司15%股份，扩张北美市场。海航还参股了南非 Tsogo Sun 酒店集团，成为欧洲第三大酒店集团 NH 的第一大股东。中国旅游企业在进入海外市场时常常面临法律、文化等方面的壁垒，但并购重组在一定程度上有消除进入新市场阻力的作用，海外并购加快了我国旅游企业国际化的进程。

3. 产业渗透与资源整合现象明显

表2中，锦江股份并购铂涛酒店、维也纳酒店以及首旅酒店集团并购如家均是同行业兼并，具有一体化战略作用。例如，锦江在实现对铂涛酒店的并购后，合计拥有超过6000家酒店，客房逾64万间，覆盖全球55个国家或地区，同时，锦江品牌系列将覆盖高、中、经济型不同档次，包含 J.HOTEL、锦江、锦江都城、昆仑、岩花园、锦江之星、Campanile、Golden Tulip、和丽枫酒店、喆·啡酒店、7天酒店、IU 酒店等知名品牌，以及超过1亿名会员。此外，通过并购如家酒店，首旅集团也实现了向经济型连锁酒店市场的渗透。

四、2016年旅游业案例分析——首旅酒店并购如家

（一）并购过程

首旅集团首先通过现金收购如家酒店非主要股东65.13%的股权。根据首旅酒店财务顾问出具的估值报告，私有化价格确定为17.8美元/股或35.8美元/ADS，交易总对价为11.24亿美元，约合71.78亿元。较2015年

12月4日如家酒店收盘价32.14美元/ADS，私有化价格尚溢价11.39%。在签署合并协议的同日，首旅酒店（香港）取得工行纽约分行出具的《贷款承诺函》，为其提供最高12亿美元的贷款。

在买入非主要股东的股权后，首旅酒店通过发行股份收购如家主要股东所持34.87%的股权。如家酒店的主要股东分成两部分：通过Poly Victory持股15.27%的首旅集团，持股19.6%的携程上海、沈南鹏、梁建章、孙坚、宗翔新等。其一，首旅酒店向首旅集团发行股份，购买其持有的Poly Victory 100%股权，以定价基准日前20个交易日均价的90%来确定发行价为15.69元/股，发行约2.4686亿股。其二，向携程上海、Wise Kingdom、沈南鹏、Smart Master、孙坚、Peace Unity、宗翔新等购买如家酒店19.6%的股份，总对价为38.73亿元。其三，通过配套再融资后，首旅酒店对如家的收购全部完成。

（二）并购前后财务分析

1. 盈利能力

由表3可知，首旅酒店2016年收入净利率较上一年度相比降低3.35个百分点，但较2014年度相比，仍高出0.33个百分点，权益净利率自2014—2015年连续下降，说明并购如家酒店后，首旅酒店进入了整合期，盈利能力略有下降，但仍可观。基本每股收益衡量的是为股东持有的每股股票创造的财富，2015年较2014年相比略有下降，2016年则出现反转，增长至0.72，说明并购重组后，首旅酒店为股东创造的财富增加了。

表3　首旅酒店盈利能力财务指标

单位：%

年份	2014	2015	2016
收入净利率	4.78	8.46	5.11
权益净利率	9.95	8.02	4.76
基本每股收益	0.49	0.43	0.72

2. 营运能力

由表4可知，2015年资产周转率为0.33，较2014年相比下降了0.92，这与2015年开始并购如家酒店相关。并购活动于2016年完成，该年度资产周转率为0.38，较2015年相比增长了0.05，说明并购后首旅酒店营运能力略微增强。资本密集度分子是总资产，分母是营业收入。与2014年相比，

2015年该指标显著增大，并在2016年略微回落，此外，2015及2016两个年度的应收账款周转率大幅下降，上述现象是由于随着如家酒店资产逐渐并入首旅酒店财务报表，总资产数目显著增大，进而导致创造每一单位收入在账面上所需的资产数增加，随着并购重组事件进入整合阶段，首旅酒店营运能力开始显著增加。

表4 首旅酒店营运能力财务指标

单位：%

年份	2014	2015	2016
资产周转率	1.25	0.33	0.38
资本密集度	0.80	2.97	2.65
应收账款周转率	137.37	37.60	36.85

3. 偿债能力

流动比率反映的是企业短期偿债能力，分子是流动资产，分母是流动负债，该指标越大，则短期偿债能力越强；资产负债率的分子是企业全部负债，分母是总资产，该指标反映了企业总偿债能力，数值越小则偿债能力越强，债务风险越小；利息保障倍数反映的是企业偿还利息的能力，分子是息税前利润，分母是利息费用，由于长期负债的还本期在若干年之后，短期带给企业的财务压力以付息压力为主，该指标越大，则企业的付息压力越小。由表5可知，2014—2016年，首旅酒店流动比率分别为0.96、0.22以及0.23；资产负债率分别是39.74%、64.50%、59.50%；利息保障倍数分别是6.48、2.24、2.30。由此可以看出，2015年起，首旅酒店偿债能力大幅降低，这是由于并购过程中向工行纽约分行贷款导致的。2016年并购活动结束，自该年起，偿债能力出现反转，略微增强。

表5 首旅酒店偿债能力财务指标

单位：%

年份	2014	2015	2016
流动比率	0.96	0.22	0.23
资产负债率	39.74	64.50	59.50
利息保障倍数	6.48	2.24	2.30

4. 发展能力

由表6可知，首旅酒店2014—2016年的收入增长率分别是 −1.15%、−5.30% 以及 −7.19%，营业收入出现下滑。可持续增长率是指企业在不改变资本结构的情况下可实现的自然增长幅度，该指标在2014—2016年的数值分别是7.94%、5.87% 以及 4.92%，说明首旅酒店增长能力放缓。上述现象在一定程度上是由于并购重组改变了首旅酒店的资本结构导致的，此外并购后需要经历整合期才可实现重组后的协同效应。总资产增长率2014和2015年分别为2.64%、7.76%，2016年达到了336.60%，这是由于并购重组后如家酒店资产纳入合并报表导致的，说明并购后，首旅酒店集团的规模迅速扩大。

表6 首旅酒店发展能力财务指标

单位：%

年份	2014	2015	2016
收入增长率	−1.15	−5.30	−7.19
总资产增长率	2.64	7.76	336.60
可持续增长率	7.94	5.87	4.92

参考文献

[1] 东方财富.Choice金融终端[DB/OL].2017-08-04.

[2] 国泰安数据库.公司研究系列[DB/OL].2017-08-04.

[3] 李金早.积极实施"三步走"战略 奋力迈向我国旅游发展新目标——2017年全国旅游工作报告（2017年1月12日）.2017-01-13［EB/OL］.http：//www.cnta.gov.cn/ztwz/2016nlydsj/jjqglvgzhy/201701/t20170113_812301.shtml.

[4] 中国证券监督管理委员会.关于修改《上市公司重大资产重组管理办法》的决定[Z].2019-09-09.

[5] 中国证券监督管理委员会.关于修改《关于加强与上市公司重大资产重组相关股票异常交易监管的暂行规定》的决定［Z］.2019-09-09.

[6] 中国证券监督管理委员会.关于修改《关于规范上市公司重大资产重组若干问题的规定》的决定［Z］.2019-09-09.

[7] 中国证券监督管理委员会.《上市公司重大资产重组管理办法》第十四条、第四十四条的适用意见——证券期货法律适用意见第12号［Z］.2016-09-09.

第五专题——旅游购物退税实施效果分析

对我国旅游购物退税政策的简要评述和进一步改革的讨论

计金标

前　言

旅游购物退税制度主要指对海外游客购物的退税，是将外国旅游者在境内购买的商品价格中所含的在该国生产和流通过程中已经缴纳的间接税（增值税和消费税），在出口环节即旅客离境的环节退还给旅游者的政府行为。旅游购物退税既是国际税收理论和制度上对间接税实施消费地原则或目的地原则的指导要求[①]，更作为鼓励旅游的税收政策手段，目前已经被包括欧盟、日本、韩国、泰国、新加坡等国在内的50多个国家和地区采用[②]。我国自2011年1月1日起在海南开展了旅游离境退税政策试点，2015年1月6日，财政部发布《关于实施境外旅客购物离境退税政策的公告》，扩大了退税政策实施的范围。此项政策已经实施了两年多时间，已经有必要和有可能将该项政策的基本实施情况进行简要评述，以便对政策改进进行讨论时提供基础。

[作者简介] 计金标，北京第二外国语学院校长、北京旅游发展研究基地负责人、教授、博士生导师。

① 简单地说，"消费地原则"是指商品中的间接税如增值税和消费税等应由实际消费地的消费者承担。境外旅客购物的消费地在消费者所在国，因而其所购商品中的间接税在离境时应得到退税。理论上消费者将这些商品携带进其国家时该国政府可以对他们征消费税，因为该国才是境外所购商品的真正"消费地"。但实际上对一定限额的境外所购商品一般国家会予以免税，但对超过一定限额的还是应按照国内相应税收制度规定征税。

② 这些国家和地区的旅游购物占旅游总消费的比重达到50%~60%。

一、我国旅游购物退税政策现状

（一）我国旅游购物退税政策的基本内容

2015年6月2日，国家税务总局发布《境外旅客购物离境退税管理办法（试行）》（国家税务总局公告2015年第41号），将离境退税政策的范围扩至全国所有符合条件的地区，并做出三方面的调整：一是扩大了离境口岸范围，在航空口岸的基础上，新增了水运口岸和陆地口岸；二是扩大了退税物品范围，将海南试点时的正面列举方式调整为负面清单方式，退税物品范围由21类物品扩大到除禁止、限制出境和增值税免税物品外的所有物品；三是降低了起退点，由800元下调至500元。该文件同时指出自财政部《关于实施境外旅客购物离境退税政策的公告》公布之日起，财政部、海关总署和国家税务总局开始受理符合条件地区的备案，并及时发布纳入离境退税政策范围的地区名单和实施时间。截至目前，已陆续有19个省市的离境退税方案被予以备案并正式实施（如表1所示）。

表1 我国实行旅游购物离境退税省市基本情况

实施时间	省份及城市	离境退税商店数量	退税代理机构手续费率
2011年1月1日	海南	海口和三亚共有5家离境退税定点商店	2%
2015年7月1日	北京、上海	北京最初86家商店，截至目前，已达到503家；上海首批境外退税商店27家，截至目前，已达到259家	2%
2016年1月1日	天津市、辽宁省、安徽省、福建省、厦门市、四川省	天津首批认定34家商店；辽宁省的沈阳成为东北首个实施境外旅客购物离境退税政策的城市，13家商业企业获批成为沈阳市首批境外旅客退税定点商店，目前增长至21家；安徽省首批32家商店；福建省与厦门市的离境退税商店最初28家，现为36家（其中，厦门9家）；四川省最初为33家	2%
2016年4月1日	江苏省、陕西省、云南省、青岛市、深圳市	江苏省的南京成为该省的首个离境退税城市，共有11家退税商店；陕西首批12家离境退税商店；云南首批25家商店；青岛市首批33家商店；深圳市首批69家	陕西省为1%，云南省为3%，其余省份均为2%

续表

实施时间	省份及城市	离境退税商店数量	退税代理机构手续费率
2016年7月1日	广东	广东（不含深圳）首批21家离境退税商店	2%
2016年8月1日	黑龙江	黑龙江省首批有30家离境退税商店	2%
2016年10月1日	山东	山东省首批23家离境退税商店	2%
2017年1月1日	新疆	尚未征集到离境退税商店	
2017年3月1日	河南	河南首批选取17家离境退税商店	2%

资料来源：根据中华人民共和国海关总署和各地税务机关相关资料整理。

1. 我国旅游购物离境退税政策的一般规定

（1）可退税的境外旅客，是指在我国境内连续居住不超过183天的外国人和港澳台同胞。

（2）可退税的物品。海南采用正列举的方式，即列举的是可以退税的物品，没有列举的物品不予退税。而其他省份采用反列举的方式，除被列举物品外，均可退税。

（3）享受离境退税的条件。同一境外旅客同一日在同一退税商店购买的退税物品金额达到500元人民币；退税物品尚未启用或消费；离境日距退税物品购买日不超过90天；所购退税物品由境外旅客本人随身携带或随行托运出境。

2. 各省市旅游购物离境退税政策

（1）旅游购物离境退税商店数量不同。由表1可以看出，北京、上海的退税商店数量最多，在政策实施两年多时间里，北京由最初的86家商店增长至503家；上海由最初的27家增长至259家。而其余省市的旅游购物离境退税商店数量自政策实施以来并未出现显著增长。

（2）旅游购物离境退税的手续费率不同。由表1可以看出，在19个实施离境退税政策的省市中，陕西省的费率最低，仅为1%；云南省最高，为3%；其余省市均为2%。

（二）我国旅游购物退税政策实施效果

1. 北京、上海旅游购物退税政策的实施

（1）可退税境外旅客数量不断增加。在19个实施离境退税的省市中，北京、上海的可退税境外旅客数量最多。自离境退税政策实施以来，上海服务境外旅客数量和退税业务量一直居于全国首位。2016年全年，上海已为16 587名境外旅客开具18216张申请单，退税物品销售额达2.58亿元，单价1.4万元。截至2017年2月底，上海市退税商品销售额已达3.2亿元[①]。据北京市旅游委统计，2016年全年，北京已开出退税单据3464笔，退税额838万元，申请率超过64%。境外旅客在京购买商品共带动18个大类商品的销售，购物旅客涉及五大洲125个国家和地区。截至2017年3月底，北京市离境退税累计开单6187份，涉及旅客4412人次，销售额超过1.73亿元。在入境旅游市场持续低迷的大背景下，境外旅客购物离境退税政策的实施为北京旅游消费增长注入了新的活力，成为提振旅游经济的重要引擎。

（2）可退税物品的种类不断丰富。自我国全面启动离境退税政策以来，境外旅客购买的离境退税商品种类由最初的服装、箱包、鞋帽等商品，扩大为工艺品、纺织材料、茶叶、钟表、中成药、首饰、食品、药品、玩具、家纺、保健品、化妆品、纪念品、家居用品、电子设备等商品[①]。

（3）可退税商店数量逐步增加。自2011年海南实施离境退税政策以来，随着离境退税范围的不断扩大，全国开展离境退税的商店已经超过千家（见表2[②]）。在19个实施离境退税的省市中，北京、上海的离境退税商店数量最多，上海离境退税商店数量的增长速度最快（见图1）。到2020年，上海将计划至少布局500家退税商店。

表2　我国实行旅游购物离境退税省市退税商店数量变化情况

单位：家

省市	首批退税商店数量	目前退税商店数量
海南	5	5
北京	86	503
上海	27	259
天津	34	34
辽宁	13	21
安徽	32	32

① 中华人民共和国国家旅游局.离境退税政策红利加快释放.http://www.cnta.gov.cn/xxfb/jdxwnew2/201705/t20170518_825867.shtml.

② 由于新疆尚未征集到离境退税商店，故将其排除在外。

续表

省市	首批退税商店数量	目前退税商店数量
福建	19	27
厦门	9	9
四川	33	90
江苏	11	11
陕西	12	12
云南	25	25
青岛	33	33
深圳	69	69
广东	21	45
黑龙江	30	30
河南	17	17
合计	476	1222

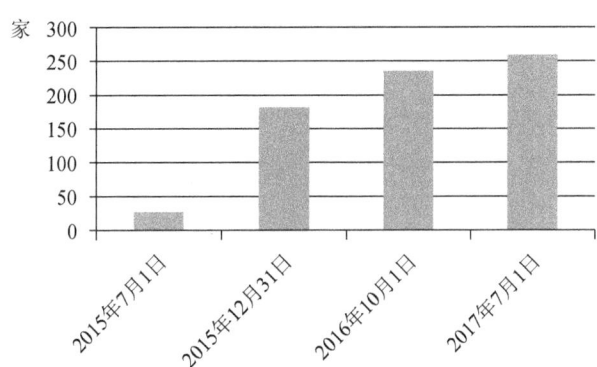

图1 上海离境退税商店数量增长情况

（4）离境退税手续进一步简化升级。2016年11月1日，天津与四川签署离境退税互联互通协议；同年4月和6月，北京分别与四川、天津签署离境退税互联互通协议。至此，京津川三地实现了离境退税互联互通、互退互认。在退税手续办理方面，上海市在航站楼出境大厅同步分别设立手提和托运行李离境退税验核点,增开"离境退税"业务专柜,设立税费服务专窗,邀请银行人员入驻,配备POS机等支付设备,为广大需纳税旅客解决退税手续办理时间长、付税难、取现难等问题。而且,上海税务部门通过技术创新,实现了离境退税票单"一键生成",设立了"7×24小时快速响应通道",方便旅客、商店等各方主体咨询交流问题。

2. 海南省旅游购物退税政策的实施效果

在实施离境退税的19个省市中,北京、上海的政策实施时间最长,实施效果也最好,其他省市还处于起步摸索阶段,政策效果并未得到充分发挥。在最早实施离境退税政策的海南,并未取得实施之前各界预测的较好效果。据海口海关数据显示,2011年1月1日至2016年6月底,海南省五家离境退税定点商店累计实际办理退税1490笔,退税额60.37万元。以海口的某离境退税定点商店为例,2011年申请离境退税的共有66笔,2012年共有16笔,而2016年前7个月,这一数据仅为4笔,呈现逐年下降的趋势。而且,海南省旅游委统计数据显示,2011年实行离境退税政策以来,海南省入境旅游者数量及旅游外汇收入并没有较2010年大幅增加,甚至在2013年至2015年逐年下降。

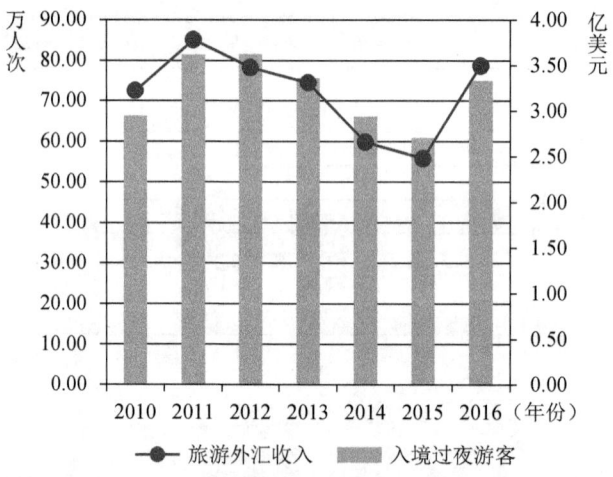

图2　2010—2016年海南省入境游客数量及旅游外汇收入

资料来源:海南省人民政府网。

与离境退税遇冷相反,离岛免税政策一经实施,就取得了较好的效果,海南省旅游市场在2011年第二季度呈现加速发展态势,并一直延续到下半年。2011年海南省全年旅游购物收入达到80亿元,约占旅游总收入的

25%，特色旅游商品销售呈增长趋势。三亚免税店开张首日迎接游客1.88万人次，实现交易5619笔。截至2011年11月30日，三亚免税店累计接待游客250万人次，累计完成交易80多万笔，日均销售额600多万元，累计营业收入超过8亿元[①]。2016年2月1日，离岛免税政策进行了第三次调整。政策调整当月，三亚、海口两家免税店销售额合计达11.39亿元，单月销售额首次突破10亿元大关，同比增长19.0%，环比增长88.1%。2017年4月，海南省消费市场持续较旺，主要大类商品零售均实现快速增长，其中免税品以42.5%位列首位，已成为支撑海南省零售业发展的主要动力之一。如图3所示，离岛免税政策实施之后，海南国内旅游收入增加较国际旅游收入更为明显（图中的趋势线更加陡峭），表明与离境退税政策相比，离岛免税政策对于刺激旅游收入增加的效果更为明显。

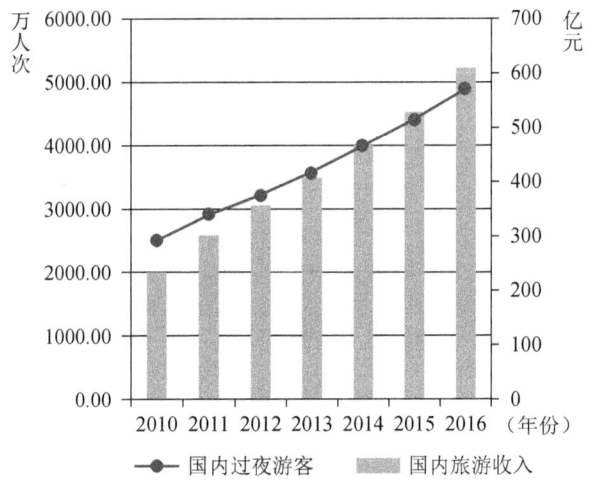

图3　2010—2016年海南省国内游客数量及国内旅游收入

资料来源：海南省人民政府网。

对于"离境退税"和"离岛免税"的定义，《关于在海南开展境外旅游者购物离境退税政策试点的公告》（财政部公告2010年第88号）、《财政部关于开展海南离岛旅游者免税购物政策试点的公告》（财政部公告2011年第14号）进行了明确界定。"离境退税"是指对境外旅游者在退税定点商店购买的随身携运出境的退税物品，按规定退税的政策。"离岛免税"是指对乘飞机离岛（不包括离境）旅游者实行限次、限值、限量和限品种免进口税

---

① 国际旅游岛国家战略助推海南旅游市场快速发展. 海南日报，2012年1月6日。

购物，在实施离岛免税政策的免税商店内付款，在机场隔离区提货离岛的税收优惠政策（免税店是指具有实施离岛免税政策资格并实行特许经营的商店）。具体区别如表3所示。

表3 "离境退税"和"离岛免税"的区别

项目	离境退税	离岛免税
对象	在中国境内连续居住不超过183天的外国人和港澳台同胞	年满18周岁、乘飞机离开海南本岛但不离境的国内外旅游者，包括海南省居民
适用条件	购物金额达到起退点，并按照规定取得购物离境退税申请单等退税凭证	已经购买离岛机票，国内旅游者持居民身份证（港澳台旅游者持有效旅行证件），国外旅游者持护照
	离境前所购物品尚未启用或消费，离境日距物品购买日不超过90天	在机场隔离区凭身份证件和购物凭证，在指定的提货点提取所购免税商品
	由境外旅游者本人随身携运出境	由旅游者本人乘机随身携运离岛
	所购退税物品由海关验核并在购物离境退税申请单上加盖验放章	免税购物次数、金额、数量在国家规定的范围内，并按规定取得购物凭证
涉及商品	国家允许携带出境并享受退税政策的个人生活物品，共21大类，324种，不包括食品、饮料、水果、烟酒、汽车和摩托车等	首饰、工艺品、手表、香水、化妆品、笔、眼镜（含太阳镜）、丝巾、领带、毛织品、棉织品、服装服饰、鞋帽、皮带、箱包、小皮件、糖果、体育用品共18种，国家规定禁止进口以及20种不予减免税的商品除外
退税税种	增值税	关税、进口环节增值税和消费税
起退点和退税率	起退点（起退点是指同一境外旅客同一日在同一退税定点商店购买退税物品可以享受退税的最低购物金额）暂定为800元人民币，退税率统一为11%	每人每次免税购物金额暂定为5000元人民币以内（含5000元），不同商品退税率有所差别，大致为10%~40%①
次数限制	无次数限制，仅设置起退点	非岛内居民旅客每人每年最多可以享受2次离岛免税购物政策，岛内居民旅客每人每年最多可以享受1次。旅客购物后乘机离岛记为1次免税购物

① 《财政部关于调整海南离岛旅客免税购物政策的公告》（财政部公告2012年73号，2012年10月22日）。

续表

项目	离境退税	离岛免税
金额、数量限制	无金额和数量限制	每人每次免税购物金额暂定为人民币5000元以内（含5000元），即单价5000元以内（含5000元）的免税商品，每人每次累计购买金额不得超过5000元。此外，旅客在按完税价格全额缴纳进境物品进口税的条件下，每人每次还可以购买1件单价5000元以上的商品①
操作流程	购物并申请退税，海关验核确认，专业代理机构退税，集中退税结算，可选择现金退税和银行转账两种退税方式	离岛免税店进口免税商品，离岛旅客在店内选购付款，免税店根据旅客离岛时间运送货物，旅客在机场隔离区提货并乘机携运离岛

3. 其他省市旅游购物退税政策的实施效果

除海南省外，相较于北京、上海，其他省市的旅游购物退税政策由于实施时间短，政策的效果并未充分显现出来。但是，从既有的统计数据可以看出，在北京、上海的带领下，这些省市的旅游购物离境退税政策也在逐步发展完善。

（1）在可退税业务量方面，广东省自2016年7月1日政策实施至今，已办理离境退税733票，涉及退税商品总金额1461万元，总退税额161万元。四川省2017年上半年共办理离境退税170票，同比增加70%，涉及退税商品总金额达416.2万元，总退税额为45.8万元，同比增长2.7倍。其中，6月份办理离境退税43票，环比增长72%，涉及退税商品总金额105万元，总退税额为11.6万元，环比均增长1.9倍。

（2）在可退税商店数量方面，由表2可知，辽宁、福建、四川、广东四个省份的旅游购物退税商店数量出现明显增长，辽宁由首批的13家增至21家，福建由19家增至27家，四川由33家增至90家，广东由21家增至45家。

（3）离境退税手续方面，山东省于2016年10月1日实现了济南、烟台、威海三市信息互联互通，可办理异地退税。广东省与退税代理机构、退税商店等相关单位建立联系配合机制，理顺办理流程，提高各环节效率，并

---

① 《财政部关于调整海南离岛旅客免税购物政策的公告》（财政部公告2012年73号，2012年10月22日）。

建立旅客意见调查及反馈机制，在实际业务办理过程中以旅客需求为导向，收集整理旅客提出的问题和建议，改善退税业务办理体验，提升退税政策吸引力。

二、我国旅游购物退税政策存在的问题

（一）可离境退税物品的范围较窄

1. 货物的范围全国各地规定不统一

海南采用正列举的方式规定可以退税的物品，主要包括服装、鞋帽、化妆品、首饰、电器、文具等共21大类324种，而我国其他省份采用的是反列举的方式，规定下列物品不予退税：《中华人民共和国禁止、限制进出境物品表》所列的禁止、限制出境的物品；退税商店销售的适用增值税免税政策的物品；财政部、海关总署、国家税务总局规定的其他物品。境外旅客购买未被列举的货物均可享受离境退税。但是，海关总署发布的《中华人民共和国禁止、限制进出境物品表》，其制定时间为1993年3月1日，按照其规定，"金银等贵重金属及其制品、贵重中药材"均属于限制出境的物品，而各类黄金珠宝首饰、中成药反而是具有本土优势、受境外消费者欢迎的物品，可见与离境退税政策相关的配套政策也需要及时进行调整完善，适应时代发展的需求。

2. 被消费掉的货物不予退税

我国规定境外旅客在指定商店购买了退税物品，在离境机场口岸办理离境手续时，该项物品必须是尚未启用或消费。假如一名境外旅客来我国准予离境退税的省份旅游，因为当时温度较高或较低，在当地买了一些衣服并穿在身上，根据现行规定，由于服装已经被打开并使用，旅客离境不能退税。

（二）享受离境退税的境外旅客的范围比较窄

我国可退税的"境外旅客"是指在我国境内连续居住不超过183天的外国人和港澳台同胞，没有考虑留学生和外交人员等特殊群体，范围较窄。

（三）离境退税的商店数量偏少

离境退税政策在全国实施以来，我国具有离境退税资格的商店的数量不断增加，但是，就目前数量统计，仅有1200家左右。2015年，我国入境旅游人数为1.34亿人次，实现国际旅游收入1136.5亿美元。为数不多的离境退税商店数量显然难以满足我国庞大的入境旅游市场的需求。

（四）离境退税便利化程度较低

1. 尚未实现全国联网

国家税务总局的公告规定：在国家税务总局商海关总署确定的跨部门、跨地区的互联互通的离境退税信息管理系统发布之前，各省级人民政府如果自行组织力量开发软件或利用其他省开发的软件，能满足离境退税管理需要的，可先行试点使用，待离境退税信息管理系统发布后，再进行切换。目前，我国是各省自行开发软件，只在个别省份之间（京津川）以及省份内城市之间（山东的济南、烟台、威海三市）实现了自行联网。

2. 尚未实行自助办理离境退税

我国规定，无论是本地购物、本地离境还是本地购物、异地离境，离境退税均由设在办理境外旅客离境手续的离境口岸隔离区内的退税代理机构统一办理。退税代理机构对相关信息审核无误后，为境外旅客办理增值税退税。目前，我国尚未实现旅客运用电子设备自助办理离境退税。而且，退税代理机构准入门槛过高。根据现行离境退税政策规定，可以申请成为退税代理机构的是具备条件的"银行"，并且要在离境口岸"隔离区内"设有场所和设施。相比而言，国外离境退税代理业务是一个发展十分成熟的行业，全球知名的退税代理机构均不是银行，而是具有专业能力的企业，它们在离境退税政策实施环节发挥着重要作用。

三、对我国旅游购物退税政策改革方向的建议

（一）明确我国实施旅游购物退税的目的

我国许多省市，例如海南、新疆等地吸引游客的首要优势是独特的自然风光，因此，退税政策应以促进旅游中的"游"为主要目的，即"以游为主、以购促游"。不能指望通过离境退税和离岛免税政策，就能将海南打造成为香港一样的自由港、购物天堂。境外旅客更多的是对别的地方买不到的中国商品感兴趣，比如各地的土特产。因此，购物退、免税的政策实施内容应突出普惠性质，尽可能促进特色商品和日常生活用品的消费，不应过度关注中高档消费用品。另外，建议海南省应与我国其他省份一起实行反列举的方式规定可退税货物的范围，并且各地应借鉴国际经验，对已经拆开包装的某些类别的货物比如书籍、服装等准予退税，对食品可以继续保留境内消费不予退税的规定。

(二）扩大享受离境退税的境外旅客范围

我国目前确定境外旅客能否享受退税的唯一标准是在我国境内停留的时间。建议考虑入境人员身份（如留学生和外交人员）的不同特点，确定不同的标准。近年来，我国留学生人数不断增加。2015年共有来自202个国家或地区的397 635名各类外国留学人员在我国31个省、市、自治区的811所高校、科研院所和其他教学机构中学习，比2014年增加20 581人，增长幅度为5.46%（以上数据均不含港、澳、台地区）[1]。留学生在我国可能需要停留三到四年的时间才能完成学业，之后离境回国，离境之前可能会买一些商品。世界上很多国家考虑到留学生的特殊性，往往对其在离境前一段时间内的购物给予退税。为提高我国离境退税政策的受益面、提升离境退税效果，建议将留学生纳入到我国退税范围之中，允许其在离境前3个月内的购物予以退税。另外，外交人员在我国工作，回家探亲也可能会从我国购物，建议将其也纳入到退税群体之中。

（三）增加退税点的设置

应在市区内设立退税点，旅客入境之后所购货物均可在此退税。为保障资金的安全，可以要求旅客预刷一定比例的保证金，离境前查验货物后予以退还。另外，为避免出现旅客集中到机场、码头等地退税造成拥挤的情况，可引入实行即刻退税制度。例如，境外旅客以不含增值税的价格购买；或者境外旅客以含税价格购买，之后在同一商店设立的退税点实现退税。这样，可以实现即买即退，退后再买，增加购物量。

（四）增加离境退税商店的数量

在实施购物离境退税的大多数国家比如日本，可退税商店数量众多，不仅百货商店、购物中心可以退税，便利店、土特产商店甚至游艇上的商店都可以退税。因此，应在稳妥审慎的原则下，拓展免税店网点，逐步在海南全境实行购物退税。

（五）提高离境退税的电子化程度

2015年9月30日，国家税务总局印发《"互联网+税务"行动计划》，提出重点推进"互联网+税务"5大板块、20项行动。其中，"互联网+便捷退税"是指适应新业态，以互联网理念改造退税流程，打通外部申请与内部审批流程的衔接，实现退税业务办理电子化、网上一站式办结。优化出口退税和一般退税流程，提供网上申请、单证审核和业务办理进度的跟踪。以上规定针对的是正常出口货物的退税，实际上对离境退税也完全适

---

[1] 去年在华外国留学生同比增长12%.中国教育报，2016-04-15.

用[①]。我国在退税中运用"互联网+"首先要实现全国联网，目前应在我国已经实行离境退税的省市之间实现联网，旅客即使在一地入境在另一地出境也可享受退税；其次，要尽快实现自助退税。我国目前只有部分省份比如上海在离境退税宣传中运用APP，在退税办理中还没有运用。可以借鉴新加坡的eTRS自助退税设施，培育具有专业退税能力的企业，在离境退税政策实施环节发挥重要作用，实现旅客自助退税。

[①] 赵书博.境外旅客购物离境退税政策比较研究及我国的借鉴[J].中国经贸，2016（9）：17-23.

责任编辑：郭珍宏

图书在版编目（CIP）数据

北京旅游发展研究报告. 2017 / 北京旅游发展研究基地编. -- 北京：旅游教育出版社，2017.11
ISBN 978-7-5637-3665-2

Ⅰ. ①北… Ⅱ. ①北… Ⅲ. ①旅游业发展－研究报告－北京－2017 Ⅳ. ①F592.71

中国版本图书馆CIP数据核字(2017)第289407号

北京旅游发展研究报告 2017
北京旅游发展研究基地　编

出版单位	旅游教育出版社
地　　址	北京市朝阳区定福庄南里 1 号
邮　　编	100024
发行电话	（010）65778403　65728372　65767462（传真）
本社网址	www.tepcb.com
E - mail	tepfx@163.com
排版单位	北京旅教文化传播有限公司
印刷单位	北京京华虎彩印刷有限公司
经销单位	新华书店
开　　本	787毫米×1092毫米　1/16
印　　张	14.75
字　　数	212千字
版　　次	2017年11月第1版
印　　次	2017年11月第1次印刷
定　　价	49.00元

（图书如有装订差错请与发行部联系）